기후변화의 국제정치

우리시대
질문총서
17

기후변화의 국제정치

Global Politics of Climate Change

한희진 저

부산대학교출판문화원

" 그러기에 우리는 이 팬데믹 시기에

지구와 충돌하지 않고 착륙하는 방법을 배워야 한다 "

브뤼노 라투르(2021). p. 13.

차 례

발간사

우리는 지금까지와는 다른 '격변'의 시대를 살고 있다. '변화'는 시간의 흐름에 따르는 자연스러운 결과지만, 이 시대의 '변화'는 과거와는 전혀 다른 양상을 보이고 있다. 과거의 변화가 기존의 패러다임 내에서 일어나는 크고 작은 변화들이었다면, 지금의 변화는 가히 '패러다임의 전환'이라고 일컬을 만하다. 기존의 패러다임은 인간 중심적 인식의 틀 속에서 과학기술 문명의 발전과 자본주의적 체제의 구축, 명확히 경계 지어진 세계 속에서 전문성을 강조한다는 점에서, 어쩌면 여전히 근대성의 틀을 벗어나지 못했다고 할 수 있다.

지금 이런 패러다임으로 우리 시대를 판단하고 예견하는 데는 한계가 있다. 우리 시대는 지나간 시대로부터의 위기와 예측할 수 없는 미래에 대한 불안감, 그리고 도래할 시대에 대한 희망이 공존한다는 데 그 독특함이 있다. 새로운 패러다임은 기존의 패러다임에서 잉태된 위기로부터의 출구를 모색하는 과정이자 다가올 시대의 새로운 지향과도 관련되어 있다. 그래서 우리 앞의 복잡다기한 상황에 맞서, <우리시대 질문총서>는 '환경 변화와 인류의 미래', '신자유주의의 팽창과 연대', '휴머니즘에 대한 재성찰과 대안적 삶', '첨단기술혁명과 융복합', '글로벌/로컬의 관계 속에서 인간 삶의 변화'라는 주제를 통해 지금 이 시대를 성찰하고자 한다.

인간이 세계를 지배하는 시대, 인간이 환경의 전반적 흐름에 영향을 행사하는 이른바 인류세의 시대는 역설적이게도 인간의 무력함과 한계를 절감하게 한다. 인간이 누린 풍요의 대가가 되어버린 기후 변화와 생태계 변화는 우리 시대 초미의 관심사이지만 이런 변화는 사람들을 삶의 '지속 가능함'을 확신하기 어려운 상황으로 내몰고 있다. 그럼에도 불구하고 이런 불확실한 상황은 그동안 우리의 삶 자체를 성찰하는 한편 진정한 대안들을 새롭게 모색할 것을 촉구하고 있다.

4차 산업혁명으로 인한 자본주의의 급변과 인간과 기술의 포스트휴먼적 융합 시대의 도래는 인간의 존재적 위기와 함께 전통적인 인간상의 유효성에 의문을 제기하고 있다. 기계는 인간에게 어떤 영향을 끼칠 것인가, 인간은 기계의 문제에서 주도적일 수 있는가, 혹은 이런 변화는 인간과 기계의 대립을 넘어 새로운 가능성을 제시해줄 수 있는가. 최근 포스트휴먼의 가능성은 이런 질문들과 연결되어 있다. 포스트휴먼 시대에 인간의 자리를 묻고 기술의 변화가 인간과 사회에 어떤 변화를 줄지 성찰하는 노력들이 필요하다.

한편 우리 시대는 근대 국민국가의 경계를 뛰어넘는 문화적 현상을 수없이 목격하고 있다. 국민과 난민의 경계가 모호해지면서 수많은 이질적인 문화들이 접촉하고 갈등하고 섞이는 혼종의 시대, 바로 이 시대에 우리는 민족문화의 중심성을 넘어서 글로벌과 로컬이 보다 긴밀해지는 문화적 관계 속으로 편입되고 있다. 그 결과 그동안 민족문화의 틀과 프리즘 밖에 존재하던 문화들이 새로운 관심사로 부각되고 있으며, 근대, 자본, 민족의 구조를 넘어서는 대안적 사고들이 곳곳에서 출현하고 있다. 전지구화와 함께 등장한 전지구적 자본과 문화의 압도적 힘 앞에서 무기력해진 개인, 신자유주의의 팽창으로 인한 경쟁의 격화와 인간 소외는 '관계 맺는 존재로서의 인간'의 가능성에 대해 되묻고 다양한 방식의 '소통과 연대'를 제안하고 있다.

이러한 변화들은 우리의 기존 사고로 담아낼 수 없는 우리 시대의 현상들이다. 이런 현상들 앞에서 우리는 '왜?', '어떻게?'라는 질문을 던지고, 그 답을 찾아가는 비판적 사유의 여정을 시작하고자 한다. 이러한 비판적 사유의 여정은 분과학문으로 나누어져 전문성만을 강조해온 기존의 학문구조의 틀을 벗어나, 각 학문의 내적 융합뿐만 아니라 인문학, 사회과학, 자연과학 같은 학문 간의 융합을 전제로 한다.

<우리시대 질문총서>는 우리 앞에 놓인 이러한 현상들에 대한 성찰을 제공하고 대안을 모색하는 데에 그 취지가 있다. 이 총서는 우리 세계의 변화를 미시적이고 거시적으로 살펴볼 수 있는 학문적 시각을 제공하는 한편, 도래할 세계(the world to come)와 지나간 미래(future past)의 쌍방향적 대화와 성찰을 통해 우리 시대를 비판적으로 반성하고 예견하는 우리 시대의 문제적 활동들을 기획, 소개하고자 한다. <우리시대 질문총서>를 통한 사유와 성찰이 우리시대의 성숙한 집단 지성을 형성하는 마중물이 되었으면 한다.

그리고 <우리시대 질문총서>의 출판을 위해 도움을 주신 많은 분들께 감사드린다.

우리시대 질문총서 제작위원회

책을 내며

기후변화라는 용어는 더는 우리에게 그리 낯설지만은 않은 말이다. 기후변화를 과학적으로 엄밀히 정의하지 못한다고 하더라도 우리 중 다수는 폭염, 대형 산불, 홍수, 가뭄, 빙하가 녹아 쪼개진 얼음 덩어리 위에 간신히 버티고 있는 북극곰의 이미지를 접한 경험이 있을 것이다. 우리 중 또 누군가는 기후변화로 인한 재해의 한 가운데 있었을 수도 있다. 기후변화를 둘러싼 사회적, 국제적 논의도 점차 활성화되며 정보와 지식의 양도 증가 추세에 있다.

부산대학교 <2022년 우리시대 질문총서 발행 지원 사업>의 일환으로 기획된 본 저서는 이렇듯 우리 곁에 가까이 다가와 있는 기후변화 문제를 다룬다. 사회과학을 포함한 여러 학문 분야에서 본 주제를 다룬 서적들이 이미 서가를 채우고 있지만 우리가 "살고" 있고 경험하고 있는 기후변화와 기후변화의 국제정치 속에서 다양한 주체들 사이의 상호작용과 동학을 체계적으로 소개한 책은 많지 않다는 생각에 본 저서를 집필하게 되었다.

기후변화를 분석하는 틀(framework)은 자연과학, 생태학, 경제학, 철학 등 학문 분야별로 다양할 것이다. 그렇다면 왜 국제정치(보통 international politics로 번역되나 결론의 글로벌 거버넌스 논의를 반영하기 위해 global politics로 칭함)라는 창을 통해 보고자 하는가? 오늘날 우리가 전 지구적 문제이자 위기라고 말하는 기후변화라는 복잡한 현상은 산업혁명 이후 가속화된 자본주의의 팽창, 도시화, 산업화와 같은 인류 발전 및 문명사적 흐름으로 인해 촉발되었다. 그 정도의 차이는 있을지라도 국제사회를 구성하는 성원들은 이러한 역사적 흐름에 주체로 참여해 왔기 때문에 기후변화 문제의 원인제공에 책임을 지닌다. 따라서 기후변화에 대한 해결책을 모색하는 과정에서 우리는 국가라는 단일 주체의 역할과 행동에만 의존할 수 없다. 점차 가속화되고 있는 기후 위기는 주권 국가, 국제조직, 국제조약과 합의, 기업, 시민사회, 개인 등 국제사회의 모든 주체가 다양한 역량과 자원을 결집하여 공동으로 대응해야 하는 과제이다.

그러나 다양한 주체들의 참여 및 관여(engagement)가 늘 쉬운 것도, 문제의 효과적 해결을 이끄는 것도 아니다. 이들 주체는 기후변화 및 그에 대한 대응에 있어 각기 다른 손익계산, 생각, 가치 및 규범에 따라 움직이며 주체마다 이들 요소에 다른 의미와 우선순위를 부여한다. 누군가는 규범과 가치를 상대적으로 우선시하지만, 또 누군가에게는 눈앞의 경제적 이익 실현이 더 중요할 수 있다. 인간사회의 이 필연적 다양성은 국제사회 구성원 사이에 기후변화를 둘러싼 협력과 다양한 자원의 동원으로 이어지기도 하지만 때로는 갈등, 대립, 경쟁의 양상으로 귀결되며 문제의 해결 노력을 저해하기도 한다. 이러한 협력과 갈등은 바로 누가, 언제, 무엇을 어떻게 얻는가(who gets what, when and how?)라는 정치학의 근원적 질문으로 이어진다. 즉, 기후변화는 국제사회에 던져진, 혹은 주어진, 자연계의 단순한 외부적 스트레스나 기후, 기상학적 환경 조건이 아니라 다양한 주체들 간의 상호작용 및 정치적 과정을 통해 그 해결책이 논의되는 글로벌 이슈이자 사회과학의 문제로 환원된다.

이러한 이유로 본 저자는 기후변화를 국제정치라는 틀에서 논의해 보고자 한다. 기후변화를 둘러싼 다양한 국제사회의 행위주체들을 이익, 규범, 그리고 제도의 측면에서 논의한다. 이들 주체는 어떠한 이익구조, 규범, 제도에 기반하여 기후변화를 인식하고 그에 반응해 왔는가? 이들은 문제 해결을 위해 어떠한 제도와 규범을 만들고 행동해 왔는가? 또한 그 과정에서 다양한 주체들 간의 협력과 갈등의 상호작용은 어떠한 양상을 나타내며 어떠한 결과를 낳아왔는가? 본 저서는 이러한 질문들을 중심으로 구성된다.

이러한 논의를 통해 독자들은 기후변화를 둘러싼 국제정치를 종합적, 총체적으로 이해할 수 있다. 본 저서는 대학의 글로벌 환경정치 및 거버넌스 수업에 교재로 활용될 수 있다. 또한 기후변화 문제에 대해 고민하는 모든 이들에게 유용한 참고서의 역할을 할 수 있을 것이다. 본 저서가 기후변화에 대한 우리 사회의 인식 저변을 확대하여 개인적 차원의 행동 변화를 넘어 정부, 기업, 도시 등 다층적 수준에서 더 거대한 전환의 파도를 촉발하는 하나의 물결이 되기를 고대한다.

한분 한분 다 언급할 수는 없으나 본 저서가 나오기까지의 여정에서 지적 자극, 도움, 격려의 말씀을 주신 모든 분께 진심 어린 감사의 말씀을 전한다. 단독저서로는 첫 연구성과를 세상 밖으로 내보내느라 바쁘다는 하소연을 입에 달고 지냈음에도 불구하고 늘 응원해주고 지지해 준 남편을 포함, 가족 모두에게 존경과 사랑의 마음을 전한다. 첫 저서는 성실한 삶의 자세를 몸소 가

르쳐주셨고 그 누구보다 딸의 성취에 기뻐해 주실 고인이 되신 아빠께 헌사 한다.

아울러 이 책이 오류나 잘못된 이해나 해석을 담고 있다면 저자의 공부가 아직 미흡함을 꾸짖어 주시기를 독자께 당부한다.

2022년 12월 11일

저자 한희진

제 1 장

들어가며

1. 가중되는 기후 위기

2019년 말 발생해 국제적으로 확산한 코로나-19(Covid-19) 전염병은 우리가 기존에 알아 왔던 세계 및 현실의 모습을 경험해 보지 못한 현실과 바꾸어 버렸다. 국제사회는 전염병으로 인해 전례 없는 수준의 보건 위기 뿐 아니라 생산 및 국제 무역 등 경제 활동의 침체로 인한 경제 위기, 또한 실직 및 불평등의 심화와 같은 사회적 위기 등 다중 위기를 동시에 경험하게 되었다. 코로나-19는 비교적 평온했던 국제사회의 기존 질서를 위기 상황에 빠뜨린 하나의 외부적 충격(external shock)이었다.

2020년, 2021년, 그리고 본 저서의 집필 시기인 2022년까지 글로벌 팬데믹(pandemic)은 종식되지 않은 채 새로운 변이로 이어지기도 하며 위기를 지속, 심화시키고 있다. 그러나 제2차 세계대전 이후 이렇듯 전례없는 수준의 전염병이 세계적으로 퍼지며 하나의 긍정적 영향을 주었다면 그것은 지구환경이 처한 위기와 인류 발전의 지속가능성에 대하여 국제사회의 인식과 우려가 이전보다 확대되었다는 것이다.

코로나-19 발생 이후 본 감염병은 동물과 사람 사이에 상호 전파되는 병원체로 인해 발생하는 인수공통감염병(zoonosis)임이 밝혀졌다. 2000년 이후 주요 감염병 유행의 약 75%는 동물로부터 사람에 전파되었다.[1] 인수공통감염병이 증가하게 된 주요 원인은 산업화, 도시화, 산림 벌채, 개간으로 인한 농지면적의 증가 등 다양한 개발행위로 인해 인간의 거주 영역이 확대되고 박쥐와 같은 야생 동물의 서식지가 상대적으로 축소되며 동물과 사람 간 접촉이 확대된 데 있다. 오를리 라즈구르 영국 엑시터대 생태학과 연구팀은 인간의 토지 및 자연환경의 이용 변화가 동물의 행동에 변화를 일으켜 코로나-19와 같은 인수공통감염병 출현을 야기했음을 실증적으로 규명한 연구를 국제학술지 <포유류 리뷰>에 발표하였다.[2]

이렇듯 코로나-19라는 충격은 경제성장과 발전을 위한 인간의 끊임없는 욕구와 개발 행위가 지구환경 및 생물 종(種)에 미치는 부정적 영향을 여실히 드러냈다. 또한 그 악영향이 전염병의 형태로 인간에게로 되돌아와 영향을 미치는 과정은 인간과 인간을 둘러싼 환경 사이의 긴밀한 연계성과 상호의존성을 드러냈다. 이로써 코로나 이후(post-Covid)의 세계는 지구환경 및 생태계와의 공존 및 지속가능한 발전을 더욱 진지하게 고민하고 추구해야 한다는 성찰이 국제적으로 확산하게 되었다.

국제사회는 코로나-19로 인해 기후변화(climate change)라는 글로벌 이슈에 대해서도 그 엄중함과 심각성을 재인식하게 되었다. 팬데믹이 진행되는 가운데 기후변화 문제의 심각성에 경종을 울리는 연구들이 발표되면서 이러한 전 지구적 위기에 대한 해법을 신속히 강구해야 한다는 목소리가 높아져 왔다. 세계기상기구(World Meteorological Organization; WMO)가 2020년 9월 발표한 보고서에 따르면 2016년에서 2020년 5년 사이 지구 평균 기온은 관찰 사상 최고치를 기록했다. 이 보고서에 따르면 국제사회가 이 시기의 온도 상승 속도를 유지한다면 지구의 온도는 향후 5년 내에 1.5℃ 이상 상승할 가능성이 약 24%에 달한다.[3] 미국 국립해양대기청(National Oceanic and Atmospheric Administration; NOAA)은 2021년 7월을 관측 사상 지구가 가장 고온을 기록한 달이라고 보도했다.[4]

국제연합(United Nations; UN) 산하의 기후변화에 관한 정부 간 패널(Intergovernmental Panel on Climate Change; IPCC)이 2021년 8월 9일 발표한 제6차 보고서 역시 기후변화가 급속하게 악화되어가고 있음을 보여주었다.[5] IPCC는 2018년에 발표한 특별보고서에서 지구의 기온상승이 산업혁명 시기에 대비해 1.5℃에 도달하는 시점을 2052년 무렵으로 예측한 바 있다. 그러나 3년 뒤 2021년에 발표한 제6차 보고서에서 IPCC는 해당 시점을 10년 이상 앞당겨진 2040년이 될 것으로 전망하면서 기후변화가 가속화되고 있음을 보여주었다. IPCC는 국제사회가 현재와 같은 수준의 온실가스 배출 경로를 따른다면 지구 표면 평균온도가 1.5℃를 초과하는 것은 시간문제라고 경고하였다.

이러한 기후변화의 심각성에 대해서 과학계와 전문가 집단을 넘어 광범위한 우려가 형성되고 있다. 글로벌 정·재계 리더의 모임인 세계경제포럼(World Economic Forum; WEF)이 2021

년 1월 25일부터 29일까지 온라인으로 개최한 다보스 아젠다 위크(Davos Agenda Week)에서 회의 참가자들은 2021 글로벌 위험(risk)에 다음과 같은 순위를 매겼다(표 1-1). 가능성의 측면에서 1, 2위에 오른 위험요인은 극심한 기상이변과 기후변화에 대한 대응실패였으며 기후변화에 대한 대응실패는 위험이 미치는 영향력 측면에서도 2위를 기록했다.[6] 기후변화 문제가 대량살상 무기나 보안 등 안보 문제나 생계, 부채 등 경제 문제보다 더 큰 위기로 인식되었음은 시사하는 바가 크다. 10대 위험요인에 포함된 전염병, 생태 다양성 소실, 환경 및 생태 위기 등도 기후변화와 직간접적 연관성을 지닌다. 즉, 정·재계를 대표하는 세계경제포럼은 2021년 기후 위기를 가장 엄중한 글로벌 이슈로 주목했다고 볼 수 있다.

[표 1-1] 세계경제포럼 선정 10대 글로벌 리스크(2021)

순위	가능성 측면	영향력 측면
1	극심한 기상이변	전염병 확산
2	기후변화 대응 실패	기후변화 대응 실패
3	인간에 의한 환경 파괴	대량살상 무기
4	전염병 확산	생태 다양성 소실
5	생태 다양성 소실	천연자원 위기
6	디지털 권력 집중	인간에 의한 환경 파괴
7	디지털 불평등	생태 위기
8	국가간 관계 훼손	극심한 기상이변
9	사이버 보안 실패	부채 위기
10	생계 위기	정보 인프라 고장

***출처**: 한국무역신문(2021).

각종 연구기관의 보고서 및 정·재계의 미래 위험요인 분석 결과는 국제사회가 기후변화에 대한 대응에 비효과적이거나 실패해 현재와 같은 온실가스 배출 경로를 유지한다면 그 결과는 가히 위협적일 수 있음을 시사한다. 폭염 등 이상기온, 홍수, 가뭄, 산불 등 재해는 앞으로 더욱 빈번하게 그리고 더 거센 강도로 발생할 것이며, 빙하 유실과 해수면 상승으로 인한 해안 침식, 해양 산성화 등도 더욱 가속화될 것이다. 이러한 기후변화의 영향 및 파급력은 국제사회 구성원 모두의 안보, 안전, 삶의 질, 지속가능성에 부정적 영향을 미칠 것이다.

본 저서는 이러한 기후변화에 대한 대응이 다층적 수준(multi-scale)에서 어떻게 전개되어왔는가를 다룬다. 기후변화에 대한 해법의 모색과 그 이행 과정에는 국제기구, 국가, 기업, 비정부조직과 시민사회의 다양한 주체들이 참여해 왔다. 본 저서는 이들 각각의 층위(level)에서 기후변화에 대한 대응이 어떻게 이루어져 왔으며 그 과정에서의 쟁점이 무엇인지를 다룬다. 또한 본 저서는 기후변화가 국가 간 협력과 갈등, 또한 국제 교역 등의 상호작용에 어떠한 영향을 미쳐 왔는가의 문제도 제기한다.

앞으로 전개될 논의를 위해 우선 기후변화에 대한 다양한 행위자들의 대응 방식과 수단은 크게 두 개의 범주로 구분됨을 미리 언급하고자 한다. 기후변화 문제에 대한 대응은 크게 완화(mitigation)와 적응(adaptation)이라는 범주로 구분된다. 미 항공우주국(National Aeronautics and Space Administration; NASA)의 정의를 따르면 완화는 대기 중 열을 가두고 있는 온실가스의 배출을 저감하고 그 수준을 안정화하는 것을 의미(reducing emissions of and stabilizing the levels of heat-trapping greenhouse gases in the atmosphere)한다. 적응이란 이미 발생한 기후변화에 적응하는 행동(adapting to the climate change already in the pipeline)을 일컫는다.[7] 이는 기후변화 현상에 수반되는 위험과 결과를 최소화하고 기후변화가 미치는 부정적 영향을 낮추기 위한 행동을 의미한다.

완화의 방법은 무수히 많다. 우선 배출원으로부터 온실가스를 줄이기 위해 전기, 열, 운송에 사용되는 화석연료의 사용을 줄이는 방법이 있다. 화석연료의 사용을 줄이고 재생에너지 등 대체에너지로 전환해 가는 에너지 전환(energy transition)은 대표적인 완화 방법이다. 석유, 가스 등으로 작동되던 자동차, 비행기 등 운송 수단을 저탄소, 혹은 탄소배출이 없는 수단으로 대체하는 것 역시 완화의 사례다. 또한 완화에는 온실가스를 축적하고 저장하는 해양, 산림, 토양과 같은 탄소의 흡수원인 카본 싱크(carbon sink)를 확대하는 방법이 있다.

최근 화두로 떠오른 탄소중립(carbon neutrality)이란 용어는 온실가스의 배출 저감 및 흡수를 통해 순 배출량이 0, 즉 넷 제로(net zero)에 이른 상태를 말한다. 탄소중립을 달성하기 위해서는 카본 싱크를 확대해 활용하고 탄소포집·활용·저장기술(carbon capture, utilization and storage; CCUS) 등을 통해 탄소를 포집해 활용하거나 저장하는 방법도 있다. 그러나 현재 CCUS 기술이 시장형성 전 단계이며 기술개발이 진행되고 있음을 감안할 때 화석연료 이용의 축소 및 중단과 재생에너지의 확대, 전기화(electrification), 에너지 효율 향상, 친환경 모빌리티로의 전환, 녹색 건축물 등의 방법을 통해 배출을 저감하는 정책이 널리 사용되는 완화 정책이라 할 수 있다.

적응은 현재의 혹은 미래의 기후환경에 대응하는 것으로 기후변화로 인해 발생하는 해수면의 상승, 극한 기상 현상의 발생, 식량안보 위협 등 다양한 부정적 영향에 대하여 개인과 사회의 취약성(vulnerability)을 줄이는 것을 목표로 한다. 또한 기후변화로 인한 환경의 변화를 기회로 활용하는 행위도 적응에 해당한다. 예를 들면 지구온난화로 인해 특정 지역의 작물 농사 기간을 연장하거나 농작물을 온도와 환경에 맞게 변경함으로써 수확량을 증대시키는 활동을 생각할 수 있다.

기후변화는 다양한 구성원들에게 다른 규모(scale)와 정도(degree)로 영향을 미쳐왔으며 앞으로도 그럴 것이다. 국가와 지역사회 등 다양한 주체들은 자신들의 자원과 역량을 기반으로 완화 및 적응 정책 등 다양한 수단을 동원해 기후변화에 대응한다. 이러한 대응이 얼마나 효과적인가에 따라 이들 주체가 기후변화의 부정적 영향에 대처하고 극복하며 원상태로 복원하는 능력인 기후 회복력(climate resilience)도 달라진다. 즉, 기후변화 부문에서 경제적, 기술적, 정치적, 사회적 관련 역량을 보유한 국가들은 그렇지 못한 국가에 비하여 더 효과적으로 대응할 수 있으며, 기후변화로 인해 진화하는 외부 환경에 더 잘 적응하며 각종 피해를 극복하고 원상 복귀하는 회복탄력성이 크다. 그러나 대응 역량을 보유한 국가라 해도 기후변화가 유발하는 각종 폐해에서 온전히 자유로울 수는 없으며 그 대응 과정에서 막대한 인적, 물적, 사회적 자본의 투입이 소요된다. 명백한 것은 기후변화라는 글로벌 이슈에 대해 국제사회가 완화나 적응을 통해 효율적으로 대응하지 않는다면 기후변화가 미치는 영향은 더 악화될 것이며 이는 결국 국제사회 구성원들의 인명, 재산, 인프라뿐 아니라 지구환경의 파괴와 손실을 야기할 수 있다는 점이다.

2. 저술 목적 및 개요

기후변화에 대한 논의는 다양한 관점에서 접근할 수 있다. 본 저서는 특히 기후변화 문제를 둘러싼 국제정치의 동향 전반을 포괄적으로 다루어 주제에 대한 독자들의 이해를 높이는 데 목적이 있다. 기후변화가 글로벌 이슈로 부상하고 의제화됨에 따라 기후변화를 주제로 다룬 학술서 및 교양서도 증가 추세이다. 예를 들어 조천호(2019)의 <파란하늘 빨간지구>, 정진영 편(2019) <기후변화의 과학과 정치>, 조효제(2020) <탄소사회의 종말> 등은 기후변화에 관한 과학적, 사회과학적 시각에서 폭넓은 분석을 제공한다. 편집서로는 2019년 서울대학교 국제문제연구소가 펴낸 <기후변화와 세계정치>가 대표적이다. 본 편집서는 기후변화와 민주주의, 기후소송, 배출권거래제와 동북아 탄소시장의 통합 가능성, 기후변화와 북한, 중국의 기후변화 외교, 전력 시스템의 기후변화 적응 역량, 기후변화 취약성에 대한 인식과 도시 적응 아젠다, 기후 클럽 등 다양한 주제를 종합적으로 망라하였다. 이들 기존 연구는 기후 소송, 기후 클럽, 배출권거래제, 탄소시장 등 기후변화와 관련하여 국제사회에서 전개되어 온 논의를 소개하고 주요 쟁점을 제시하고 있다.

그러나 아직 국제정치라는 관점에서 다양한 주체의 역할, 행위, 그리고 나아가 행위자들 간의 갈등과 협력 등 상호작용의 양상을 체계적으로 분석한 학술서는 많지 않다. 국외에는 대학출판부 및 굴지의 출판사에서 'Politics of Global Climate Change' 등의 제목으로 서적들이 출판되고 있지만 대부분 영어로 출간되어 국내 독자들의 접근에 한계가 있다. 따라서 국외 연구들의 논의도 종합적으로 녹여내면서 기후변화를 둘러싼 최근 일련의 국제정치의 흐름을 분석하는 입문서가 필요하다는 생각에서 본 저서를 기획하였다.

혹자는 자연과학, 생태학, 경제학 등 다양한 학문적 접근법을 통해 이미 기후변화에 대한 지식 체계가 형성되어 왔는데 왜 국제정치(international politics 혹은 global politics)라는 분석틀(analytical framework)과 시각을 통한 분석이 필요한가라는 질문을 제기할 수 있다. 오늘날 우리가 국제문제이자 위기로 간주하고 경험하는 기후변화라는 복잡한 현상은 산업혁명 이후 가속화된 인류 문명발전, 자본주의의 팽창, 도시화, 산업화와 같은 역사적 흐름으로 인해 촉발되었다. 국제사회를 구성하는 국가, 기업, 개인 등 구성원은 그 정도에 있어서는 차이를 보일지라도 이러한 역사적 흐름을 형성해왔으며 그 흐름에 참여해 왔다. 그러므로 이들은 기후변화라는 글로벌 이슈에 있어 책임을 공유한다. 즉, 기후변화는 국제사회의 다양한 구성원이 경제성장 및 과학기술의 진보라는 인류의 역사적 발전 과정에 참여하는 과정에서 행위의 부산물로 형성된 결과물이라 할 수 있다.

또한 기후변화라는 글로벌 이슈의 대응 및 해결에 있어서 국제사회의 특정 주체의 역할과 행동에만 의존할 수 없다. 점차 빠른 속도로 진행되는 오늘날의 기후 위기는 주권 국가, 국제기구, 국제 조약과 합의, 기업, 비정부조직, 시민사회, 개인 등 다양한 주체가 직면하여, 혹은 그러한 주체를 통하여, 해결해야 하는 인류 공동의 과제이다. 국제사회를 구성하는 다양한 주체의 행위 및 상호작용을 다루는 학문이 바로 국제정치이다. 본 저서는 기후변화 문제에 있어 다양한 주체의 인식 및 대응 등 행동 양상, 그리고 이들 주체 간의 협력과 갈등 양상 등의 상호작용을 논의하고자 한다. 국제정치의 시각에서 이들 주체의 인식, 행동, 상호작용에 영향을 주는 요인들은 무엇이며 이들 요인은 기후변화에 대한 국제사회의 대응에 어떠한 영향을 미치는지 분석한다.

기후변화 문제의 심각성과 인류 공동의 과제로서의 문제의 성격을 생각할 때 우리는 다양한 주체들의 참여와 관여(engagement)가 문제 해결을 촉진할 것이라 기대할 수 있다. 그러나 기후변화의 국제정치에서 주체의 다양성과 참여가 늘 긍정적 결과로 귀결되는 것은 아니다. 다양한 주체는 각기 다른 이해관계, 사고, 가치 및 규범에 따라 움직이며 이들 중 무엇이 더 큰 비중으로 각 행위 주체들을 움직이는가도 상황에 따라 다르다. 어떠한 행동 주체에게는 물질적 이익이 가치보다 중요하며 또 다른 행위자에게는 행동 규범이 이해관계보다 우선순위를 차지할 수 있다. 또한 기후변화를 문제, 나아가 위기로 인식하며 대응을 촉구하는 주체가 있는가 하면 기후변화를 부인, 부정하는 개인과 집단도 존재한다. 이러한 다양성은 국제사회의 구성원 사이에 협력적, 혁신적 문제 해결을 위한 기반으로 작용할 수도 있지만 때로는 갈등과 경쟁이라는 불협화음을 야기하기도 한다. 그리고 이러한 협력과 갈등의 상호작용은 누가, 언제, 무엇을 어떻게 얻는가(who gets what, when and how?)라는 정치학의 근본적 질문으로 귀결된다.[8] 국제사회를 구성하는 다양한 주체들 사이의 협력과 갈등 등 복잡한 상호작용의 양상 그리고 그러한 상호작용에 영향을 미치는 요인을 분석하는 일이 바로 국제정치라는 학문의 본질이다.

이러한 의미에서 본 저서는 기후변화를 단순히 국제사회에 던져진, 혹은 주어진(given), 외부적 스트레스나 사건, 혹은 객관적 조건으로 보며 그러한 현상을 기술하는 것을 넘어 역동적인 국제정치의 시각에서 기후변화를 조망해 보고자 한다. 즉 국제사회를 구성하는 다양한 주체는 어떻게 기후변화 문제의 발생에 기여해 왔으며 문제 해결을 위해 어떻게 대응해 왔는지 다룬다. 나아가 문제 해결 과정에서 다양한 국제사회의 주체는 어떠한 상호작용의 양상을 보여 왔는지가 논의의 초점이 된다. 즉, 본 연구는 기후변화를 국제사회라는 시스템의 외부에서 작용하는 단순한 물리적, 자연적 현상으로 간주하여 분석하기보다, 국제사회 구성원들의 정치적 상호작용이라는 과정을 통해 해결되는 사회적(social)이고 정치적(political)인 문제로 환원하여 접근한다. 이러한 분석에서 행위자이자 주체들은 기후변화의 위력 앞에 무기력하게 노출되어 수동적으로 반응하는 존재가 아닌 문제의 발생에 원인을 제공한 존재이면서, 동시에 대응 방안과 해결책을 강구하는 존재이며 상호작용의 과정에서 무언가를 얻기도, 잃기도 하는 역동적 존재가 된다.

앞으로 전개될 본 저서의 내용구성을 간단히 소개하면 다음과 같다. 본 장인 제1장은 저서의 서론으로 저서 집필 배경 및 집필 의도를 설명한다. 아울러 저서의 각 장의 내용을 요약, 소개한다.

제2장은 기후변화를 정의하고 그 주요 원인 및 기후변화의 환경적, 경제적, 사회적 영향을 기술함으로써 3장부터 본격적으로 시작되는 기후변화의 국제정치 논의를 이해하기 위한 기초적 배

경지식을 제공한다. 특히 기후변화가 미치는 영향 및 엄중함과 시급성에 대해 독자의 주의를 환기한다.

제3장부터는 기후변화의 국제정치에 관한 논의가 본격적으로 진행된다. 제3장에서는 기후변화와 국제레짐(regime)을 다룬다. 국제레짐이란 국제관계의 특정 쟁점 분야에서 행위를 규제하고 조정하기 위해 다양한 행위자가 만들어내는 원칙, 규범, 규칙, 운용 절차, 제도의 시스템을 지칭하는 용어이다.[9] 즉 국제레짐이란 국제사회에서 국가 등 다양한 행위 주체 사이의 상호작용이 반복되며 그 과정에서 행위 주체들이 기대하는 바가 수렴되어 형성된 조직, 조약, 규범, 관습 등의 산물을 일컫는다. 오란 영(Oran Young)에 따르면 레짐이란 특정 이슈에 있어 국제사회 구성원들의 행위를 규율하는 사회적 제도(social institutions governing the actions of those interested in specifiable activities)라 할 수 있겠다.[10] 본 장에서는 기후변화 부문에서 유엔기후변화협약, 교토의정서, 파리기후변화협정 등 주요 국제레짐이 형성, 진화되어 온 과정을 설명함으로써 주권 국가가 협력을 통해 기후변화 문제를 해결하기 위한 일련의 노력이 어떻게 제도적으로 전개되어 왔으며 그 과정에서 드러난 제약과 도전과제는 무엇인지 논의한다. 아울러 국제레짐의 형성과 그 내용의 이행 과정에서 영향을 미친 규범(예를 들어 "공동의 그러나 차별화된 책임"과 같은)이 있다면 국제사회의 구성원들이 해당 규범을 어떻게 인식하고 해석하며 공동의 수렴된 이해를 형성해 왔는지도 논의한다. 이들 국제기구 및 조약, 협의 등은 기후변화의 해결책을 모색하기 위한 협력의 플랫폼이자 수단으로써 작용하기도 하지만 또한 레짐에 참여하는 회원국 및 다양한 주체들 간의 이해관

계, 가치, 인식 등이 어떻게 분포되느냐에 따라 첨예한 갈등의 장(場)이 되기도 한다. 이에 본 장에서는 2021년 11월에 개최된 유엔기후변화협약 제26차 당사국총회의(Conference of the Parties 26, COP26) 사례를 자세히 소개하면서, 기후변화 해결을 위한 국제적 합의 및 규범 형성 및 다양한 주체들의 레짐 이행 노력이 기후변화 문제 해결에 기여해 온 점은 무엇이며 그 과정에서 도출된 문제점 및 도전과제가 무엇인지 논의한다.

제4장과 5장은 기후변화와 국가에 집중하여 다양한 국가들의 기후변화 문제에 대한 대응 양상을 논의한다. 국제레짐을 형성하는 기본 주체도 국가이지만 국제적 수준에서 형성된 제도와 합의를 국내 정치와 정책과정으로 가져와 입법, 행정 등의 절차를 통해 구체화하고 이행하며 기후변화와 관련된 국제적 규범을 내재화하는 주체는 각국 정부 및 해당 국가의 국민, 기업, 지방정부 등의 구성원이다. 코로나-19 팬데믹으로 전례 없는 글로벌 경제 및 사회적 위기가 가중되며 국가의 역할은 더욱 강조되고 있다. 국가는 기후 위기와 같은 환경위기가 가속화됨에 따라 국민과 사회를 부정적 피해로부터 보호하고 기후변화 대응 및 적응 역량을 강화하며 그러한 대응 과정에서 경제발전의 지속가능성과 국가 경쟁력을 추구하는 전략과 정책을 만들고 집행한다.

국제사회를 구성하는 195여 개 국가는 이미 2015년 기후재앙을 방지하기 위해 지구 평균온도 상승 폭을 산업화 이전 대비 2℃ 이내로 유지하고, 가능하면 1.5℃ 이내로 억제할 것을 촉구하는 파리협정(Paris Agreement)에 서명했다. 파리협정을 통해 막이 열린 신기후체제는 2021년에 그 원년을 맞이했다. 코로나-19 팬데믹 속에서도 2021년 11월 파리협정의 당사국들은 스코틀랜드

글래스고(Glasgow)에서 모여 당사국총회를 개최하고 기후변화 대응 관련 이행 사항을 점검하고 국가 간 협력 방안을 논의하였다. 본 회의 개최 전후로 각국 정부는 자국의 감축 목표를 더 상향 조정해야 한다는 국제적 압박에 직면했으며 선진국들은 개발도상국(개도국)들을 대상으로 재정 및 기술지원 약속을 조속히 이행해야 한다는 여론이 강화되었다. 이러한 논의에 따라 130여 개 국이 2050년까지 넷 제로(온실가스 순 배출량이 0이 되는 상태)를 달성한다는 탄소중립 목표를 채택하거나 논의 중이며 약 110여 개 국가가 구체적 감축 목표를 UNFCCC에 제출했다. 국제사회의 여러 국가를 다 다룰 수 없으므로 본서의 제4장과 제5장은 세계 총배출량에서 차지하는 비중이 크고 국제정치경제에서 미치는 영향력이 큰 유럽연합(EU), 미국, 중국 그리고 대한민국의 기후변화 대응을 집중적으로 다룬다.

제6장은 기후변화 문제를 둘러싼 협력과 갈등의 국제정치를 논한다. 이를 논의하기 위해 본 장은 기후와 안보 사이의 갈등 관계를 다루고 선진국과 개발도상국이라는 두 개의 집단 간의 갈등인 남북(North-South) 관계, 그리고 기후변화를 둘러싼 미-중 간의 협력과 경쟁을 살펴보고자 한다. 국제사회에는 기후변화가 인류 공동의 책임이며 공동 대응이 필요하다는 인식과 규범이 형성되어 이를 바탕으로 국가들의 기후변화 대응 노력이 전개되고 있다. 그러나 기후변화 문제에 대한 각국의 역사적 책임 및 기여도, 그리고 기후변화가 각국에 미치는 영향은 상이한 분포를 보인다. 국제사회의 구성원들은 기후변화 문제에 다양한 규모와 방식으로 기여해 왔으며 기후변화가 미치는 영향과 파급력은 균등히 배분되지 않는다. 기후변화 문제에 있어 책임과 피해의 불

균등한 분배에 대한 선진국과 개도국 집단의 시각이 일반적으로 어떻게 표출되고 있으며 선진국으로부터 개도국으로의 기술이전 및 재정지원을 포함해 남-북 갈등의 요인들은 무엇인지 분석한다. 또한 본 장은 최근 신냉전이라고도 일컬어지는 미국과 중국 간의 관계가 기후변화 부문에서는 어떻게 전개되고 있는지 논의한다. 파리협정은 미국과 중국 정부의 극적인 협력을 통해 가까스로 발족하였으나 양자 간 무역 분쟁과 체제 경쟁 등의 갈등과 대립은 기후변화 협력에도 어두운 그림자를 드리우고 있다. 본 장은 G2라 칭해지는 양자 간 관계가 기후변화라는 글로벌 이슈 해결에 어떠한 도전과제를 제기하는지 보여준다.

제7장은 기후변화와 무역 간의 상관관계 및 다국적기업을 중심으로 전개되는 최근 일련의 동향을 다룬다. 본 장에서는 기후변화와 국제무역의 관계를 총체적으로 정리한다. 무역과 환경을 연계하려는 시도는 어떻게 전개되어 왔으며 기후변화 문제 해결을 위해서 무역에서의 규제 등에 대한 논의가 최근 어떻게 진행되고 있는지 살펴본다. 특히 기후변화 대응이 강화됨에 따라 EU 등 선진국이 취하는 탄소국경조정 등의 정책과 기존의 자유무역 체제가 대표하는 원칙 간의 상충 가능성을 논의한다. 또한 RE100 운동, ESG(Environment, Society, and Governance) 경영의 강화 등 최근 경향을 소개함으로써 글로벌 기업이 기후변화 문제에 적극적으로 참여하는 동인을 살펴보고 기업 행동의 변화 양상을 소개한다.

제8장은 기후변화와 글로벌 시민사회를 다룬다. 기후변화의 국제정치에서 비정부 행위자 중 가장 대표적 주체로 비정부조직(non-governmental organizations; NGO) 그리고 사회운동(social movement)에 참여하는 개개인의 활동가와 참여자 등 시민사회 구성원을 들 수 있다. 최근 몇 년 간 미국에서 대학 및 대학생, 환경 NGO 등을 중심으로 진행된 석탄 투자 철회 운동(divestment movement) 사례에서도 볼 수 있듯이, 비정부 주체는 기후변화 대응을 위한 저탄소 전환에 있어 중요한 역할을 하며 기후변화의 국제정치에서 부상하고 있다. 물론 이들의 다양성을 고려할 때 우리는 이들의 문제 인식 및 대응 양상도 넓은 분포를 보일 것임을 예측할 수 있다. 본 장에서는 기후변화 영역에서 글로벌 시민사회의 대응 및 활동 양상을 예를 들어 간단히 소개하고 기후변화 국제정치에서 이들 주체의 영향력과 도전과제가 무엇인지 논한다.

본 저서의 마지막 장인 제9장 결론에서는 앞에서 이루어진 논의를 종합하고 전망을 제시한다.

위와 같이 총 9장으로 구성된 <기후변화의 국제정치>는 학문적, 교육적, 정책적 측면에서 의미와 활용도를 지닌다. 첫째, 학술적으로 본 저서는 사회과학 부문, 특히 국제정치 부문에서 기후변화에 관한 체계적이고 총체적인 분석을 제공함으로써 주제에 대한 논의와 연구를 활성화한다. 본 저서를 통해 정치학 및 사회과학 부문에서 기후변화와 같은 지구환경정치 주제를 다루는 연구의 저변을 확대하고 새로운 후속 연구를 파생하는 효과를 기대할 수 있다.

둘째, 본 저서의 다양한 교육적 활용 방안을 생각할 수 있다. 본 저서는 대학 강의 및 대중 및 기관 대상의 교육, 강연 등에서 참고 자료로 활용될 수 있다. 최근 정부뿐 아니라 민간영역에서도 기후변화, 탄소중립이 화두로 부상하면서 대학이 환경 문제에 대한 인식과 문제 해결 능력을 지닌 인재를 양성해야 한다는 요구 역시 증가하고 있다. 이에 전국적으로 환경 문제를 다룬 강의가 증가 추세다. 이러한 강의와 교육에서 본 저서는 종합적인 교재이자 참고서의 역할을 하여 우리 사회의 기후변화에 대한 이해와 인식 저변이 확대되는 데 기여할 수 있다.

셋째, 본 저서를 통해 정책결정자들이 일련의 정책적 함의를 도출할 수 있다. 본 저서의 논의를 바탕으로 기후변화가 한국이라는 국제사회의 중견국에게 어떠한 외교적, 정책적 함의를 줄 수 있는지에 대한 고찰이 가능하다. 한국 정부 및 연구기관들은 기후변화의 국제정치를 둘러싼 제반 쟁점과 논의를 심도 있게 이해함으로써, 국제사회에서 한국 정부 및 다양한 구성원들이 역할과 기여 등에 대한 계획과 전략을 수립하는 데 도움을 얻을 수 있다. 또한 본 저서는 국제사회가 악화일로의 기후변화 문제에 대응하기 위해 어떠한 노력을 지속해야 하는가에 대한 광범위한 논의를 제기함으로써 문제 해결을 위한 초석을 다지는 의의를 지닌다.

제 2 장

기후변화의 정의와 글로벌 이슈로의 부상

기후변화의 국제정치를 본격적으로 논의하기에 앞서 본 장에서는 기후변화를 정의하고 그 원인을 규명하며 기후변화가 수반하는 현상을 그 파급효과의 관점에서 논의한다. 또한 산업혁명 이후 현재까지 국제사회에서 발생한 주요 역사적 흐름을 살펴봄으로써 기후변화와 국제정치 사이의 상호작용과 연관성을 개괄한다.

1. 기후변화: 정의와 과학적 연구 결과

다양한 매체 보도의 증가로 '기후변화'라는 용어는 오늘날 사회에서 광범위하게 회자되는 표현이 되었다. 그러나 기후변화를 날씨와 혼동하는 이들이 적지 않으며 산업혁명 이후의 기후변화를 단순히 자연적 현상으로 치부하는 등 잘못된 오류를 범하기도 한다. 특히 이러한 인식은 종종 기후변화를 부정하는 집단 사이에서 더 빈번히 발견된다. 기후(climate)란 비교적 장기간(대개 30년에서 몇 십년)의 기간에 걸쳐 지구 혹은 한 지역(region)에서 지속적으로 관찰되는 평균적 날씨나 변동의 특성을 일컫는다. 이에 비해 날씨(weather)란 특정 시점에서 순간적으로 관찰되는 국지적 기상 현상을 말한다. 기후는 기온, 강수량, 적설, 풍향, 풍속 등으로 구성되며 기후 요소의 시공간적 차이를 가져오는 인자로는 위도, 수륙분포, 지형, 해류, 기압 등이 있다.[11]

날씨는 시시각각 변화무쌍할 수 있으므로 모형화(modeling)를 통한 정확한 예측이 어렵다. 일기예보가 종종 맞지 않는 것도 그런 이유이다. 그러나 기후는 장기간에 걸친 평균값이므로 오히려 모델링을 통한 예측이 상대적으로 쉬울 수 있다. 마치 한 개인의 시시때때로 변하는 기분(날씨에 해당)을 예측하는 일은 어렵지만 일생에 걸쳐 드러나는 성격(기후에 해당)의 일반적 특징을 파악하는 것은 상대적으로 쉬운 것과 같다.

기후변동과 기후변화 역시 용어의 정의가 필요하다. 기후변동이란 긴 시간 동안의 평균값에서 약간의 변화를 보이지만, 평균값을 크게 벗어나지 않는 자연적 기후의 움직임으로 보통 몇 달에서 수십 년에 걸쳐 나타나는 변동 현상이다. 예를 들어 적도 부근의 해수면의 온도는 몇 년 주기로 온난화와 냉각화가 번갈아 나타난다. 엘니뇨, 라니냐, 북극 진동과 같이 주기적이고 간헐적으로 나타나는 것이 기후변동이다. 이에 비해 기후변화(climate change)란 자연적 기후변동의 범위를 벗어나 평균적인 상태로 돌아오지 않는 평균 기후계의 변화를 일컫는다.

기후변화는 자연적 원인(태양 에너지 변화, 지구 공전궤도 변

[그림 2-1] 기후변화 모델과 현실

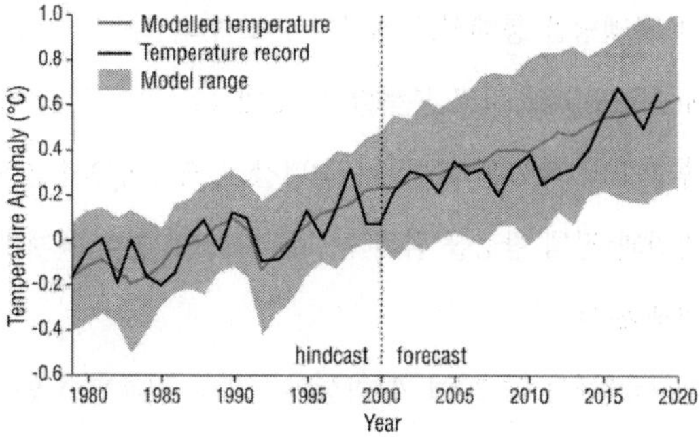

*출처: Maslin(2022)

화, 화산 활동, 내부 변동성 등)이나 인간 활동으로 인한 대기 조성(온실가스, 에어로졸) 또는 토지 이용의 변화 등 외부 강제력 변화로 인해 발생한다.[12] 지구온난화(global warming)와 같은 현상으로 지구 조절 시스템이 불안해지면 기후는 변덕스럽고 불확실한 상태가 되며 해수면 상승, 해양 산성화, 식량 생산 감소, 생물다양성 파괴 등이 더 급격히 일어나게 된다. 이렇듯 기후변화란 원인과 그 결과를 포함한 넓은 의미의 지구환경 변화를 의미하기도 한다.[13]

기후를 관찰하는 기후 모델링은 지난 40여 년간 꾸준히 정교해지며 발전을 거듭해 왔다.[14] 유니버시티칼리지 런던(University College London)의 기후과학자이며 Earth System Science 교수인 마크 매슬린(Mark Maslin)에 따르면 1970년대, 1980년대 이미 기후변화 모델링이 진행되었고 이를 통해 예측한 기후변화 패턴은 실제 당시의 현실과 거의 흡사한 양상을 보였다(그림 2-1). 그림에서 진한 검은 선은 실제 기록된 온도이고, 회색 선은 모델링을 통해 예측한 온도이며, 면적으로 표현된 회색 부분은 다양한 모델링의 예측 범위를 나타낸다. 이 그림은 몇십 년 전 비교적 초기 기후 모델링을 통해서도 지구의 온도 변화 양상을 비교적 견고하게(robust) 예측하고 분석할 수 있었음을 보여준다. 이와 같은 기후변화의 과학은 지난 약 50년간 국제사회에서 기후변화 대응 방안과 정책 형성을 위해 필요한 지식 및 인식 체계의 기반을 형성해 왔다.

현재 세계에는 약 20여 개 이상의 굴지의 기후변화 연구센터가 있으며 이에 속해있는 기후과학자들은 대기, 해양, 육지, 빙하 등 기후 관련 데이터를 수집하고 슈퍼컴퓨터와 기후 모델링을 통해 기후변화 양상을 분석하고 추적한다. 이들이 사용하는 모형은 물리, 화학, 생물학 등 자연과학 부문에서 광범위하게 수용되는 이론적, 과학적 원칙들을 기초로 한다. 물론 연구자들이 다양한 모델링을 통해 분석한 결과들이 모두 다 정확히 일치하지는 않으나 일정 범주 내에서 전반적인 기후변화의 흐름과 양상을 보여준다.

기후변화 모델링이 100% 완벽하기를 기대할 수는 없다. 경제 및 사회적 조건들의 변화에 따라 이산화탄소 등 온실가스 배출량이 어떻게 변화할 것인지 정확히 예측할 수 없으므로 다양한 시나리오에 기반해 시뮬레이션하는 방법이 사용된다. 그런데 미래를 예측하고 전망하는 이러한 작업에는 자연적으로 불확실성(uncertainty)이 수반된다. 또한 구름과 같이 지구 온도를 차갑게도 하고 뜨겁게도 하지만 그 성격이 변화무쌍해 아직 데이터를 확보하기 힘든 변수는 오늘날의 기후과학에 여전히 숙제로 남아있다.[15]

이와 같은 도전과제에도 불구하고 기후변화 문제에 관한 한

[그림 2-2] 이산화탄소 축적량

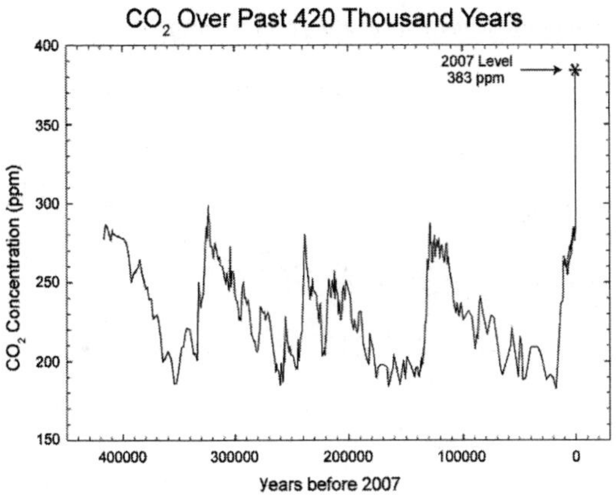

***출처**: Scripps Institution of Oceanography(n.a.).

오늘날 학계와 전문가들 사이에는 광범위한 과학적 합의(consen-sus)가 형성되어 있다고 볼 수 있다. 약 45억 6천 만 년 전 생성된 것으로 추정되는 지구는 과거에도 기후변화를 경험했다. 그러나 전문가들은 과거의 기후변화는 자연적 원인으로 인해 발생했다면 현재 국제사회가 이야기하는 기후변화는 인간의 활동으로 야기된(man-made) 현상이라는 점에 전반적으로 동의한다. 그림 2-2는 지난 420,000년이라는 오랜 시간에 걸쳐 지구온난화의 원인인 이산화탄소의 축적량이 상승패턴을 보인 시기가 주기적으로 있었지만, 인간의 경제발전과 산업화가 가속화된 근래에 들어 축적량이 급격히 증가해 2007년 가장 높은 수준에 이르렀음을 보여준다.

오늘날의 기후변화는 지구의 평균온도가 상승하는 지구온난화로 특징지어지며 이 기온상승 현상은 인류문명 발전의 속도와 양상이 급격히 전환된 산업혁명(industrial revolution)을 기점

[그림 2-3] 인간 활동으로 인해 뜨거워지는 지구 표면 온도(1850~2020)

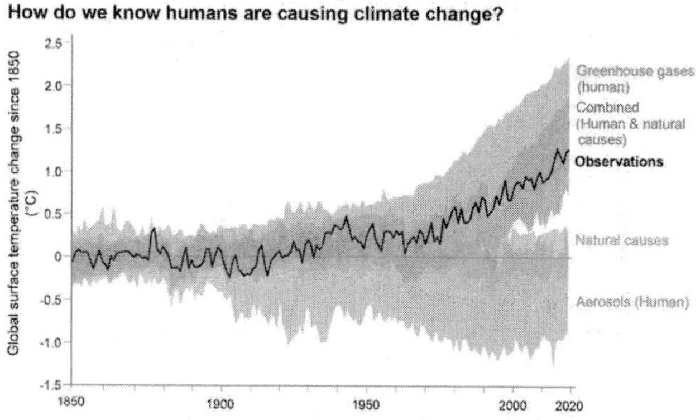

***출처**: Kopp(2021).

으로 하여 그 이래로 꾸준히 가속화되어 왔다(그림 2-3). 과거 빙하기에서 간빙기로 전환되는 약 1만 년 동안의 기온상승은 약 4~5℃였다고 하는데 이는 자연적 요인으로 인해 발생한 가장 빠른 온난화 속도라고 한다. 그런데 지난 100년 동안 지구 평균 기온은 약 1℃가 상승하여 인간의 역사와 그 흐름 속에서의 일련의 행동으로 인해 약 20~25배 빠른 지구온난화가 진행되었음을 알 수 있다.[16]

기후조건은 지구상에서 인류문명이 꽃피고 번성하는 데 가장 중요한 환경적 요인 중 하나였다. 인류문명은 약 1만 년 전부터 시작되어 현재까지 이어지는 지질시대(geologic age)인 충적세 혹은 홀로세(Holocene, "완전한 시대"의 의미) 시기 형성된 기후 조건에서 싹트고 발전하기 시작했다. 홀로세는 지구의 마지막 빙하기 이후 시작되었는데 이 기간에 기온의 변동 폭은 2°C 정도에 머물러 인류는 농경을 시작하게 되었고 그에 따라 주기적으로 영양분을 얻는 등 삶의 질의 향상을 경험하고 문화의 발전을 이루게 되었다. 농경이 시작되면서 유목이 아닌 정착 문화가 가능해졌고 영양이 지속적으로 공급되면서 인구는 급속히 팽창했다. 이에 따라 도시와 문명 등 오늘날 국제사회를 형성하는 근간이 되는 기초적 수준의 정치적 조직과 단위들이 형성되었다.

물론 이 지질시대에도 기후변화로 인한 가뭄 등의 자연재해가 없었던 것은 아니다. 남미의 마야(Maya, 900 AD)나 캄보디아의 앙코르(Angkor, 1400년대 초)와 같은 고대 국가와 도시들이 쇠퇴를 겪고 역사의 뒤안길로 사라진 데는 기후변화에 적절히 대응하고 적응하지 못한 점도 원인으로 작용하였다고 한다. 그러나 전반적으로 지난 약 만 년간 기후 패턴의 안정성은 인류의 문명발전에 크게 기여했다고 볼 수 있다. 인류는 2°C 이상 온난화된 지구환경에서 생존해 본 경험이 없다고도 볼 수 있다.[17] 홀로세의 안정된 기후 조건을 누리며 인류와 다양한 생물 종은 진화와 발전을 거듭해 지구는 생물다양성(biodiversity)으로 특징지어지는 행성으로 변모했다.

그러나 인류가 산업혁명 시대를 열며 화석연료인 석탄을 발견하며 이를 경제발전과 산업화, 근대화, 도시화를 위한 연료로 사용하게 되고 대량생산과 소비의 시대가 열리자 홀로세의 기후 조건은 크게 변화하기 시작했다. 특히 1950년 이후, 즉 제2차 세계대전이 종료되고 얼마 되지 않아, 인류가 지구 시스템에 미치는 영향은 폭발적으로 증가해 지구의 복원력(resilience)을 위협하기에 이르렀다.

오존층 파괴 물질에 대한 연구로 1995년 노벨 화학상을 수상한 폴 크루첸(Paul Crutzen) 교수는 2000년에 지질시대를 더 이상 지질학적 변동이나 특정 생물 종의 멸종 등에만 근거해 구분할 것이 아니라 인류가 지구환경에 미치는 폭발적 영향력을 근거로 다시 설정해야 하며, 새로운 지질시대를 구분하기 위해 인류세(人類世, anthropocene)라는 용어를 제안하였다. 그는 20세기에 신기술과 화석연료, 인구 성장을 통해 인류의 힘은 가속 팽창했으나 이는 지구의 생물학적, 화학적, 지질학적 과정에 부정적 영향을 미쳤다고 지적했다. 그는 홀로세를 인류세로 명명해야 한다고 주장하며 과소비주의로부터의 탈피, 과학과 기술에 대한 투자, 자연과의 공생을 위한 세계 유기체의 유지를 위한 행동을 촉구하였다.[18]

크루첸이 주목한 바와 같이 산업혁명 시대 기후변화가 급속히 진행된 것은 화석연료 연소, 산림 파괴 및 훼손, 농업을 위한 토지 이용의 확대 및 도시화와 산업화 등에 따른 토지 이용 변화 등 인간의 경제 및 발전을 위한 일련의 과정에서 비롯하였다. 이 과정에서 온실가스(greenhouse gas: GHG)라 불리는 물질이 대기 중으로 대거 방출하면서 그 농도가 증가해 왔기 때문이다. 이러한 가스 형태의 물질은 대기 중에 머물며 지표면에서 반사되는 복사 에너지를 흡수해 마치 온실을 덮고 있는 유리처럼 지구 표

[그림 2-4] 지구 기후시스템과 각 구성 요소의 상호작용

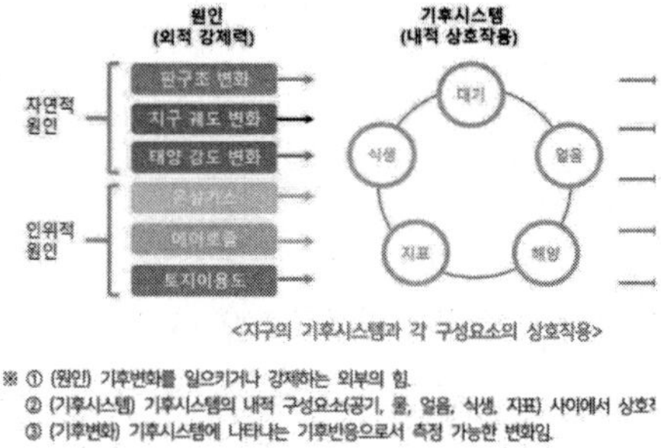

***출처**: 기상청(2020), p.9.

면 온도를 상승시키는데 이를 온실효과(greenhouse effect)라 한다. 온실가스는 지구의 온도를 일정 수준으로 유지하는 데 꼭 필요하기도 하나, 과다하게 배출되어 축적되면 지구온난화를 야기한다. 적어도 지난 130여 년간 지구 평균 기온이 지속 상승하는 지구온난화가 계속되고 있다.[19]

기후변화에 대처하기 위해 국제사회 구성원들이 1997년 합의한 문서인 교토의정서(Kyoto Protocol)는 6대 온실가스를 규제대상으로 지정했는데 여기에는 이산화탄소(carbon dioxide, CO_2), 메탄(methane, CH_4), 이산화질소(nitrogen dioxide, N_2O), 수소불화탄소(hydrofluoro carbon, HFCs), 과불화합물(Perfluoro compounds, PFCs), 육불화황(sulfur hexafluoride, SF6)등이 있다(표 2-1). 이 중에서 이산화탄소가 지구온난화에 약 74% 정도 기여해 가장 큰 영향을 미친다.[20] 1959년에서 2018년 사이 약 60

[표 2-1] 온실가스의 종류 및 배출원과 특성

종류	배출원	체류시간(년)
이산화탄소(CO_2)	산림 벌채, 에너지 사용, 화석연료 연소, 시멘트 생산 등	5~200
메탄(CH_4)	가축 사육, 습지, 논, 음식물 쓰레기, 쓰레기 더미 등	12.4
아산화질소(N_2O)	석탄, 폐기물 소각, 화학 비료 사용 등	121
수소불화탄소(HFCs)	에어컨 냉매, 스프레이 제품 분사제 등	1년 미만~수천 년
과불화합물(PFCs)	반도체 세정제, 소화기, 도금산업 등	1년 미만~수천 년
육불화황(SF6)	전기제품과 변압기 등의 절연체 등	3,200

***출처**: 기상청 (2020), pp. 15-16 참조하여 재구성

년 동안 전체 온실가스 배출량의 82%는 화석연료를 통한 이산화탄소 배출에 의한 것이었고 18%는 토지 이용 변화에 따른 것이었다.[21] 메탄은 지구온난화의 약 19%를 담당하며 이산화질소는 온실가스 영향 중 약 8%를 담당한다.[22] 그 외의 온실가스의 기여도는 미미하다. 다만 불화탄소를 포함하는 CFCs는 지구온난화를 유발하는 동시에 오존층을 파괴하는 물질이기도 해서 국제사회의 주목을 받아왔다.

19세기 중반부터 이미 대기 중 이산화탄소가 온실효과를 통해 지구온난화를 유발한다는 주장이 등장하기 시작했다. 1896년에는 스웨덴의 스반테 아레니우스(Svante Arrhenius)가 산업화로 이산화탄소가 증가하고 지구의 온도가 상승할 것이라는 가설을 세웠다. 그는 이산화탄소 농도가 2배 상승하면 지구 온도는 5~6℃ 상승하게 된다는 내용의 논문을 1896년 스톡홀름 물리학회에 기고했는데 이는 기후변화에 관한 최초의 과학적 논문으로 일컬어진다.[23] 1938년 영국의 가이 스튜어트 캘린더(Guy Stewart Callendar)라는 과학자는 기온상승과 이산화탄소 농도 증가 사이의 상관관계를 발견했다.

기후변화에 관한 과학을 보다 체계적으로 분석한 과학자는 찰스 데이비드 킬링(Charles David Keeling, 1928~2005)으로 1958년부터 지구 대기의 이산화탄소 농도를 측정해 그래프로 나타냈다. 그는 하와이 마우나로아(Mauna Loa) 관측소에서 이산화탄소를 측정하였고 그 결과 이산화탄소의 농도 변화가 계절적 변동을 넘어 꾸준히 증가해 왔음을 밝혔다. 그의 이름을 따서 이산화탄소 농도 변화를 나타낸 그래프를 킬링 곡선(Keeling curve)이라 부르기도 한다.

[그림 2-5] 킬링 곡선

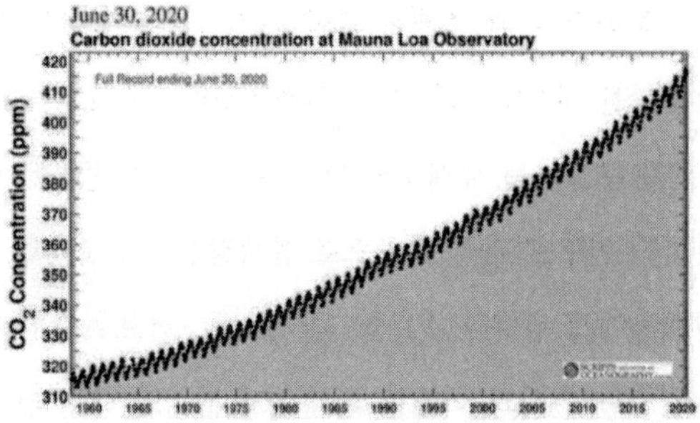

<마우나로아 이산화탄소 농도 그래프>

***출처**: 기상청(2020). p. 14.

이처럼 지구의 기후변화가 진행되면서 기후변화의 과학도 발전과 진화를 거듭해 왔다. 연구성과와 과학적 근거 등이 확대되면서 국제사회는 20세기 후반부에 들어 본격적으로 기후변화 문제를 의제(agenda)로 설정하고 주의를 기울이기에 이르렀다. 1972년은 국제사회 구성원들이 글로벌 환경 문제에 본격적으로 관심을 기울이며 대응 방안을 논의하기 시작한 분수령이 된 해이다. 1972년에 개최된 UN인간환경회의(UN Conference on the Human Environment, 혹은 회의 개최지의 이름을 따 스톡홀름 회의 Stockholm Conference로 일컫기도 함)에서, UN 산하의 환경 문제를 전담하는 기구이자 글로벌 환경정치 의제 설정 기구로 유엔환경프로그램(United Nations Environment Programme; UNEP)이 창설되었다. UNEP은 창설된 이래, 오존층 파괴, 사막화, 기후변화 등 국제협력을 요구하는 전 지구적 환경 문제를 포착, 발굴하고 이에 대응하기 위한 국제적 수준의 협약이 도출될 수 있도록 국가 간 대화와 협상을 촉진하며 이를 조직하고 관리하는 임무를 수행해 왔다.

유엔은 UNEP과 세계기상기구(WMO)를 필두로 기후변화 문제에 대응하기 위해 총체적 과학적 지식을 수립하는 일이 선행되어야 함을 인식하였다. 이를 위해 1988년 IPCC가 설립되었다. IPCC를 구성하는 세계 각국의 전문가는 기후변화에 관한 최신의 과학적 연구 결과를 기반으로 정책결정자를 포함한 국제사회 구성원들에게 정확한 정보와 지식을 제공함으로써 이들이 기후변화에 대한 인식과 이해를 확대하고 문제의 해결 방안을 모색하는데 기여해 왔다.

글로벌 환경정치에서는 종종 IPCC를 과학적 문제 분석을 통해 기후변화 문제를 글로벌 이슈로 만들어 해결의 시급성을 촉구하는데 결정적 역할을 하는 인지공동체(epistemic community)로 묘사한다. 피터 하스(Peter Haas)는 인지공동체를 지식기반의 전문가 네트워크(knowledge-based expert network)라고 정의하고 이들의 주요 역할을 복잡한 문제의 인과관계를 규명하며, 국가로 하여금 자신의 이익을 확인하도록 도와주며, 집단적 논의를 위해 이슈를 프레이밍(framing)하고, 정책을 제안하며, 협상을 위해 중요한 사항을 지적해 주는 것이라 요약했다.[24] IPCC와 그에 참여하는 과학자, 연구자 집단은 기후변화와 관련된 국제 환경 규범의 형성과 발전에 영향을 미치며 과학적 객관성으로 확보된 정통성을 바탕으로 권위와 영향력을 행사하고 문제 해결을 위한 지식, 혁신적 아이디어의 생산과 확산에서 중요한 역할을 수행해왔다. 국제 환경 문제에 있어 국가 간, 그리고 다양한 사회구성원 간 공통된 인식과 합의가 도출된다는 것은 문제의 원인을 파악하여 대응 및 해결방안을 강구하기 위한 선결 조건이기 때문에 IPCC와 같은 인지공동체의 역할은 아무리 강조해도 지나침이 없다.

IPCC는 3개의 실무그룹(제1그룹인 기후변화과학 그룹, 제2그룹인 취약성 그룹, 제3그룹인 완화 그룹)으로 구성되어 있으며 설립 이후 1990년부터 매 5~6년 간격으로 그룹별로 기후변화 평가보고서(Assessment report)를 발간하고 있다. 이 보고서는 기후변화에 관한 당대의 최신 지식과 과학적 연구 결과물에 대한 종합적 분석과 평가를 토대로 전문가들의 면밀한 검토 과정을 통해 작성되며 회원국의 만장일치로 승인된다. 현재까지 총 6차례의 보고서가 발간되었다(1990년 1차, 1995년 2차, 2001년 3차, 2007년 4차, 2014년 5차, 2022년 6차). 또한 IPCC는 평가보고서와 함께 특별보고서를 발표하기도 한다. 예를 들어 IPCC 5차 보고서(AR5) 지구온난화 1.5°C 특별보고서가 2018년 발표되었다. 본 보고서는 이전의 보고서들과 마찬가지로 지구의 기후패턴이 분명히 변화하고 있음을 보이고 그 원인이 인간의 활동으로 유발되었을 가능성이 매우 크다고 분석하였다. 온실가스 배출량의 증가에 따라 온난화는 가속화되며 기후변화는 식량, 물, 자연재해, 생태계, 보건, 에너지, 생물 종 멸종, 기후난민 등 사회경제 및 자연 생태계에 심각한 영향을 미칠 수 있다고 예측하였다. 본 특별보고서는 지구온난화를 산업혁명 시기 대비 1.5°C 이내로 제한하기 위해 2050년까지 온실가스의 순 배출을 제로(zero)가 되도록 감축해야 한다고 권고하였다.

기후변화를 둘러싼 과학적 정보와 지식에 따르면 인류문명은 산업화 이전 평균온도를 중심으로 2°C 아래에서 형성, 발전되었으며 산업혁명 이후 지구온난화는 지속적으로 가속화되고 있다. 오늘날 국제사회는 산업혁명 이전 대비 지구 평균온도 상승이

1.5°C 내에서 멈추도록 하는 노력을 기울이고 있으며 최대한 2°C를 넘지 않도록 하고자 한다.

하루의 날씨 변동에서는 아무것도 아닌 2°C라는 작은 차이가 왜 국제사회가 기후변화에 대한 대응 노력에서 목표로 지정할 만큼 중요한 의미를 가지는가? 그것은 이 온도가 임계점(tipping point)으로 작용하기 때문인데, 이 지점을 넘게 되면 지구환경에 영향을 미치는 다양한 요인들(tipping elements)이 복합적으로 상호작용하여, 지구는 찜통(hot house)으로 변하게 되고 걷잡을 수 없는 부정적 결과들이 연쇄 반응(chain reaction)을 일으킬 가능성이 높아지기 때문이다. 이러한 극적인 전환을 유발하고 악화하는 요인들에는 극지의 빙하 융해, 영구 동토층 및 해저에 포집되어 있던 강력한 온실가스인 메탄의 방출, 열대우림 소실, 바다 기온 상승으로 인한 산호초와 식물성 플랑크톤의 소멸, 해수 산성화, 해류 활동 중지 등의 변화가 있다.[25] 이러한 요인들이 복잡하게 상호작용을 하여 양의 되먹임(positive feedback)이라고도 일컬어지는 연쇄 반응을 일으키게 되면 지구 온도는 더욱 급격히 상승하며 더 큰 파괴력을 가져온다.

따라서 지구온난화를 산업혁명 이전의 수준과 비교해 2°C 이내, 그보다 더 이상적으로는 1.5°C 아래로 유지하기 위해서는 대기 중 온실가스 농도가 일정 수준 이상으로 증가하는 것을 저지해야 한다. 대략 온실가스 농도가 450ppm 이상으로 증가하는 것을 막아야 한다고 알려져 있는데 2019년 1월에 이 수치는 이미 411ppm을 넘어섰다. 이는 인류가 화석연료의 연소, 경제 및 산업 활동 등을 통해서 배출할 수 있는 온실가스의 양이 이제 얼마 남지 않았음을 의미한다.

IPCC에 따르면 지난 80만 년간 지구 대기 중 이산화탄소 농도는 빙하기에 180ppm, 간빙기에 280ppm이었다. 그러나 1950년대 300ppm 수준을 넘어선 이래 가파른 상승을 기록했다. 산업화 이전 280ppm이었던 대기 중 이산화탄소 농도는 2010년 380ppm을 넘어섰고 2020년 기준으로 412ppm에 도달했다. 온실가스 배출의 증가는 지구온난화의 속도를 가속화 했고 온난화로 인해 빙하, 만년설이 녹으면서 그 안에 포집되어 있던 온실가스가 대기 중으로 배출되며 온실가스 농도는 더 짙어지게 되었고 이는 온난화를 더욱 악화시키는 악순환이 반복되었다. 즉, 산업혁명 이후 약 200여 년이라는 짧은 기간 동안 인류가 배출한 온실가스 총량은 지구가 그 이전 65만 년 동안 배출한 양을 이미 넘어섰다.[26]

기후변화 현상은 사회 시스템 및 대기, 해양, 빙권, 생태계 등 자연계에 광범위한 영향을 미친다. 인간이 실생활에서 가장 직접적으로 체감하는 기후변화 영향 중 하나는 극한 기후(extreme weather)이다. 극한 기후란 통계적으로 상위 또는 하위 5%에 해당하는 기후 요소에서 발생하는 현상이다. 이러한 극한 기후 현상은 21세기에 더욱 빈번해지고 강력해지고 있으며 광범위하게 나타나고 있다. 폭염, 가뭄, 집중 호우 등 기후변화와 관련된 각종 자연재해는 한 사회와 그 구성원의 경제적 발전과 번영, 그리고 지속가능한 삶에 악영향을 드리운다.

기후변화는 인간 사회에만 영향을 미치는 것으로 끝나지 않는다. 기후변화로 인해 다양한 생물 종 역시 위협에 처해 있다. 예를 들어 대기 중의 이산화탄소 농도가 증가하면서 해양이 흡수하는 이산화탄소의 양도 증가하고 있는데 이산화탄소는 물에 녹아 탄산을 생성하게 되고 이는 해양 산성화를 초래한다. 해양이 산성화되어 산성 농도 균형이 무너지면 해양의 유기체들의 생명은 위협받는다. 일례로 해안선의 침식과 범람을 방지하고 생태계의 유지와 관리에 중요한 기능을 하는 산호는 산성화된 해양 환경에서 골격을 형성할 수 없게 된다. 산업혁명 이후 바다는 30% 이상 더 산성화된 것으로 알려져 있다. UNEP에 따르면 전 세계 30억 명의 인구가 섭취하는 동물 단백질의 15%가 갑각류를 포함한 어류에서 제공되는 것으로 알려져 있는데 해양 산성화는 해양 생태계를 파괴하고 인간의 삶에 부정적 영향을 미치게 된다.

2. 기후변화와 국제정치경제의 상관관계

앞서 살펴본 것과 같이 온실가스 배출이 급격히 증가해 지구 평균온도가 상승하면서 기후변화 현상이 나타난 것은 불과 지난 200~300년 사이 더욱 급속히 진행된 일이다. 특히 제2차 세계대전 이후 더욱 뚜렷한 기온상승이 일어났다. 지구온난화와 기후변화가 더 눈에 띄게 진행된 이 시기의 국제사회는 어떠한 흐름과 사건으로 특징지어지는가? 국제체제의 진화 양상과 기후변화라는 두 거대한 흐름 사이의 연관성을 살펴봄으로써 우리는 기후변화 문제의 해결을 위해 결국은 국제사회, 즉 국제적 수준에서의 총체적 대응이 필요함을 자각하게 된다.

산업혁명과 인류 발전의 역사가 기후변화를 유발했다면 그 과정을 이끌어 온 주체는 근대국가이다. 근대국가(modern state)는 유럽에서 발생한 종교전쟁인 30년 전쟁(Thirty Years' War)이

1648년 베스트팔렌조약(Peace of Westphalia)의 체결로 종결되면서 형성되기 시작하였다. 이 전쟁의 결과, 유럽에서 종교적 권위를 대표하는 교황의 권력은 점차 약화되었고 왕을 중심으로 한 세속적 권력은 강화되었다. 국가는 점차 근대적인 형태를 갖추어 왔는데 특히 국가 간 전쟁을 거치며 세금 징수, 상비군 유지, 요새 건설 등 근대국가의 특징이자 기초적 기능이 형성되며 국가의 위상과 권위가 강화되었다.[27]

30년 전쟁의 종식으로 영토를 기반으로 한 주권 국가(sovereign state)의 개념이 등장하며 국제사회는 이들을 중심으로 재편되었다. 주권 국가는 지리적, 물리적으로 규정된 경계인 국경 내에서 정치, 경제, 종교, 문화 등 다양한 영역에 있어 외부로부터 간섭을 받지 아니하고 자결권을 행사할 수 있는 배타적 권리인 주권(sovereignty)을 가진다. 이들 주권 국가를 중심으로 국제질서가 편성되고 주권국가 중심의 체제가 오늘날까지 지속되면서 국가 간의 관계는 이들 사이의 갈등과 협력, 세력균형, 상호의존, 세계화 등 다양한 양상을 보이며 전개되어 왔다.

그 등장 이래 주권국가는 역사적으로 점차 그 힘과 기능이 확대되었고 이는 산업혁명과 두 차례의 세계대전을 거치며 더욱 가속화되었다. 근대국가는 자국민의 안전을 보호하는 기능을 수행함과 동시에 점차 커지는 자본가 등 사회 집단과의 관계를 조율하고 시장의 안정성을 보장하는 등 국가의 경제적 근대화 과정을 주도해 왔다. 이로써 국가는 내부적으로 산업화, 도시화, 경제발전 등의 주역으로 부상했다. 또한 산업혁명 이래 국가는 해외 식민지 건설이나 국제 교역 등을 통해 외부로의 경제적 팽창을 거듭해 왔다.

1930년대 대공황(Great Depression) 사례와 같이 거대한 규모의 경제 위기의 발생 상황에서 국가는 재정지출을 통해 국가 경제를 복구하고 인프라 구축과 일자리 창출을 통해 성장 동력을 발굴하는 등 자본주의 체제 및 국가 경제의 안정 유지를 위한 보루로 최종 대부자(lender of last resort) 역할을 수행했다. 이 과정에서 국가의 역할은 점차 노동자 및 소외 계층을 보호하는 복지국가(welfare state)로 발전, 확대되기도 하였다.

1945년 제2차 세계대전의 종식 후 국제사회에는 미국과 서방 승전국을 중심으로 브레튼 우즈(Bretton Woods) 체제가 발족되면서 무역, 개발, 국제 통화 질서를 위한 제도적 토대가 형성되었다. 1970년대 초반에는 미국 달러를 기축통화로 하여 작동하던 고정환율 제도가 변동환율 제도로 대체되었고, 1970년대 후반부터 본격적으로 무역, 투자, 금융 자유화로 대표되는 경제적 세계화의 시대가 열렸다. 제2차 대전의 종식 후 전개된 미국과 소련 간 냉전은 여전히 진행 중이었지만 데탕트와 두 강대국의 군비 축소를 위한 협력 분위기 속에서 국제 무역을 통한 경제적 상호 의존은 더욱 심화되었다. 이러한 제2차 대전 전후의 국제사회에서 국가의 화두와 우선순위는 경제 안정 및 성장, 발전이었음을 알 수 있다.

1989년, 1990년 냉전 질서가 와해되면서 세계 경제는 자유무역의 기치 아래 더 빠른 속도로 통합되었다. GATT를 계승한 세계무역기구(World Trade Organization; WTO)와 국제통화기금(IMF), 세계은행(World Bank) 등 브레튼우즈 체제를 구성하는 3개의 국제기구는 자유무역, 안정적 금융 질서, 굿거버넌스 등을 강조하며 시장 중심의 경제 이데올로기인 신자유주의(neoliberalism)를 국제적으로 퍼트리면서 경제 세계화를 심화했다. 이 시기 또한 주목할 흐름은 아시아 국가들이 국제경제 질서에서 신흥 경제국으로 등장하기 시작했다는 것이다. 제2차 대전 후 일본 경제의 부활과 1980년부터 일본의 경제적 패권을 추격해 온 한국과 대만의 경제 성장은 이들 아시아 국가가 국제경제 무대에서 부상하는 계기가 되었다. 거품의 붕괴 후 잃어버린 10년으로 불리는 침체의 시기를 겪어 온 일본 경제는 2010년에 아시아의 후발주자인 중국에 세계 2위의 자리를 내어 주었다. 중국의 경제적 부상과 국제적 패권 확대는 중국이 미국과 함께 국제질서의 양대 중심축을 형성하는 G2의 시대를 열었다.

이상 근대국가의 출현에서 산업혁명, 경제 자유화와 G2의 시대까지 다소 지나칠 정도로 압축해 소개한 국제정치의 일련의 흐름은 국제사회가 GDP의 성장과 경제발전으로 대표되는 양적 팽창과 확대의 경로를 걸어왔음을 단적으로 보여준다. 국제체제를 하나의 유기체나 분석단위(unit of analysis)로 보고 그 체제가 현재까지 진화한 양상을 보면 우리는 이 체제가 양적 발전과 팽창을 인류의 진보(progress)로 간주하며 흘러왔음을 알 수 있다. 지나친 일반화의 오류를 범하는 진술일 수도 있으나 이 시기 동안 경제성장과 발전은 국제사회를 구성하는 다양한 주체—특히 국가—의 존재 이유이자 이들의 행위를 추동하는 목표이면서 최우선 과제였다. 그림 2-6은 1500년에서 2000년 사이 1인당 GDP의 성장의 변화를 통해 산업혁명 이래 짧은 기간 동안 국제사회가 양적 성장을 거듭해 왔음을 보여준다.

근대국가의 형성과 자본주의 팽창의 역사적 과정 속에서 인류가 환경에 대하여 견지해 온 태도인 환경관은 근대화론과 맥

[그림 2-6] 1500~2000년 세계 1인당 GDP 성장(1990년 국제 달러 기준)

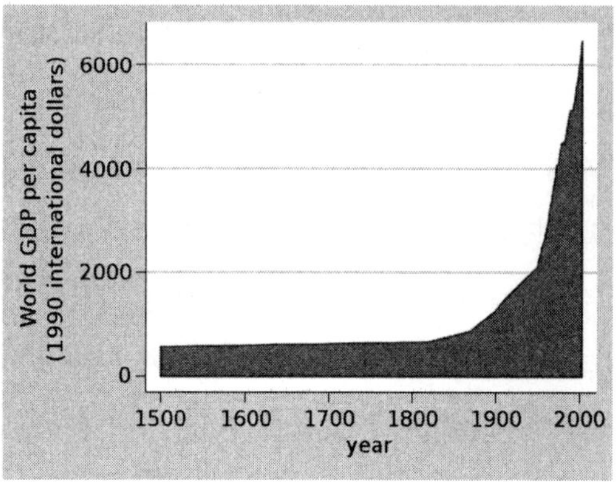

***출처**: 위키피디아(n. a.).

락을 같이 한다. 근대화론은 모든 국가나 사회가 전통적 단계에서 도약 등 단계적 과정을 밟아 발전된 근대적 단계로 진입이 가능하다는 단선적(linear) 발전관을 채택한다. 근대화 과정에서 자연과 환경은 경제발전과 인류의 진보를 위해 이용되는 자원이자 수단이 된다. 근대적 환경관 역시 국제사회의 구성 주체는 지구환경을 인류 발전의 수단과 자원으로 이용해야 한다는 도구적(instrumental) 시각이다. 지구환경은 인류가 진보해 나가기 위해 이용하고 극복해야 할 외부적 조건이자 경제와 기술의 지속적인 발전을 위해 소비하고 이용해야 하는 수단으로 인식되어 왔다. 발전과 성장 패러다임은 지구환경을 기회, 자원, 수단으로 간주해 온 것이다. 이러한 패러다임 하에서 지구환경은 인류 진보를 위한 풍요로운 자원의 원천이면서 또한 근대화, 경제발전, 성장을 위해 정복하고 개발해야 하는 야생(wilderness)의 상태, 즉 인간의 근대적 기술과 과학을 동원해 변화, 발전시켜야 하는 타자(other)로 간주되었다.

[그림 2-7] 세계 1차 에너지 소비

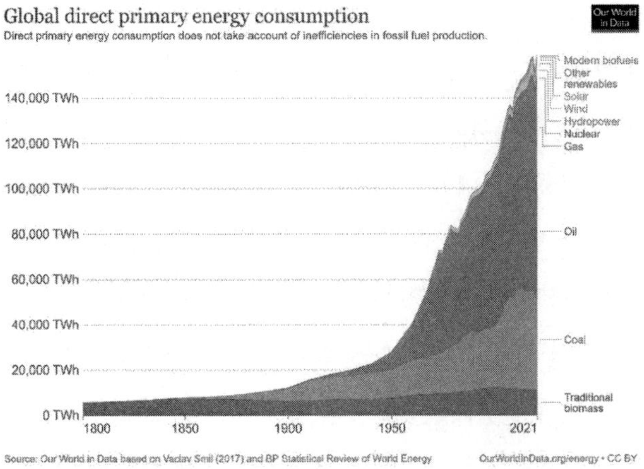

***출처**: Our World in Data(n. a).
***설명**: 위에서부터 바이오연료, 기타, 재생에너지, 태양, 풍력, 수력, 원자력, 가스, 석유, 석탄, 전통적 바이오매스의 순서임

산업혁명 이후 지구환경과 그에 속한 인간의 삶은 이처럼 분리된 상태로 지속되어 왔다. 인류의 경제성장 역사는 환경을 자원이자 대가로 이용해 온 역사라 할 수 있다. 산업혁명, 도시화, 근대화, 인간 삶의 질 향상과 복지 확대 등은 더 많은 자원과 에너지의 사용을 수반했다. 그 어느 시기보다 급속한 경제성장을 기록한 지난 200~300년의 기간은 또한 화석연료의 시대였다. 인류는 특히 지난 50~70년간 더 많은 부의 축적을 위해 석탄, 천연가스, 석유 등 화석연료(fossil fuel)를 채굴하고 연소해 에너지로 사용해 왔다(그림 2-7).

근대로부터 현재까지의 역사는 석탄, 석유 등 화력발전의 역사였다고 해도 과언이 아니다. 기원전 315년 그리스 철학자 데오프라테스의 기록은 석탄이 이미 연료로 사용되었음을 기록하고

있다. 아시아에서는 12세기 중국 송나라에서 석탄을 가정용 연료로 사용했으며 세금이 부과되었다는 기록도 발견된다. 그러나 석탄 사용이 급격히 늘어난 것은 산업혁명 전후이다. 석탄을 채굴하고 운송하기 위해 증기기관 등 동력 기술이 발전했고 운하, 철도 등 교통 부문에서의 혁명이 가속화되었다. 18세기에서 19세기까지 산업혁명은 석탄 채굴, 운송, 가공과 직접적 연관성을 가진 기술이 발전하는 과정으로 볼 수도 있다.

산업혁명 이래 석탄은 전 세계 국가들의 근대화 및 산업, 경제, 사회, 문화 발전을 위한 주요 에너지원으로 생산, 소비되어왔으며 오늘날까지도 여전히 전 세계 에너지 수급에서 높은 비중을 차지하고 있다(BP 세계 에너지 통계보고서에 따르면 전 세계 발전 비중의 37% 이상). 이러한 화석연료 중심의 에너지 소비 역사와 환경 파괴 및 기후변화는 함께 진행되어 왔다.

그러나 1970년대 이래 선진국을 중심으로 각종 환경 문제에 관한 인식과 관심이 증폭하게 되었고 환경운동과 환경 NGO 활동이 확대하며 발전, 조직화 되기 시작했다. 이에 따라 탄소 집약적(carbon intensive) 산업화 및 경제성장이 초래한 각종 폐해가 드러나기 시작했다. 이렇듯 환경에 대한 관심이 증가한 데는 여러 원인이 있다. 우선 일차적 원인으로 선진국에서조차 환경 문제가 심각한 지경에 이르렀다는 인식이 만연했다는 사실이다. 1960년대 말 DDT를 포함한 화학 물질의 남용이 대기, 수질, 토양 오염 및 생물 종의 다양성에 미친 폐해를 연구하여 폭로한 레이첼 카슨(Rachel Carson)의 역작 『침묵의 봄』(Silent Spring)은 미국 사회뿐 아니라 국제적으로도 큰 반향을 일으켜 환경에 대한 인식을 제고하는 촉매제로 작용하였다. 체르노빌 사건(우크라이나), 수질오염으로 인한 이타이 이타이 병의 발생(일본), 토양 오염의 심각성을 보여준 러브커넬 사건(미국) 등 환경 문제가 국제적 뉴스로 부상하면서 인간과 환경의 관계에 대한 성찰이 시작되었다. 또한 제2차 대전 후 서구의 경제가 회복되면서 젊은 세대를 중심으로 경제성장과 물질적 부의 축적이라는 근대화론적 발전 담론에서 분배, 환경, 정의, 정체성 등 다양한 삶의 가치와 개인적 자유 등을 강조하는 포스트모더니즘 및 탈물질주의(post-materialism)로의 인식 전환 등도 환경 문제에 대한 관심이 확대된 원인으로 작용하였다.

국제사회는 석탄화력발전이 경제발전의 원동력이라는 과거의 시각에서 점차 벗어나 화석연료의 연소가 산림 및 토양 황폐화, 수자원 고갈과 오염, 이산화탄소, 미세먼지, 이산화황, 비소, 질소산화물, 비소 등 오염물질 배출을 통한 대기오염으로 이어지며 인류 및 인간 사회의 건강 및 지속가능한 발전을 저해한다는 인식으로 옮겨가기 시작했다. 이에 선진국에서 석탄 산업 등 화석연료에 대한 법과 규제가 점차 강화되었고 원자력, 재생에너지 등 대체 에너지에 대한 관심이 싹트기 시작했다. 석탄 산업에서도 초초임계압(ultra super critical) 기술(터빈에 유입되는 증기압력과 온도를 초임계압 대비 최대치로 올려 발전효율을 높여 연료 소비 및 탄소배출을 낮추는 기술로 일반 석탄발전소의 탄소 배출량은 킬로와트시(kWh)당 850 g 이상이지만 초초임계압은 750 g 미만) 등 기술혁신을 통해 발전효율을 개선하고 오염물질을 저감하는 자구책을 도입하기에 이르렀다.

이렇듯 1970년대 선진국을 중심으로 환경주의가 태동하고 확산하면서 국가의 역할에 대한 논의가 안보, 경제발전, 복지 등 이전의 전통적 역할로부터 환경을 보호하고 보존하며 지속가능성을 추구하는 녹색 국가(green state)로 확대되었다. 국제사회에서 녹색 국가는 대내적으로 환경부, 환경법, 환경 규제 등의 조직과 제도를 정비해 오염 등의 문제에 대응하고 국내 다양한 이해 당사자들과 환경문제 해결을 위해 조율하는 역할을 한다.[28] 또한 대 대외적으로 녹색 국가는 국제 환경정치에서 타국 정부 및 국제기구 등 다른 주체들과 함께 지구환경에 영향을 미치는 문제를 발굴하고 효율적 문제 대응을 위해 협력하기도 하며, 그 과정에서 자국의 이익을 실현하는 역할을 해야 한다는 기대가 형성되기 시작했다.

1970년대 이렇듯 녹색 국가 개념이 대두되면서 지구적 차원에서 환경 문제에 대한 논의도 활성화되었다. 1972년 스톡홀름 회의를 거쳐 로마클럽(Club of Rome)이 발주하여 펴낸 『성장의 한계』(Limits to Growth) 보고서는 지구환경과 인류 경제 및 문명발전 사이의 줄다리기와도 같은 균형을 보여주며 인류가 환경 보존 및 보호에 주의를 기울일 것을 촉구했다. 1980년대 부른트란트 위원회의 보고서(Brundtland Report) "우리 공동의 미래"(Our Common Future)는 지속가능발전(sustainable development) 개념을 정의하고 발전과 환경 사이의 균형을 추구할 필요성을 재확인하였다. 산업혁명 이후 인류가 걸어온 경제발전의 역사를 지속하되 미래세대의 발전 가능성 역시 담보할 수 있도록 지구의 유한성과 한계를 인식하고 이를 보존하고 보호해야 한다는 환경과 발전 간 상생과 조화를 긍정하는 인식과 규범이 싹튼 것이다.

이러한 흐름은 1992년 브라질의 리우데자네이로(Rio de

Janeiro)에서 열린 지구정상회의(Earth Summit)로 더 잘 알려진 UN 환경개발회의(UN Conference on Environment & Development)라는 국제회의로 이어졌다. 본 회의에서 178개국 이상의 참가국은 21세기를 대비하는 환경 보존을 위한 국제적, 지역적, 국가적 차원의 종합 행동계획인 Agenda 21을 채택하였다. 본 회의의 또 다른 괄목할 만한 성과는 생물다양성에 관한 유엔협약(UN Convention on Biodiversity)과 기후변화에 관한 유엔기본협약(UN Framework Convention on Climate Change; UNFCCC)이 채택되어 주요 글로벌 환경문제를 주관하는 국제레짐의 토대가 마련되었다는 것이다.

기후변화 영역에서 1988년 IPCC의 형성, 1990년 IPCC의 제1차 보고서 발표, 그리고 1992년 지구정상회의의 UNFCCC 채택으로 이어지는 일련의 사건은 기후변화에 대한 국제적 관심이 고조되어 왔음을 보여준다. 이는 기후변화 문제의 해결과 대응을 위해 필요한 제도와 규범 등 국제레짐이 태동하는 분수령으로 작용하였다.

이 시기는 또한 국제체제를 특징 짓던 구조적 요인인 냉전이 막을 내린 시기와 겹친다. 미국과 소련을 중심으로 한 자본주의와 공산주의 세력 간의 이데올로기적, 군사적, 정치적, 경제적 대립의 시대가 종식되면서 국제사회 구성원들은 군사, 안보와 같은 전통적 의제를 넘어 인권, 환경 등 다양한 이슈에 관심을 기울이게 되었다. 냉전의 종식 후 점차 심화된 세계화(globalization)의 추세는 다양한 이슈가 글로벌 의제로 확산하는 데 기여했다.

환경문제에 대한 관심 역시 탈냉전 시대에 세계적으로 확산하였다. 또한 다원주의적 추세가 강화되면서 국가 뿐 아니라 기업, 시민사회, 비정부조직, 전문가 등 다양한 주체의 목소리가 글로벌 환경정치에 반영되기 시작했다. 이들은 환경을 주제로 한 국제회의 등 논의의 장 안팎에서 의제를 형성하고 다른 행위 주체를 견제, 감시하기도 하고, 또한 자신들이 지닌 전문성과 정보를 자원으로 활용하면서 다양한 글로벌 환경문제의 해결을 위해 협력하기도 하는 등 다차원적 노력을 강구해 왔다.

기후변화를 포함한 글로벌 환경 이슈는 국제사회를 구성하는 다양한 집단과 행위 주체에게 새로운 논의의 주제를 제공했다. 동시에 환경문제에 대한 대응과 그 과정에서 행사되는 리더십 등은 행위 주체들에게 새로운 권력의 원천으로 작용하기도 한다. 글로벌 환경문제는 군사력, 경제력과 같이 다른 국가의 행동을 강제하는 하드 파워(hard power)의 측면에서 강대국이 아닌 중, 소규모의 힘을 가진 국가들에게도 환경 부문에서의 틈새(niche) 외교 등을 구사해 매력, 설득력, 지도력 등 소프트 파워(soft power)를 확대할 수 있는 기회의 창을 열어 주기도 하였다. 중국과 같은 권위주의 국가도 오늘날 환경 부문에서 문제의 개선을 위한 노력과 빠른 정책 성과 산출 등을 통해 국내외에서 체제의 정당성과 소프트 파워를 강화하고 있다.[29]

이렇듯 1970년대 이후, 그리고 냉전의 종식을 거치며 현재까지 국제사회에서는 환경에 대한 인식이 전반적으로 강화되었다. 이 과정에서 산업혁명 이후의 지배적 담론이었던 경제발전과 GDP 성장 패러다임은 점차 환경 보존, 지속가능성 등 환경친화적 담론의 도전을 맞닥뜨리게 되었다. 기후변화라는 글로벌 환경 이슈에 대한 관심 역시 제2차 대전의 종식 이후, 탈냉전시대 접어들어서 더욱 증폭하게 되었다.

이상 간략히 기술한 국제정치의 주요 흐름 및 국제환경 정치의 진화 과정은 기후변화의 국제정치를 이해하기 위한 매우 기초적 맥락적 지식을 제공한다. 이 논의는 기후변화와 국제정치라는 두 거시적 흐름이 어떻게 상호작용하며 맞물려 흘러왔는지 이해하는 데 도움이 된다.

제 3 장

기후변화 국제레짐의 발전

본 장에서는 기후변화 부문에서 유엔기후변화협약(UNF CCC), 교토의정서(Kyoto Protocol), 파리기후변화협정(Paris Agreement, 이하 파리협정) 등 주요 국제레짐이 형성되고 진화되어온 과정을 기술한다. 이를 통해 국제사회에서 주권 국가가 상호협력을 통해 기후변화 문제를 해결하기 위하여 어떠한 일련의 제도적 노력을 기울여 왔으며 이 과정에서 드러난 갈등과 제약은 무엇인지 조망하고자 한다.

레짐(regime)은 특정 이슈에 있어 행위 주체가 다른 구성원들과의 상호작용에서 상대방의 행위를 통제, 관리, 조정하기 위해 만들어내는 원칙, 규범, 규칙, 운용 절차, 제도의 시스템을 통칭한다.[30] 국제레짐은 국가 등 국제사회의 구성원인 다양한 행위 주체가 상호작용하는 과정에서 만들어 낸 산물로 국제 협약, 의사결정의 절차, 규범, 관습, 조직, 제도 등을 일컬으며, 이는 각각의 행위 주체가 다른 주체 및 해당 문제에 대하여 기대하는 기대치가 수렴되어 형성된 결과물이라 할 수 있다.

기후변화 부문에서는 국가 간의 합의 사항을 담은 기후변화 협약(convention, agreement), 의정서(protocol), 그리고 "공동의 그러나 차별화된 책임"(common but differentiated responsibilities)과 같은 원칙 내지는 규범(norm)이 주요 국제레짐을 형성한다. 이러한 국제레짐은 기후변화가 심각한 글로벌 이슈이며 그 효과적 해결을 위해서 국제사회의 구성원의 공동 노력과 해법이 필요하다는 행위자(주로 국가)의 인식이 수렴되면서 만들어진 것이다. 이들 기후변화 국제레짐은 다시 행위자의 경제 및 산업 활동, 행위자 사이의 상호작용에 영향을 미치며 기후변화를 둘러싼 국제 질서의 수립에 기여한다.

기후변화 국제레짐은 각국 정부를 비롯한 행위 주체가 국제적 수준에서 문제해결을 위해 정책적 대안과 구체적 이행 방안을 논의하고 모색함에 있어 협력적 상호작용을 지속하기 위한 규율을 제공하기도 하며 플랫폼의 역할을 하기도 한다. 국제레짐에 참여하는 정부 대표 및 비정부 행위자들은 규칙적 만남과 대화, 협상을 통해 다양한 해결책의 청사진과 그 세부 사항을 논의하고 고안해 왔다. 그러나 기후변화 레짐 안팎에서 활동하는 다양한 주체의 힘과 권위, 이해관계, 가치, 인식 등이 어떻게 분포하며 상호작용하느냐에 따라 첨예한 대립과 갈등의 양상이 빚어지기도 한다. 이러한 협력과 갈등의 양상이 기후변화 레짐의 효과와 성과 창출에 영향을 미치기도 한다. 본 장에서는 기후변화 부문에서 중심을 이루는 다자주의(multilateralism) 국제레짐인 교토의정서와 파리협정이 형성, 발전되어온 과정을 개괄하고 이들 각각의 문제점과 제약, 도전과제가 무엇인지 논한다.

1. 기후변화 국제레짐: 교토의정서에서 파리협정까지

1) 유엔기후변화협약과 교토의정서

앞 장에서 설명한 바와 같이 기후변화를 둘러싼 과학적 논의는 20세기 후반부를 기점으로 더 활성화되어 왔다. 그러나 국제정치학계에서 기후변화를 적극적으로 논의하기 시작한 것은 불과 지난 20~30년에 지나지 않는다. 국제정치 연구자들은 1990년대 초반 이후 기후변화 레짐에 본격적으로 관심을 기울이면서 기후변화의 국제정치를 다룬 학문적 논의가 확대되었다. Underdal의 연구에 따르면 1990년대 말, 2000년대 초까지만 해도 기후변화 주제와 관련해 국제레짐을 다룬 연구는 전무했다.[31] 저자는 2011년에서 2015년 사이 출판된 학술논문을 제목과 초록으로 검색했을 때 기후변화를 주제로 한 비중이 국제관계를 다루는 주요 학술지인 *International Organizations* 0%, *International Studies Quarterly* 0.3%, *European Journal of International Relations* 1.6% 등으로 극히 낮았다고 밝혔다. 2001년 *Global Environmental Politics*, *International Environmental Agreements* 등 글로벌 환경정치를 주제로 하는 학술지들이 창간되면서 국제정치학에서 비로소 기후변화 연구도 점차 활성화되기 시작했다.

이는 기후변화 부문에서 최초의 국제협약이 등장한 시기가 냉전이 종식되고 얼마 지나지 않은 1992년이라는 사실과 무관하지 않다. 1950년대 이후 활발해진 기후변화에 대한 과학적 연구는 1987년 스위스 제네바에서 열린 제1차 세계기후회의(World Climate Conference)에서 IPCC를 창설하는 결정으로 이어졌다.

이어 1988년 6월 캐나다 토론토에서 지구온난화에 대한 국제협약을 만들자는 아이디어가 공식적으로 제기되었고 1990년 스위스 제네바에서 열린 제2차 세계기후회의는 기후변화를 다루는 국제협약 체결의 필요성을 재확인했다. 이로써 기후변화가 국제정치의 의제로 급부상하였고 국제레짐 형성을 위한 기초적 합의가 이루어졌다.

그러나 1990년 후반부로 가며 국제사회에는 기후변화 협상을 둘러싼 세 개의 대립 기류가 형성되었다. 첫째, 구속력을 지닌 온실가스 배출의 양적 제한 문제를 두고 선진국 그룹 사이에 찬성(주로 유럽)과 반대(미국 등) 전선이 형성되었다. 둘째, 개도국과 선진국 사이에 기후변화 문제의 원인과 해결의 책임 소재를 두고 균열이 생겼다. 마지막으로 개도국 사이에서도 급속한 기후변화 해결을 우선시하는 국가(소규모 도서국가 등 기후변화로 인한 부정적 피해에 취약한 개도국)와 경제발전 및 빈곤퇴치를 기후변화보다 우선시하는 국가(중국, 인도, 브라질 등) 간에 균열이 생겼다.[32] 이렇듯 기후변화 레짐의 형성 초기부터 표출된 다양한 국가의 이해관계와 입장, 그리고 협상과 조율의 어려움은 향후 기후변화 국제레짐의 형성과 발전에 지속적으로 영향을 미치게 된다.

기후변화 협약이 공식 체결된 것은 1992년 6월 3일부터 약 열흘간 브라질 리우데자네이루(Rio de Janeiro)에서 개최된 유엔환경개발회의(UN Conference on Environment and Development; UNCED)에서이다. 지구정상회의(Earth Summit) 혹은 리우회의(Rio Conference)로 더 잘 알려진 본 국제회의는 글로벌 환경정치의 역사에서 분수령이 된 사건이다. 본 회의에 모인 185개국 정부 대표단과 114개국 정상은 자국의 대기 및 수질오염 등 국소적 환경 문제에 대한 관심을 넘어 지구 행성과 인류가 공동으로 직면한 글로벌 환경 이슈에 본격적으로 관심을 기울이고 논의하기 시작했다. 이에 따라 지구온난화, 오존층 파괴, 생물다양성에 대한 위협, 사막화 등 전 지구적, 혹은 월경성(transboundary, transnational) 성격의 환경 문제가 논의의 주제로 부상했고 이에 대한 국제사회의 공동 대응을 강구하고 이후의 행동을 조직하기 위해 선언문과 국제협약이 도출되었다.

바로 이 지구정상회의에서 기후변화 부문에서 가장 기본이 되는 국제레짐인 유엔기후변화협약(UNFCCC)이 체결되었다. 뼈대를 이루는 이 골격 협약(framework convention)은 기후변화에 국제사회가 공동 대응해야 한다는 기본적 원칙을 담은 최초의 문서로 1994년 3월 발효되었다. 유엔기후변화협약은 기후시스템에 대한 인류의 간섭을 차단하기 위하여 대기 중 온실가스 농축을 안정화해야 한다는 것을 목표로 설정했지만, 그 구체적 의미와 목표가 무엇인지는 제시하지 않았다. 그러나 국제사회의 구성원 모두가 기후변화에 공동의 책임을 지님을 지적했다. 협약의 제3조는 기후변화에 대한 대응이 형평성(equity), 공동의 그러나 차별화된 책임, 개별 국가의 능력(respective capabilities)이라는 원칙을 반영하고 고려해야 한다고 진술하고 있다.

본 협약은 참여 당사국에 온실가스 배출 및 흡수에 관한 국가 통계 및 정책 이행에 관한 보고서를 작성하고, 온실가스 배출 감축을 위한 국내 정책 및 전략을 수립해 시행할 것을 권고한다. 또한 국가 온실가스 감축 전략 및 통계자료, 정책 이행 보고서를 협약에 참여하는 국가들의 모임인 당사국총회(Conference of the Parties; COP)에 제출할 것을 명시하였다.

당사국총회(COP)는 유엔기후변화협약이 최고 결정 기관으로 명시한 제도로, 매년 개최된다. 사무국은 본(Bonn)에 위치하며 아프리카, 아시아, 라틴아메리카·카리브해, 중앙·동·서유럽, 그리고 기타 지역의 총 다섯 개 지역이 돌아가며 의장을 맡는다. 유엔기후변화협약의 회원국은 COP에 참가해 협약의 이행 상황을 주기적으로 검토한다. 또한 제도적, 행정적 사항들을 포함하여 협약의 효과적 이행을 촉진하기 위해 당사국들이 채택하고 결정하는 법적 제도 등 각종 수단에 대한 검토도 이루어진다. COP의 가장 중요한 기능이 바로 당사국들이 제출한 국가별 감축목표, 그리고 배출 인벤토리(inventory, 명부) 관련 정보를 검토하는 것이다. COP는 과연 각 회원국이 자국이 국제사회에 공표한 감축 조치를 성실히 이행하고 있는지, 그리고 각국의 이행 성과가 유엔기후변화협약의 궁극적 목적인 국제사회의 기후변화 대응에 필요한 결과로 이어지고 있는지를 종합적으로 평가한다.[33]

제1회 COP(COP1)는 1995년 3월 독일 베를린에서 개최되었으며 2021년 11월 글래스고(Glasgow)에서 열린 COP26이 본 저서의 기획과 집필 바로 전에 열린 당사국총회이다. 본 저서의 완성 시기와 가장 가까운 COP는 2022년 11월 7월부터 20일 이집트의 샤름엘셰이크(Sharm El Sheikh)에서 개최된 COP27이다.

이렇듯 UNFCCC가 발효되고 국가들은 구체적 논의를 위해 당사국총회에 모였으며 1997년 12월 일본 교토에서 개최된 COP3에서 UNFCCC에서 합의된 사항들을 이행하기 위한 구체적 방안으로 교토의정서(Kyoto Protocol; 공식 명칭은 Kyoto Protocol to the UNFCCC)를 채택하였다. 교토의정서는 유엔기후변화협약이라는 총체적 골격 협약문 아래 당사국들이 기후변화 문제에 대한 전 지구적 대응 차원에서 지구온난화를 방지하고 온실가스를 규제하기 위해 구체적으로 어떻게 이행해야 하는지에 대한 방법론과 감축 목표 등을 담은 국가 간 조약이자 로드맵이라 할 수 있다.

교토의정서가 탄생하기까지의 과정을 보면 2001년 11월 COP7에서 교토의정서의 이행규칙(operational details)에 대한 합의(일명 마라케시 합의)가 도출되면서 의정서 발효를 위한 토대가 형성되었다. 의정서가 발효되기 위한 조건은 최소 55개국이 조약을 발효해야 하며, 이 국가들의 배출량 합이 1990년 기준 전체 배출량의 55% 이상이 되어야 하고 그로부터 90일이 경과해야 한다는 것이었다. 당시 미국은 전 세계 배출량 중 약 4분의 1을 차지하고 있었고 온실가스 배출량이 큰 호주 및 러시아가 조약에 서명하지 않을 것이라 자신하고 있었다. 실제 미국과 호주는 2001년 교토의정서 비준을 거부했다. 그러나 러시아가 2004년 말 입장을 선회하고 비준하면서 교토의정서는 2005년 2월 16일 본격적으로 발효에 들어갔다.

의정서에 따르면 모든 국가는 온실가스의 국가 통계 목록을 작성해야 하며, 완화 조치 및 적응 조치를 수립, 실시하고, 과학적 연구 협력 및 체계적 관측 체제를 유지, 발전시켜야 하며, 교육 및 훈련 계획을 개발하고 기후변화에 관한 대중의 인식을 제고한다(제 10조)는 책임을 가진다.

교토의정서의 가장 큰 특징은 단순히 이와 같은 국가 행동 지침의 이행을 권고하는 수준을 넘어 특정 국가 군(群)에 온실가스 감축 의무를 부과했다는 점이다. 교토의정서는 당사국을 감축의무를 지닌 부속서 I(Annex 1) 국가 그룹과 감축의무가 적용되지 않는 국가 그룹으로 양분하였다. 감축의무를 지닌 38개국―한국, 멕시코를 제외한 OECD 국가들과 동구권 경제전환기구 국가―은 의정서에서 설정된 제1차 공약 기간인 2008년부터 2012년까지 1990년도 온실가스 배출량을 기준으로 평균 5.2%를 감축해야 하는 의무를 부여받게 되었다. 감축의무를 가진 국가는 에너지 효율 향상, 이산화탄소 흡수원 및 저장소의 보호 및 강화, 지속가능한 농업, 수송 및 폐기물, 에너지 등 주요 부문에서의 다양한 감축 정책 등 다양한 방법을 동원하여 온실가스 배출을 제한하고 감축해야 한다.

부속서 I 국가들 내에서도 의무 감축 목표는 경제적 상황과 배출량 등에 비추어 EU 8%, 미국 7%, 일본 및 캐나다 6%, 호주 8% 등 차등적으로 부과되었다. 교토의정서는 부속서 I 국가로 하여금 온실가스 배출량과 흡수량을 추산하는 국가 제도를 마련하고 연간 온실가스 배출 통계자료 및 국가보고서를 의무적으로 제출하며, 감축의무 이행과 관련된 교토 메커니즘(mechanism)의 활용에 있어 참가 자격 요건을 준수하도록 하고 개도국에 재정적, 기술적 지원(OECD 회원국에 해당)을 제공할 것을 규정하였다.

교토의정서는 부속서 I 국가를 포함한 당사국의 온실가스 감축목표 달성 이행을 촉진하기 위한 장치를 마련했다. 세 가지의 교토 메커니즘(flexibility mechanisms, 유연성 체제로도 칭함)이 그것인데 이는 시장 원리에 근거해 고안된 제도로 공동이행(Joint Implementation; JI), 청정개발체제(Clean Development Mechanism; CDM), 배출권거래제(Emission Trading; ET)이다. JI는 감축의무를 진 선진국 A가 다른 선진국인 B에 투자하여 발생한 온실가스 감축분에 대하여 일정분을 A국의 배출 저감 실적으로 인정해 주는 제도로 온실가스 대상 물질 등을 명시하였다(제6조). CDM(제12조)은 선진국과 개도국 간 진행된 공동이행(JI) 사업에서 발생한 온실가스 배출 감축분을 선진국의 감축 실적에 반영하도록 허용하는 제도이다. CDM에 참여하는 선진국이 납부한 부담금(user fee)은 CDM 운영비 및 개도국의 기후변화 적응 프로그램을 지원하는 재원으로 사용하도록 하였다. CDM의 경우 1차 공약 기간(2008~2012; 2013~2020이 2차 공약 기간) 이전의 조기 감축 활동(Early Action)에 대해서도 인정하여 2000년부터 2007년 사이 발생한 탄소배출권, 혹은 인증감축량(Certified Emission Reductions; CERs)에 대하여 소급 적용을 인정하였다. 요약하면 CDM 사업에서 선진국은 개도국에 자국의 자본과 기술을 제공하여 감축 사업을 실시하고 그 사업에서 발생한 온실가스 감축량을 유엔 담당 기구의 인증을 획득하여 자국 감축 실적으로 활용할 수 있다.

교토의정서는 CDM과 같은 제도가 선진국으로부터 개도국으로 기후변화 관련 기술이전과 재정지원이 이루어지도록 촉진해, 개도국의 환경 기술 및 기업 경쟁력이 강화되는데 도움을 주며 궁극적으로 개도국의 지속가능한 경제로의 전환에 기여할 것이라 기대하였다. 또한 선진국은 국내에서의 노력만으로 달성이 어려운 감축 목표를 개도국과의 CDM 사업을 통해 효과적으로 달성하게 된다. 교토의정서 체제에서 CDM은 유일하게 선진국과 개도국 간에 수행되는 사업으로 선진국에게는 다른 선진국과 진행하는 JI에 비해 비용 대비 감축에 효과적인 유리한 제도로 인식되며 1차 공약 기간(2008~2012) 동안 광범위하게 활용되었다.

마지막으로 시장경제의 원리가 더 극명히 적용된 제도로 배출권거래제(ET)가 있다. 교토의정서 제17조가 규정한 배출권거래제는 온실가스 감축의무가 있는 국가(부속서 I)에 배출 쿼터(quota)를 부여한 후, 쿼터를 초과해 배출한 경우 배출권을 구매하도록 하고, 미달하는 경우 잉여분을 판매하도록 하는 제도로 국가 간 배출권의 거래를 허용하는 제도이다. 상한선을 초과해 과다 배출하는 국가들은 배출권 구매에 따른 경제적 대가를 치르게 되며, 이는 비용 절감을 목표로 하는 국가에게는 온실가스를 감축하는 행동을 유도하는 경제적 유인책(incentive)으로 작용할 것이라 기대할 수 있다. 배출권거래제는 선진국이 자국에서의 저감비용보다 상대적으로 낮은 비용으로 배출권을 구입하도록 하는 등 융통성을 허락하는 제도이다. 예를 들어 미국의 경우, 국내에서의 노력만으로 온실가스 감축의무를 이행하는 경우 저감비용으로 530억 달러가 소요되나, 부속서 I 국가 간 배출권거래제가 활용되는 경우 해당 비용은 270억 달러로 낮아지며, 개도국이 거래제에 참가하는 경우 저감비용은 이보다 훨씬 더 낮은 120억 달러가 될 것으로 전망하기도 했다.[34]

이렇듯 교토의정서는 기후변화 대응을 위한 국제사회 구성원 공동의 노력을 강조하면서도 기후변화 문제에 대한 역사적 책임이 상대적으로 큰 선진국 그룹에 대해 국제법적 구속력을 지닌 감축의무를 부과하였다. 이러한 특징 때문에 교토의정서를 하향식(top-down) 제도라 부르기도 한다. 교토의정서에따라 부속서 I 국가의 감축의무 달성을 위해 JI, CDM, ET와 같은 이행 메커니즘이 고안되면서 국가 간 상호협력을 통한 감축 노력을 인정하는 등 구체적인 감축 방안들이 제시되면서 유엔기후변화협약이라는 큰 틀에서 진일보한 세부 합의가 도출되었다.

교토의정서는 제한적이나 몇 가지 성과를 남겼다. 우선 제1차 공약 기간(2008~2012) 중 부속서 I 국가들은 1990년 대비 평균 5.2%라는 감축목표를 훨씬 상회하는 평균 22.6%의 감축 성과를 냈다. 또한 세계 128개국에서 약 8,000개 프로젝트에 달하는 CDM 사업이 진행되었는데 이는 교토의정서라는 국제레짐이 기후변화 부문에서 선진국과 개도국 간의 협력을 촉진했음을 보여준다. 이들 사업을 통해 개도국은 온실가스 감축분을 선진국에 판매, 약 95~135억 달러의 수익을 창출했으며 이는 2012년을 기준으로 선진국이 약 35억 달러에 상당하는 비용을 절약하는 효과이다. 또한 CDM 사업을 통해 총 15억 톤 이상의 이산화탄소가 감축되었다.[35]

그러나 교토의정서는 여러 난관에 봉착했다. 첫째, 미국 의회가 의정서를 비준하지 않으면서 부시 행정부가 2001년 3월 교토의정서에서 공식 탈퇴하게 되었다. 국제경제 및 정치에서 영향력이 큰 강대국이 글로벌 이슈 해결을 위한 공동 노력에 불참하게 됨으로써 국제사회의 다른 국가들의 행동 및 인식에도 부정적 파장을 낳았다. 미국은 1990년 기준 전 세계 이산화탄소 배출량의 36.1%를 차지하는 최대 배출국가였다. 그 뒤를 EU(24.2%), 러시아(17.4%), 일본(8.5%), 캐나다(3.3%), 호주(2.1%)가 따랐다. 기후변화 문제에 있어 이러한 막대한 책임과 파급력을 지닌 미국의 교토의정서 불참은 타국 정부에 본 국제레짐의 실효성 및 의미에 의문을 제기했다. 또한 미국의 불참은 다른 국가에게 국익을 위해 미국과 같이 행동해도 아무런 문제가 없다는 부정적 신호이자 선례로 작용하였다. 실제 약 10년 후 캐나다(2011년 12월)가 교토의정서에서 공식 탈퇴했고 일본, 러시아, 뉴질랜드는 탈퇴는 하지 않았으나 제2차 공약 기간에 불참하겠다는 의사를 밝혔다. 이에 따라 제1차 공약기간 동안 감축의무를 지는 국가가 전 세계 온실가스 총배출량에서 차지하는 비율은 고작 22%에 불과했고, 제2차 공약 기간에 참여한 국가들의 배출량은 전 세계 배출량의 14%에 불과해 교토의정서가 실효성이 없는 국제레짐으로 전락했다는 비판에 직면하게 되었다.[36] 가장 첫 번째로 퇴출 국가가 된 캐나다는 미국, 중국과 같은 최대 온실가스 배출국의 행동을 규제하지 못하는 규약은 결코 제대로 작동할 수 없으며 자국 및 국제사회 전체의 이익을 제대로 반영하지 못함을 탈퇴의 변으로 밝혔다.

온실가스 최대 배출국이자 국제정치, 경제에서 영향력과 패권을 보유한 강대국의 불참은 교토의정서의 레짐 효과 및 성과에 대한 의문을 제기하기에 충분했다. 패권안정론(hegemonic stability theory)과 같은 국제관계의 현실주의(realism)적 관점을 적용하면 헤게모니(hegemony)라는 압도적 권력을 가진 초강대국이 지탱하지 않는 국제체제는 불안정하며 그러한 질서 속에서 형성되어 작동하는 제도 역시 실패하기 쉽다. 패권안정론은 제1, 2차 세계대전 사이인 전간기(戰間期)에 발생한 국제정치경제의 불안정이 국가 간 관계를 규율하고 조정하는 패권국가의 부재에서 온 것이라 분석하며 국제정치, 국제법 등에서 국제체제의 안정은 규율을 만들고 효율적으로 관리, 집행하는 패권국에 달려있다고 주장한다.[37] 이러한 주장을 적용하면 기후변화에 대응하기 위한 국제레짐인 교토의정서의 성패 여부는 패권국 미국의 지지와 참여에 달려있다는 결론이 성립된다. 패권국 미국의 불참은 교토의정서가 구심점, 구속력이 없는 문서로 전락하였음을 의미하는 것으로 해석할 수 있다.

둘째, 교토의정서의 또 다른 한계는 중국, 인도와 같이 20세기 후반부에 들어 배출량이 급격히 증가한 신흥 개발도상국에 감축의무가 면제되었다는 것이다. 교토의정서의 제1차 공약 기간이 시작되기 전인 2007년 중국이 전 세계 온실가스 배출량에서 차지하는 비중은 이미 21%에 달해 19.9%인 미국을 능가하게 되었다.[38] 러시아 또한 배출량 측면에서 1990년 기준 전 세계 배출량의 17.4%라는 상당한 부분을 차지했음에도 불구하고 감축의무가 적용되지 않았다. 이에 대해 미국, 캐나다 등 서구 선진국은 불만을 품을 수밖에 없었다. 그러나 중국, 인도 등을 필두로 한 개도국은 공동의 그러나 차별화된 책임 원칙을 고수하며 선진국과 함께 감축의무를 지는 것을 거부했다. 즉, 개도국을 포함한 모든 국가가 기후변화에 대응하기 위한 국제적 노력에 동참해야 하나 산업혁명 이후 축적된 온실가스에 대한 역사적 책임의 경중에 따라 선진국과 개도국은 차등적 책임을 져야한다는 것이 이들의 입장이었다. 개도국은 이와 같은 환경 규범을 이용하여 역사적 책임 및 1인당 온실가스 배출량이 훨씬 큰 선진국이 마땅히 감축의무를 져야 하며, 선진국은 기후변화를 구실로 삼아 개도국이 우선시하는 경제발전 및 빈곤 문제 해결에 대한 요구를 무시해서는 안된다는 주장을 고수했다.

셋째, 교토의정서가 JI, CDM과 같은 이행 메커니즘을 고안하였으나 그 효용성과 성과에 대한 비판도 제기되었다. 특히 CDM 프로젝트에서 선진국의 개도국으로의 기술이전이나 개도국의 지속가능발전을 위한 환경 개선 효과는 충분히 실현되지 않았다.[39] CDM 사업의 대부분이 중국에서 이행되었고 나머지가 인도와 브라질에서 일부분 수행되었기에 소수의 개도국만 이러한 기제로부터 이익을 누렸다는 비판이 제기되었다. 또한 CDM은 6개 온실가스를 동일 비중으로 취급하였는데, 부속서 I의 선진국들이 이 중 감축 비용이 낮은 온실가스에 집중함으로써 실제 가장 큰 감축이 요구되는 이산화탄소의 감축에는 큰 도움이 되지 않았다. 또한 CDM 사업의 투명성과 공정성과 관련된 문제는 모두 개도국에 위임되었는데 참여 개도국이 배출 저감을 얼마나 정확히 측정, 검증하고 보고했는가에 대한 문제가 제기되면서 CDM 사업은 2012년 그 수가 정점에 달한 후 신규사업 수는 급감하는 추세를 보였다.[40]

또한 교토의정서가 선진국인 부속서 I 국가에게만 감축의무를 부과하면서 이들 국가의 기업이 감축 비용의 저감을 위해 감축의무가 없으며, 상대적으로 환경정책과 규제가 느슨하고 인건비도 낮은 개도국으로 이전하면서 오히려 개도국의 온실가스 배출이 증가하는 소위 탄소 누출(carbon leakage) 문제가 발생한 것도 논란이 되었다. 이러한 이유로 인해 교토의정서는 점차 그 영향력을 상실하게 되었다.

2) 신기후체제의 발족: 파리협정

교토의정서가 발효된 2005년부터 이미 당사국총회는 1차 공약 기간이 종료되는 2013년 이후의 후속 기후변화 국제레짐을 논의하기 시작했다. 그러나 협상 과정은 난관에 부딪혀 지지부진하게 진행되었다. 각국의 입장은 국익, 국가 경제 발전 수준, 기후변화가 미치는 영향에 대한 취약성 등 다양한 요인에 따라 나뉘었다. 특히 개도국도 의무적으로 온실가스를 감축해야 한다는 미국 등 선진국 그룹의 입장과 중국, 인도 등 개도국을 필두로 의무감축에 반대하는 목소리가 계속해서 대립각을 이루었다.

그러나 2005년 이후 소집된 몇몇 COP에서는 교토의정서를 대체하는 기후변화 국제레짐의 구축을 예고하는 중요한 결정이 이루어졌다.[41] 2009년 난항 속에서 가까스로 채택된 코펜하겐 선언(Copenhagen Accord)은 산업혁명 이전 대비 2℃ 이내의 범위에서 지구 표면 평균온도 상승을 억제해야 한다는 목표를 강조하고, 이를 위해 국제사회가 가능한 빠른 시한 내에 온실가스 배출 총량 정점에 도달한 후 감소세로 급속히 전환해야 함을 촉구하였다. 또한 코펜하겐 선언은 모든 국가가 자발적으로 기후변화 대응 정책을 세우고 실천 방안을 수립해야 하며 개도국 역시 이행조치 및 온실가스 인벤토리 등의 정보를 담은 보고서를 2년마다 UNFCCC 사무국에 제출할 것을 권고했다. 또한 개도국의 기후변화 역량 강화와 적응 정책 수립 등의 활동을 지원하기 위해 선진국들이 2020년까지 매년 미화 1,000억 달러 상당의 기금을 조성하고 녹색기후기금(Green Climate Fund)과 기술 메커니즘(Technology Mechanism)을 수립해 재정지원과 기술이전을 관장하도록 해야 한다는 결정도 포함되었다. 추후 파리협정의 근간을 이루게 된 이러한 내용은 2010년 COP16의 칸쿤협의문(Cancun Agreements)에서 공식적으로 채택되었다.

2011년 더반에서 개최된 COP17은 더반 플랫폼(Durban Platform for Enhanced Action)을 그 결과물로 채택하였다. 주요 내용은 교토의정서의 이행 기간을 2020년으로 연장하고 2020년 이후 모든 국가가 참여하는 신(新)기후체제를 출범할 것에 합의했다. 본 합의문은 이 신기후체제가 단순히 기후변화의 완화 부문, 즉 온실가스 배출을 감축하는 부문에만 초점을 맞출 것이 아니라 적응 및 기후금융, 기술개발 및 이전, 역량 강화, 감축 지원 조치, 투명성 보장 문제 등 광범위한 주제를 포괄적으로 다루어야 함을 강조했다.

이어 2013년 도출된 바르샤바 결정(Warsaw Decision on Further Advancing the Durban Platform)은 더반의 내용을 계승하며 모든 당사국에게 국가 의도 감축 목표(intended NDC; INDC)를 2015년 1분기까지 제출할 것을 권고했다. 바르샤바 결정은 각국에 각자의 역량에 맞는 자율적 목표를 설정하고 실천 계획을 수립하되 명확성, 투명성, 이행 가능성을 제고하기 위해 충실한 정보를 제공할 것을 촉구하였다. 2014년의 리마선언(Lima Call for Action)은 각국이 제출한 INDC가 더 강화된 정책과 조치를 포함해야 한다고 선언하고 목표 설정 및 달성의 정량적 평가를 위한 일련의 방법론 관련 사항들을 논의했다.

교토의정서 발효(2005년 2월) 후 COP를 중심으로 위와 같은 논의들이 진행되며 약 10년이 지났고 그 사이 수많은 협상과 논의가 이어졌다. 그리고 마침내 2015년 11월 30일부터 12월 11일까지 프랑스 파리에서 개최된 COP21에서 교토의정서 체제를 대체하는 기후변화 레짐인 파리협정이 출범하였다. COP21에 이르기까지 교토의정서의 취약점과 미흡한 성과를 토대로 개선 방안을 모색함으로써 악화일로의 기후변화 문제 해결을 위해 국제사회가 협력해야 한다는 인식이 확대되었고, 미국과 중국이 이에 극적으로 합의하면서 파리협정이 교토의정서를 계승하는 신기후변화 레짐으로 도입되었다. 이로써 총 195개의 국가가 참여하는 범(凡)지구적 합의문이 도출되기에 이르렀다. 본 협정은 총

29개 조항을 포함하며 그 주요 내용은 다음과 같다(표 3-1).

파리협정은 국제사회가 지구 평균온도 상승을 산업혁명 대비 2℃ 미만에서 억제해야 하며, 더 이상적으로는 1.5℃ 이내에서 상승을 억제하기 위해 추가적인 노력을 기울여야 한다는 목표를 설

[표 3-1] 파리협정 주요 조항 및 내용

조항	체류시간(년)
2조(목표)	산업화 이전 대비 온도상승을 2℃ 이하로 유지하고 더 나아가 1.5℃까지 억제하기 위해 노력
3조(총칙)	진전원칙으로 각 분야에 대한 NDC 제출
4조(감축)	세계적으로 조속하게 배출정점 달성 5년마다 NDC 제출 의무/ 이행은 국내에 맡김
5조(REDD+)	산림을 포함한 온실가스 흡수원과 저장고 보전
6조(국제 탄소시장)	당사국들의 자발적 연계를 통한 온실가스 배출 감축량의 국제적 거래 허용
7조(적응)	기후복원력을 높이고 기후변화에 대한 취약성 감소를 위해 적응역량 배양
8조(손실과 피해)	기후변화로 인한 손실과 피해 문제의 중요성
9조(재원)	선진국은 선도적으로 개도국을 위한 재원 조성, 제공 다른 국가는 자발적 참여 독려
10조(기술)	감축과 적응을 위한 기술개발 개발된 기술의 국제 이전 행위의 중요성 강조
11조(역량배양)	개도국 역량배양을 위해 노력
13조(투명성)	감축, 적응 행동 및 지원에 대해 투명성 강화
14조 (글로벌 이행점검)	5년 단위로 전 세계적 이행 점검
15조 (이행·준수 메커니즘)	당사국의 파리협정 이행, 준수를 모니터링하는 위원회 설립, 운영

***출처**: 저자 정리

정했다. IPCC는 이를 위해 세계는 2030년까지 총배출량을 2010년 수준의 45% 아래까지 감축해야 한다고 분석했다. 파리협정은 이와 같은 목표를 달성하기 위해 모든 당사국이 장기적 온실가스 저배출 전략(long-term low greenhouse gas emission development strategies)을 수립하여 제출할 것을 요구하였다. 이후 2018년 12월 폴란드 카토비체에서 파리협정의 제6조 시장 메커니즘에 대한 사항을 제외한 세부 이행규칙 내용이 결정(Katowice Climate Package, 혹은 Paris Rulebook으로 명명)되면서 파리협정 체제는 본격적인 가동에 들어갔다.

교토의정서의 성취와 실패를 토대로 만들어진 파리협정은 전자와 차별되는 몇 가지 특징들을 보인다. 우선 교토의정서가 부속서 I 그룹에 속한 국가에게만 감축의무를 부과한 반면, 파리협정은 선진국, 개도국의 구분 없이 모든 당사국이 기후변화 대응을 위해 온실가스 감축의무를 진다고 규정한다. 교토의정서가 국제협약으로부터 당사국 정부(부속서 I)에게로 감축의무를 부과하는 하향식(top-down)의 방식을 취했다면, 파리협정에서는 각국 정부가 자국의 역량과 경제적 상황 등을 반영하여 자율적인 완화 및 적응 목표와 계획을 담은 국가 결정기여(nationally determined contributions; NDCs)를 채택하고 재량권을 발휘하여 감축의무를 달성한다.

본 협정에 따르면 당사국은 2020년부터 5년마다 상향된 NDC를 수립해 UNFCCC에 제출하고 감축 목표 달성을 위해 국내법상 다양한 정책과 조치를 도입, 추진해야 한다. 각국 정부가 NDC를 수립함에 있어 자율적 권한을 허용하는 이러한 특징으로 인해 파리협정은 상향식(bottom-up) 접근 방법을 채택한 체제로 묘사된다.[42] 파리협정은 국가의 기후변화 대응 노력 및 감축의무가 국제법적 구속력을 가진 의무로 인식되는 것을 피하고자 기여(contributions)라는 모호한(ambiguous) 용어를 의도적으로 채택했다. 또한 국가가 기후변화 대응에 기여하는 방식은 온실가스 감축 외에도 적응, 재원, 기술, 역량배양, 투명성 등의 6개 부문에 걸쳐 다양한 형태를 띨 수 있으므로 이러한 용어를 채택한 것으로도 볼 수 있다. 즉, 파리협정으로 서막을 연 신기후체제는 기후변화를 국제사회 구성원 모두의 공동 책임으로 보고 이들 모두의 자발적 참여 및 감축 행동을 통해 기후변화에 대응하고자 한다.

파리협정은 각국 정부에 NDC 수립, 감축 목표 설정 등에 있어 자율성을 부여하는 대신 이들 국가가 NDC를 성실히 이행하여, 궁극적으로는 전 세계적 수준에서 온실가스 총배출량이 실질적으로 감소하는 결과를 낼 수 있도록 이행 과정을 객관적으로 평가하고 성과를 점검하기 위한 제도적, 절차적 수단을 강화하였다. 당사국에 NDC 수립 및 이행과 관련된 각종 정보의 제공 의무를 부과하고 투명성 체계(transparency framework)를 도입하며 5년마다 순차적으로 진행되는 전 지구적 이행점검(global stocktake) 등의 제도적 장치를 마련한 것이다.

즉, 교토의정서에서와 같이 국제법적으로 감축의무를 부과하고 목표 이행을 강제하는 대신에 파리협정은 NDC 수립, 제출 등 제반 절차에서 관련 정보 제공을 의무 사항으로 만들고 목표 이행에 대한 점검과 평가를 강화하도록 설계되었다. 파리협정이 감축의무 부과 방식을 피한 데에는 기후변화 문제에서 가장 중요한 국가인 미국의 정치적 상황이 반영된 측면도 있다. 미국은 이미 의회 상원(Senate)의 비준 실패로 교토의정서를 탈퇴한 전력이 있다. 오바마 행정부 역시 상원의 반대에 직면해 법적 구속력을 지닌 감축의무 부과에 반대해 왔다. 그러나 위에서 설명한 바와 같이 파리협정이 절차 규범적 성격으로 설계됨으로써 미국 오바마 행정부는 대통령의 권한을 이용한 행정협정(executive agreement)의 체결과 서명만으로도 충분히 협정 당사국으로 참여할 수 있게 되었다.

파리협정은 구속력 없는 절차 규범이 갖는 한계를 극복하기 위해 앞서 언급한 바와 같이 투명성 체계, 주기적 전 지구적 이행점검과 같은 성과 점검을 위한 제도를 구축하여 각국 정부가 NDC를 성실히 이행하도록 하였다. 또한 시간의 경과에 따라 각국이 점진적으로 더 야심찬 NDC를 도입하게 하여 감축 목표를 지속 상향 조정해 나감으로써 국제사회의 공동 성취를 강화해 가는 방향으로 설계되었다. 즉, 파리협정에서 당사국의 새로운 감축 목표는 이전보다 더 높은 수준을 지향해야 하는데 이를 진전원칙(principle of progression)이라 한다. 이같이 감축 목표가 아니라 이행 절차를 강화하고 그에 의무를 부여한다는 의미에서 파리협정을 단순히 상향식 체제라 규정하기보다 자발적 참여 요소와 강화된 투명성, 책임성(accountability), 회계 등의 요소가 결합된 하이브리드 체제(hybrid architecture)로 보는 평가도 있다.[43]

파리협정은 교토의정서가 채택한 국제사회를 부속서 I 국가들과 그렇지 않은 국가, 즉 선진국 대 개도국의 이분법적 분류에서 벗어나고자 하였다. 개도국도 감축 목표를 설정하고 이를 의무적으로 달성하도록 한 것이다. 다만 개도국에는 각국의 특수한 역량과 조건들을 감안하여 NDC 및 감축 목표를 설정하도록 하고 이행과 관련된 절차적 요건과 규정 등의 완화 적용을 허용하였다.

예를 들어 선진국은 매년 온실가스 배출원과 흡수원에 관한 정보를 포함한 온실가스 인벤토리 보고서를 제출해야 하나 개도국은 2년마다 제출하도록 하였다. 또한 NDC 이행을 위한 국내법상 조치에 관한 정보 제공에 있어서도 개도국에게는 권고 사항일 뿐 의무 사항은 아니다. 또한 파리협정은 선진국이 개도국의 기후변화 적응, 기후금융, 기술개발 및 이전, 역량 강화 등에 있어 지원을 제공해야 함을 보다 명확히 하였다.

파리협정은 개별 국가의 NDC 이행 성과 하나하나에 집중하기보다 전 지구적 수준에서의 이행점검이라는 종합평가 절차를 더욱 중시한다. 파리협정을 통해 국제사회가 달성하고자 하는 목표 실현을 위해 완화, 적응, 지원 등 기후변화의 총체적 영역에서 국제사회 전체가 얼마나 진전을 이루며 앞으로 나아가고 있는지에 초점이 맞추어져 있다. 2023년 제1차 전 지구적 이행점검을 시작으로 매 5년 주기로 성과에 대한 진단이 이루어진다. 이는 다시 각국의 NDC를 수정하고 보완하는 데 반영되어 이행된다. 이와 같은 방식을 통해 파리협정은 특정 종료 시점을 설정하지 않고 더욱 야심찬 목표와 이행을 통해 기후변화에 지속적으로 대응하는 국제레짐을 구축하고자 한다(그림 3-1).

파리협정의 성공에 영향을 미칠 또 다른 관건은 투명성 체계가 얼마나 잘 작동하는가이다. 투명성이 보장되지 않는다면 각국이 제출한 NDC를 객관적으로 평가하는 일이 불가능하며 이행점검을 통해 전 지구적 차원에서 국제사회가 얼마나 협약의 목표에 접근하고 있는지를 파악하기도 어렵다. 따라서 각국의 NDC 이행 성과를 투명하고 객관적으로 평가하는 일이 중요하며 이를 위해 궁극적으로는 국제적으로 정보를 표준화하고 방법론 등을 통

[그림 3-1] 파리협정의 지속가능한 대응 체제

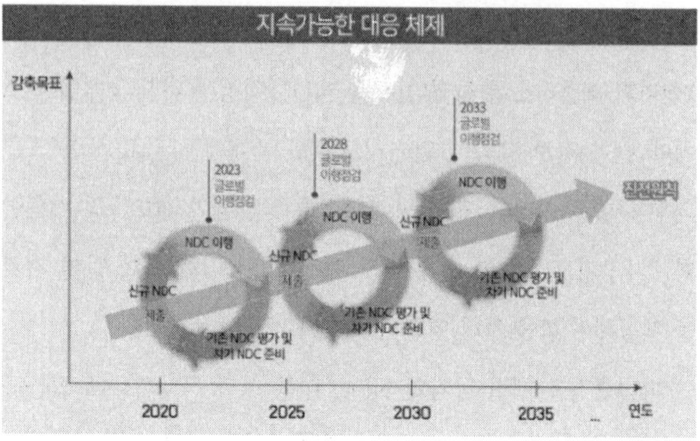

*출처: 환경부(2016), p. 26.

일하는 작업이 필요하다. 파리협정으로 도입된 신기후체제의 효과와 성공은 각국 정부가 자발적(voluntary)으로 설정한 감축 목표를 환경 건전성(environmental integrity)을 위배하지 않는 방식으로 얼마나 투명하게 국내외에서 이행하는가에 달려있다고 해도 과언이 아니다.

이처럼 파리협정은 교토의정서의 문제점 및 한계를 제도적으로 보완하는 방향으로 설계되었다. 이 국제협약은 국제사회 구성원인 각국 정부가 스스로 설정한 감축 목표를 점진적으로 이행하고 주기적으로 상향 조정하여 강화함으로써 글로벌 기후 위기를 이 세기 안에 반드시 해결해야 한다는 문제의식을 반영하고 있다. 다만 파리협정 역시 몇 가지 도전과제를 가진다.

이 국제레짐 하에서 각국은 자국의 NDC 수립에 전적인 재량권을 지닌다. 그러나 주권 국가로 이루어진 국제사회에서 과연 이들이 얼마나 의미있고 야심찬 감축 목표를 설정할 것이며 이를 국내 정책과 수단을 통해 얼마나 성실히 이행할 것인가의 문제가 제기된다. 또한 구속력이 약한 국제적 합의를 각 주권 국가가 얼마나 책임감 있게 이행할 것인가, 당사국이 얼마나 자국의 NDC의 이행 상황과 관련된 데이터와 정보를 수집하여 투명하게 공개하고 공유할 것인가의 문제도 남아 있다.

파리협정에 따라 국제사회는 2021년 상향 조정된 업데이트된 감축목표를 포함하는 NDC를 제출하게 되어 있었다. 그러나 호주, 인도네시아 등의 국가는 배출 제한에 도움이 되지 않는 목표를 제출했고 인도는 업데이트된 버전의 NDC를 아예 제출하지 않았다. 유엔환경계획(UNEP)의 평가에 따르면 2030년까지 각국이 온실가스 감축을 위해 제출한 NDC의 감축 공약이 다 그대로 지켜진다고 해도 지구는 적어도 2.7℃의 온난화 경로에 있다고 분석했다.[44] 이는 당사국들이 기후변화 대응을 위해 충분히 적극적이고 야심찬 감축 목표를 설정하지 않았음을 의미하는 것일 수 있다. 국제환경레짐이 범지구적(universal) 참여를 전제로 할 때, 혹은 범지구적 참여를 염두에 두고 구축될 때, 참여국들은 가장 실천이 용이한 목표치에 합의했을 가능성이 높다.[45] 파리협정과 같이 195개국이라는 국제사회 거의 모든 국가가 참여하는 국제레짐에서 개별 회원국들이 모두 야심찬 목표를 설정할 것이라 기대하기 어렵다. 기후변화에 효율적으로 대응하자는 전 지구적 목표의 성공적 달성 여부가 각국 정부의 자발성에 의존하는 파리협정 체제 하에서 어떤 국가는 공동체의 목표 달성을 위해 야심찬 NDC를 수립하고 성실히 이행할 수 있다. 그러나 또한 어떤 국가는 자국의 희생 없이 타국의 노력에 편승하는 무임승차(free riding)의 유혹을 느낄 수 있다.[46] 자국의 단기적 이익에 매몰되어, 혹은 국내의 다양한 정치적 요인 등으로 인해 공동체 목표 달성을 저해하는 국가와 행위 주체를 어떻게 바람직한 행동으로 유인할 것인가에 대해서는 파리 협정도 별다른 대안을 제시하지 못하고 있다.

[표 3-2] 교토의정서와 파리협약의 비교

구분	교토의정서	파리협약
채택	1997년 12월 교토 COP3	2015년 12월 파리 COP21
공식 발효	2005년 2월 16일	2016년 11월 4일
의무이행 대상국	37개 (부속서 I 국가)	195개 협약 당사국
주요 내용	- 온실가스 총배출량을 1990년 수준보다 평균 5.2% 감축 - 부속서 I 국가에 감축 목표치를 차별적으로 부여 - 주로 온실가스 감축에 초점	- 지구 평균온도 상승폭을 산업화 이전 대비 2℃보다 훨씬 낮은 수준에서, 이상적으로 1.5℃까지 제한 - 모든 국가 국가결정기여(NDCs) 도입, 이행 - 완화 뿐 아니라 적응, 재원, 기술이전, 역량배양, 투명성 등 포괄 - 선진국은 개도국의 기후변화 대응 사업에 대해 2020년부터 매년 최소 1000억 달러의 재정지원 - 2023년부터 5년마다 탄소감축 상황 보고
적용 시기	- 1차 공약기간 (2008~2012, 법적 구속력 있음) - 2차 공약기간 (2013~2020, 법적구속력 없음)	- 2021년 이후 적용 - 법적 구속력 없음 - 종료 시점 없이 주기적 이행 상황 점검
목표 설정 방식	하향식(top-down)	상향식(bottom-up)
징벌 규정	있음(미달성량의 1.3배를 다음 공약기간에 추가 감축)	비징벌적(non-punitive)
행위자	국가 중심	국가 외에도 다양한 행위자의 참여 독려

***출처**: 저자 정리

3) COP26: 성과와 한계

이 섹션에서는 제26차당사국총회(COP26)를 사례로 살펴보면서 파리협정이라는 신기후체제 하에서 기후변화 대응을 위한 레짐 차원의 노력이 어떻게 전개되고 있는지 살펴본다. COP26의 전개 과정을 살펴봄으로써 우리는 기후변화를 둘러싼 국가 간의 협력과 갈등에서 어떠한 문제들이 쟁점화되는지 엿볼 수 있다.

코로나-19 발생은 당사국총회의 정규적 개최 여부에도 영향을 미쳤다. 2019년 마드리드에서의 COP25 후 팬데믹으로 인해 약 2년이 지난 2021년 11월(1일부터 13일)에야 COP26이 소집되었다. 글래스고(Glasgow)에서 개최된 COP26은 몇 가지 성과를 낳기도 했고 국제레짐 차원에서 기후변화 문제를 해결하려는 노력이 얼마나 어려운가를 다시 한번 여실히 드러내기도 했다.

회의에 참석한 총 197개국이 약 2주간의 논의와 조율 끝에 도출한 성과는 글래스고 기후합의(Glasgow Climate Pact)라는 최종 결정문 채택이었다. 또한 회의 개막 후 이틀에 걸쳐 특별정상회의가 개최되었는데 이는 2015년 당사국총회 이후 6년 만에 열린 것이다. 전 세계 배출량 분포에서 각각 1위와 4위인 중국과 러시아 지도자들이 불참하였으나 참가국 정상이 모여 지구 평균온도 상승을 1.5℃ 이내로 억제한다는 국제사회 공동의 목표를 재확인하였다. COP26에는 국가 대표단 외에도 기업, 산업계, 시민사회, 연구기관 등 약 4만여 명이 참여하여 글로벌 팬데믹 위기 상황 속에서도 기후 문제에 대한 폭넓은 관심을 시사했다.

COP26을 통해 참가국이 달성하고자 한 목표는 크게 네 가지였다. 첫째는 2050년까지 전 세계가 탄소중립을 실현하고 지구 평균온도 상승을 1.5℃ 이하로 저지하자는 목표에 대하여 국제적 합의를 확인한다는 것이다. 둘째는 이와 같은 목표 달성을 위해 당사국은 2030년까지 자국의 기후변화 대응 및 온실가스 감축 목표를 담은 NDC를 제출해야 한다는 것이다. 셋째, 기후변화에 영향을 받는 지역 공동체와 생태계를 보호하기 위한 방안을 마련하고 앞선 두 목표를 실현하기 위해 선진국이 최소 1,000억 달러 규모의 기후 재원을 마련한다는 약속을 이행하는 것이다. 넷째, 앞의 세 가지 목표를 위해서 정부뿐 아니라 민간, 시민사회 등 다양한 주체의 광범위한 참여와 협력을 도모한다는 것이다.

이들 4개 주요 목표에 대한 COP26의 성과를 살펴보면, 첫째 COP26에서 참가국은 지구 온도상승 폭을 산업화 이전 대비 1.5℃로 제한한다는 목표와 파리협정 이행을 통해 기후변화라는 글로벌 위기 상황에 공동으로 대응해야 한다는 합의를 재확인했다. 참가국은 또한 기후변화 문제가 악화되는 작금의 상황을 고려해 2025년이 아닌 회의 후 1년 뒤인 2022년에 NDC를 다시 제출하기로 합의했다. COP26 개최에 앞서 이미 다수의 참가국이 상향된 감축 목표를 제시한 바 있으나 국제적으로 종합해 보면 미흡한 감축 수준이었다. 중국, 러시아, 인도 등은 1.5℃ 목표에 부합하지 않는 NDC를 제출했다. 기후 전문가와 환경단체는 COP26에 제출된 NDC를 다 종합해도 2100년 지구 온도상승 폭이 2.4℃에 달할 것으로 전망했다. 글래스고 기후 합의는 상승 폭을 1.5℃로 제한하기 위해 각국 정부가 향후 1년 동안 상향 조정된 NDC를 작성해 제출해야 한다는 국제적 압력을 조성하였다.

COP26에서는 개도국의 기후변화 대응과 관련해서도 활발한 논의가 이루어졌다. 파리협약 제5항은 기후변화 문제에 역사적 책임이 큰 선진국들이 기술 및 재정 지원을 통해 개도국의 감축의무 이행을 지원해야 한다는 당위성을 논하였다. 이를 위해 국제사회는 2009년 코펜하겐 기후변화협약 총회에서 이미 선진국들이 개도국의 온실가스 감축 노력을 보조하기 위해 2020년까지 매년 최소 1,000억 달러의 기후기금을 마련하기로 합의하였다. 그러나 이 약속은 제대로 이행되지 않았다. OECD에 따르면 2019년 개도국에 지원된 기금은 코로나-19의 발생과 경제침체 등으로 인해 약 800억 달러에 그쳤다.[47]

COP26에서 인도 등 개도국은 기후변화로 인해 급증하는 자연재해, 인명과 재산 피해 등 다양한 부정적 영향에 노출도와 취약성이 높은 개도국의 현실을 토로하고 적응 역량 배양의 필요성을 강조함과 동시에 선진국의 재정지원 약속 불이행을 강력히 비판했다. 이에 선진국은 개도국의 적응 지원, 역량배양, 기술이전 등을 위한 재원을 확충하는 데 동의하고 적응 부문에서의 재원을 2025년까지 2019년 대비 두 배 증액하기로 약속했다. 기후변화에 따른 손실과 피해를 보상하는 방안에 관해서는 향후 논의하기로 했다. 또한 개도국의 재정지원을 위해 선진국 정부뿐 아니라 다자개발은행 및 금융기구, 민간 기후 재원이 총체적으로 활용되어야 한다는 목소리가 이어졌다.

COP26 총회가 달성한 또 하나의 성과는 파리협정 제6조인 국제 탄소시장 지침이 채택됨으로써 파리협정 세부 이행규칙(Paris Rulebook)이 완결되었다는 것에 있다. 탄소시장 관련 지침은 파리협정 이행을 위한 세부 규칙 중 기존 당사국총회에서 유일하게 합의에 이르지 못했던 사항이었으나 COP26을 통해 비로소 국제사회는 국가 간 온실가스 배출권을 거래하는 탄소배출권 시장에 투명하고 통일된 국제 규범을 수립하는 목표에 합의하게 되었다.

본 조항에 대한 합의(표 3-3) 사항들을 보면 2013년부터 2020년 등록된 청정개발체제(Clean Development Mechanism) 사업 감축 실적에 대해서는 1차 NDC에 반영해 사용할 수 있도록 했다. 그 후의 국제적 감축 실적의 이전, 사용 시에는 상응 조정하는 것을 원칙으로 하며 탄소배출 감축분이 거래 국가 양쪽에 모두 반영되는 이중 계상을 막아야 한다는 원칙이 재확인되었다. 예를 들어 선진국이 개도국을 지원해 온실가스 저감 사업을 수행할 시, 이를 양쪽 모두의 성과로 이중 계산하면 안 된다는 점을 다시 확인한 것이다. 다만 향후 상응 조정 방법론을 정교화하고 사업 감독과 관리 체계를 마련하는 등 후속 작업이 요구되며 탄소시장이 운영되기까지 짧게는 약 1~2년이 소요될 전망이다.[48]

[표 3-3] COP26 국제 탄소시장 관련 주요 합의 내용

파리협정	주요 내용
제6.2조	**[상응조정]** 감축실적을 국제적으로 이전, 사용 시 상응조정 실행을 원칙으로 하여 감축실적의 국가간 이중계상 방지(단, 참여당사국이 허가하지 않은 기타목적의 감축실적에 대해서는 구체적인 규정이 없어 각국 간 추가 협상 필요)
	[감축실적의 활용] 탄소저감 사업에서 발생한 감축실적을 사업참여국이 자발적으로 공제, 공여하여 개도국 적응재원으로 활용
제6.4조	**[청정개발체제(CDM)의 지속가능개발체계(SDM)으로의 전환]** '21년 이전 발급된 CDM사업 감축실적(CER)에 대해서는 '13년 이후 등록된 사업에 한해 '15~'17년 각국이 제시한 1차 NDC에만 사용 가능
	[감축실적의 활용] 감축실적에서 5%를 의무 공제하여 개도국을 위한 적응재원으로 사용하고 전 지구적 전반적 감축(Overall Mitigation in Global Emissions, OMGE)을 위해 감축 실적의 2%를 취소

***출처**: KDB 이슈브리프(2021).

투명성 제고를 위해서는 협상 초기부터 격년 투명성보고서(Biennial Transparency Report: 모든 당사국이 2024년부터 격년 주기로 작성하여 제출) 구조와 이를 검토하기 위한 전문가 교육과정 개발 등에 대해 합의가 이루어졌다. 그러나 온실가스 배출 및 흡수량, NDC 이행 및 달성 경과, 재원(재원, 기술, 역량배양) 제공에 이르는 3가지 보고 분야에 있어 공통표 양식 개발과 관련된 협상은 선진국과 개도국의 의견 차이로 인해 합의에 이르지 못하고 결국 개도국의 유연성을 허용하는 방안이 수용되었다.

이외에도 COP26은 몇 가지 성과를 더 낳았다. 우선 강력한 온실가스인 메탄(methane)의 배출량을 2020년 대비 30% 감축한다는 국제메탄서약(Global Methane Pledge)이 채택되었다. 메탄은 이산화탄소, 이산화질소, 수소불화탄소, 과불화탄소, 육불화황과 함께 6대 온실가스로 IPCC 제6차 보고서는 메탄이 이산화탄소보다 80배의 온실가스 효과를 가진 것으로 분석하고 있다. 메탄은 대기 중 체류 기간이 약 10년이며 지난 10년간 배출량이 빠르게 증가했는데 그 주요 이유로 천연가스 사용 확대를 들 수 있다. 쓰레기 매립장, 가축 사육장, 영구 동토층의 융해 역시 메탄 배출의 직접적 원인이다.

미국은 COP26에 앞서 메탄 배출을 전적으로 감축할 것을 선언하며 2023년을 시작으로 2035년까지 2005년 대비 74%의 감축을 목표로 설정하고 다른 국가들의 동참을 유도했다. 또한 2021년 9월 EU와 함께 2030년까지 메탄 배출을 2020년 대비 최소 30% 감축하자는 국제메탄서약을 제안하였고, 10월에 열린 G20 포럼에서 국제메탄서약을 공동 발표하면서 국제사회의 참여를 독려하였다. COP26에서 의제화된 본 국제메탄서약에는

[표 3-4] 글래스고 기후합의(Glasgow Climate Pact) 주요 내용

부문	주요 합의 내용
과학 및 시급성	• COP27 시 IPCC 보고서 제출 요청 • 1.1℃ 기온 상승이 인간 활동에 기인했음에 대한 우려 표시 • 감축, 적응, 재원 분야 목표 및 행동 상향 조정 시급성 강조
적응	• 재원, 역량배양, 기술이전 포함 적응 행동 및 지원의 시급성, 국가적응계획(NAP) 제출 환영 • COP27 전까지 IPCC AR6 제2작업반 보고서 제출 기대
적응 재원	• 선진국들의 적응 재원, 역량배양, 기술이전 확대 촉구 • 충분하고 예측 가능한 적응 재원의 중요성 인식 • 선진국의 적응 재원을 2025년까지 2019년 대비 최소 2배 확대하는 공약 환영 • 다자개발은행, 금융기구 및 민간의 기후 재원 동원 촉구
감축	• 1.5℃ 목표 실현을 위한 공동의 그러나 차별화된 책임 원칙 및 과학에 기반한 행동 상향 조정 필요 • 2030까지 메탄 등 비(非)이산화탄소 온실가스 감축 검토 요구 • 청정발전 확대, 탄소저감 장치 없는 석탄발전소의 단계적 감축 및 비효율적 화석연료 보조금 단계적 폐지 촉구 • 산림, 해양 생태계 보호 및 복원 중요성 강조
감축과 적응을 위한 재원, 기술이전, 역량배양	• 2020년까지 개도국을 위해 연간 1천억 달러 재원 조성 미달성에 유감 표명하고 2025년까지 시급한 달성 촉구 • 공적, 민간 재원 조성 및 활용 중요성
손실과 피해	• 손실 및 피해 최소화를 위한 재원, 기술이전, 역량 강화의 중요성 재강조 • 산티아고 네트워크(SN)[49]의 실행을 위한 진전 환영
이행	• 협약 하에서 잔여 의무 이행 강력 촉구 • 탄소흡수원 보전 고려한 정책 조율 독려 • 지속가능한 성장과 빈곤퇴치를 촉진하는 공정 전환(just transition) 필요성
협력	• 시민사회, 원주민, 지역사회, 청년 등 비(非)당사국 이해관계자의 역할 강조 • COP 개최국이 <청년기후포럼>을 연례 개최할 것을 요청 • Action for Climate(ACE)[50] 조속한 이행 촉구

***출처**: KDB 이슈브리프(2021).

한국을 비롯한 105여 개 국가가 참여했다. 그러나 중국, 러시아, 인도 등 최대 배출국이 불참함으로써 반쪽짜리에 그친 서약이라는 한계를 드러내기도 했다.[51]

국제메탄서약과 더불어 COP26은 기존 COP가 크게 주목하지 않았던 산림 문제를 논의하였다. 탄소흡수원이자 생물다양성의 토대이며 기후변화에 대응하기 위한 자연기반해법(nature-based solutions)의 대표 사례인 산림의 중요성을 논의하기 위해 의장국인 영국이 이를 정상회의 의제로 추가하는 리더십을 발휘했다. COP26에서 도출된 산림 관련 주요 합의 내용으로는 2030년까지 산림 손실(forest loss)을 방지하고 그 복원을 위해 노력한다는 사항이 포함되었다. 총 141개국이 서명한 산림과 토지 사용에 관한 글래스고 정상선언(Glasgow Leaders'Declaration on Forests and Land Use)은 2030년까지 산림 손실과 토지 황폐화를 막고 손실, 훼손된 산림 및 토지는 복원한다는 내용을 담았다. 또한 글로벌 산림 재원 서약(Global Forest Finance Pledge)에서 한국, 미국, 영국 등 OECD 개발원조위원회(DAC) 12개국은 2021년부터 2025년까지 열대림 국가들에 지원되는 공적개발원조(Official Development Assistance; ODA)를 약 120억 달러까지 확대해 개도국의 황폐지 복원, 산불 방지, 토착민과 지역주민 생계 지원 사업에 투입할 것을 약속했다. 또한 COP26에서 파리협정 제6조 시장 메커니즘에 대한 세부 규칙들이 타결되면서 산림 부문에서 개도국의 산림 전용 및 황폐화 방지를 통한 온실가스 감축 사업(Reducing Emissions from Deforestation and Forest Degradation Plus; REDD+)을 통해 국외 감축 실적이 국가 간 이전될 수 있는 기반이 마련되었다.[52]

강력한 온실가스인 메탄의 저감 필요성에 대한 공감대 형성 및 산림 부분에서의 합의 외에도 몇몇 회원국들은 2040년까지 신규 자동차 판매가 순배출 제로(넷 제로)를 달성하게 한다는 목표를 위해 협력하기로 약속하였다. 또한 COP26에서 국제 금융기구들은 11월 3일 넷 제로를 위한 글래스고 금융연합(Glasgow Financial Alliance for Net Zero)을 결성하고 130조 달러 이상의 민간 자본을 경제 전반의 탄소중립 전환에 투입하겠다고 밝혔다.

이렇듯 국제사회는 COP26을 통해 파리협정에서 제시된 비전과 이전의 COP에서 도출된 합의 사항들을 논의하고 구체화하며 개선점들을 모색하였다. 그러나 국제사회는 또한 몇 가지 쟁점에 있어 광범위한 합의 도출에 실패했다. 석탄 퇴출 문제(phasing out of coal), 화석연료 보조금, 저소득 국가들에 대한 재정적 지원 문제가 특히 COP26의 논쟁의 중심에 있었다. 이들 주제를 둘러싸고 지속되어 온 선진국 대 개도국의 갈등은 기후변화 대응을 위한 국제사회의 공동전선의 수립이 얼마나 어려운 일인가를 보여주었다.

첫째, 글래스고 기후 합의에서 참가국들은 탄소 저감 장치가 장착되지 않은 석탄 발전에 대해서 단계적으로 감축하고 비효율적인 화석연료 보조금을 중단하기 위한 노력을 가속한다는 내용에 합의했다. 기후변화 관련 합의문에 석탄 등 화석연료가 언급된 것은 이번이 최초로 이는 COP26의 성과이기도 했다.[53] 그러나 이러한 합의는 일부 선진국이 당초 제안한 목표에서는 후퇴한 것이다. 선진국들은 2030년대부터 자신들을 시작으로, 2040년대는 개도국에 이르기까지 전 세계적으로 석탄 퇴출(phasing out of coal)을 달성한다는 야심찬 목표를 제안하였다. 이에 대해 중국,

인도 등 석탄화력발전에 대한 의존도가 여전히 높은 개도국은 이의를 제기하였다. 이들은 총회 합의문에 포함될 화석연료 관련 문구가 석탄의 사용을 점차 퇴출 혹은 중단한다(phase out)는 표현에서 단계적으로 감축(phase down)한다는 표현으로 수정되어야 한다는 입장을 고수했으며 결국 이들의 주장대로 완화된 표현이 채택되었다. 또한 탄소 집약적 경제 및 산업구조를 가진 몇몇 선진국도 서명을 통해 석탄 퇴출 목표연도의 설정에는 동의하지 않으나 퇴출을 위해 노력하겠다는 입장(한국), 혹은 주요 경제국이 아니므로 2040년대에 퇴출하겠다(폴란드) 등과 같이 미온적 태도를 보였다.

석탄 퇴출이 아닌 단계적 감축이라는 용어가 채택된 데는 G2인 미국과 중국의 책임도 있었다. 이들 국가는 선진국은 2030년대, 개도국은 2040년대 석탄을 퇴출한다는 국제적 약속으로 약 40여 개국이 동참한 탈석탄 성명에 참여하지 않았다.[54] 다시 한번 국제레짐의 형성 및 발전에서 패권을 지닌 강대국들의 입장 및 이해관계가 어떠한 영향을 미치는지가 드러난 대목이다.

또한 COP26에서 선진국 그룹은 개도국의 기후변화 적응 등 대응을 지원하기 위한 재원을 확대할 것에 합의했지만 코로나-19로 촉발된 세계적 경제침체 속에서 재원 조달의 난항도 예상된다. 미 바이든 대통령은 2021년 9월 영국 총리와의 양자 회담에서 2024년까지 매년 114억 달러를 지원할 것을 약속한 바 있다. 또한 캐나다, 독일 등 선진국은 2025년까지 1,000억 달러를 지원한다는 목표를 늦어도 2023년까지는 충분히 달성할 것으로 전망하기도 했다.[55] 그러나 선진국의 재정지원 약속에 대한 개도국의 불신은 팽배했다. 또한 이러한 규모가 개도국의 기후변화 대응에 충분치 않다는 목소리도 나왔다. 인도 모디 총리는 당초 합의된 1,000억 달러보다 10배 많은 1조 달러를 요구하는 등 기후 재정지원 문제는 선진국과 개도국 간 반목의 요소로 남았다. 특히 개도국 기술지원을 위한 기후기술센터네트워크(Climate Technology Centre and Network; CTCN)의 재정 부족 문제의 해결 방안을 두고 가장 팽팽한 의견 대립을 보여 기술-재정 메커니즘 연계 의제는 합의에 이르지 못하고 2022년 6월 부속기구 회의로 미뤄졌다.[56]

이렇듯 COP26은 다양한 입장과 이익구조를 지닌 주권 국가의 참여로 만들어지고 운영되는 기후변화 국제레짐의 원할한 작동이 얼마나 어려운 것인가를 보여주었다. 안토니오 구테흐스(António Guterres) UN 사무총장도 COP26에서 최종 도출된 합의 사항들은 세계의 이익, 조건, 모순, 그리고 정치적 의지의 상태를 반영하는 것이며 불행히도 집단적인 정치적 의지가 이러한 모순을 극복하기 충분하지 않았다며 아쉬움을 토로하였다.[57]

이상 기후변화 부문에서 주요 국제레짐이 형성, 발전되어온 과정을 살펴보았다. 1992년 유엔기후변화협약에서 1997년 교토의정서, 2015년 파리협정, 그리고 현재에 이르는 지난 약 30년의 과정을 통해 국제사회는 기후변화 문제 해결을 위해 공동의 목표를 설정하고 이를 실천하기 위한 행동 규칙과 절차들을 도입하였다. 그러나 이러한 제도화를 통한 노력이 그 좋은 의도에도 불구하고 늘 성공적 결과로 귀결되지는 않았으며 가까운 미래에 기후변화 문제를 성공적이고 효과적으로 해결할 것이라 기대하기도 어렵다.

이는 기후변화 이슈가 다른 국제문제나 국지적으로 발생하는 국내 혹은 지역적 차원의 환경 문제와 비교해 훨씬 그 이해와 해결이 어려운 매우 복잡한 "super wicked"한 성격의 문제라는 데도 그 원인이 있을 것이다.[58] 또한 기후변화는 그 해결을 위해 많은 경제적, 사회적 비용이 소요되며 기후변화에 대한 대응에서 발생한 이익이 그 대응에 기여한 국가에게만 배타적으로 적용되는 것이 아니라 비용을 치르지 않는 국가에도 돌아가는 비배제적(non-excludable) 성격의 문제이다. 이는 국가로 하여금 다른 국가의 노력에 무임승차하는 행동을 유발할 가능성이 높다. 또한 국제정치의 현실주의(realism)적 시각에 따르면 국제사회에서 주권 국가는 자국에 비해 타국이 얼마나 더 이익을 얻게 되는가의 문제인 상대적 이익(relative gain)에 집중한다. 국제레짐을 통한 기후변화 협력을 통해서 만약 경쟁 상대인 다른 국가가 자국과 비교해 더 많은 이익을 상대적으로 누릴 것으로 전망된다면 이는 국가들이 기후변화라는 글로벌 이슈에 대한 대응에 자국의 한정된 자원을 사용할 의지를 저하시킨다.[59]

또한 기후변화 국제레짐이 효과적으로 작동하여 성과를 창출하기 위해서는 몇 가지 조건들이 형성되어야 하는데 이러한 조건들은 쉽게 조성되지 않으며 이는 국제레짐을 통한 기후변화 대응의 전망을 어둡게 한다. 우선 국제사회 다수의 주체가 국제레짐에 참여하는 것도 중요하지만 문제 해결에 있어 더 큰 영향력과 비중을 가진 주요 국가의 참여 및 관여의 여부와 정도가 중요하다. 나아가 국제레짐 참여국이 얼마나 레짐의 의도된 목표에 부합하는 행위를 하며 합의된 내용을 준수할 의지와 역량, 자원을 가지고 있느냐도 국제레짐의 성과를 판가름하는 데 있어 중요한 요인이 된다.[60] 교토의정서의 경우 전 세계 온실가스 배출 총량에 있어 가장 큰 비중을 차지하는 미국과 중국이 참여하지 않거나(미국), 참여하지만 감축의무가 없었다(중국). 캐나다의 탈퇴와 2차 공약

기간 중 선진국이 보인 미온적 태도 역시 교토의정서의 실패에 기여했다. 파리협정의 경우 당사국의 자발적 목표 설정과 성과 이행에 전적으로 재량을 허용하고 있는 시스템이므로 각국 정부는 비교적 달성하기 쉬운, 그리고 국내외 정치에서 비난을 어느 정도 감수할 만한 범위나 수준의 NDC와 감축 목표를 제시할 유인책을 갖게 된다. 이는 국제사회가 기후변화에 신속 대응하는데 필요한 적극적이고 야심찬 수준의 목표를 설정하는데 제약으로 작용한다.

또한 파리협정은 구속력을 가진 합의(binding agreement)가 아니며 징벌 규정도 없어 감축의무를 준수하지 않고 국제사회에 이행 보고의 절차를 성실하고 투명하게 공유하지 않는 국가라 해도 처벌, 제재 등을 통해 행동 변화를 유도할 방법이 없다. 물론 국제사회 공동체 내에 형성된 사회적 압력, 그리고 리더십, 평판 등 소프트 파워를 획득하려는 열망, 기술적 혁신과 발전 등 각종 이유와 동기에서 몇몇 정부는 외부의 법적 강제와 규제 없이도 자율적으로 야심찬 온실가스 감축 목표를 설정하고 기후변화 대응 정책을 수립해 이행하기도 한다.

그러나 현실주의적 관점에서 보면 자국의 이익을 추구하는 국가들이 높은 감축 비용 및 감축을 위해 소요되는 다양한 노력과 희생(예를 들면 국내 산업구조 전환에 따른 사회적 반발 등)을 대가로 치러가면서 기후변화 문제 대응이라는 글로벌 공공재 창출에 기여할 것이라 기대하기는 어렵다. 특히 기후변화와 같이 대응 비용이 크고, 자국에 돌아올 이익이 비교적 먼 미래에 발생할 리스크 및 부정적 피해를 회피하는 정도로 인식될 때 참여국가가 국제레짐의 합의 및 요구 사항들을 책임있게 따르고 이행할 것이라 기대하기 어려운 측면도 있다.[61]

따라서 기후변화 국제레짐이 효과를 담보하기 위해서는 레짐이 추구하는 궁극적 목표 달성을 위해 각 참여자에게 기대되는 일련의 행위를 명확히 제시하고 해당 행위의 실질적이고 실효성 있는 이행을 유도해 낼 수 있도록 제도가 설계되어야 한다. 국제사회에서 주권 국가라는 행위 주체의 근시안성과 내재된 이익구조를 극복할 수 있도록 국제레짐이 설계되어 운영되면 결국 이는 행위 주체의 이익으로 귀결된다는 것이 신자유제도주의(neoliberal institutionalism)적 관점이다.

물론 현재의 파리협정이라는 신기후체제는 투명성 체계 등 제도적 절차 등을 강화함으로써 참여국의 순응(compliance)과 이행을 유도, 독려하고 있다. 그러나 파리협정이 법적 구속력과 강제성이 없고 참여국의 경제 및 기술 조건 등 국내 여건과 상황에 따라 융통성과 재량권을 허용하기 때문에, 과연 모든 성원이 바람직한 기대 행위와 목표에 수렴하는 행동을 취함으로써 집단의 공동목표를 달성할 수 있을 것인가는 의문으로 남는다.

그러나 미래는 정확한 예측이 불가하므로 현실주의의 비관주의도, 신자유제도주의의 조건부 긍정주의도 아닌 결과를 맞이할지도 모른다. 국제사회를 구성하는 다양한 행위 주체의 인식, 규범, 정체성, 의미 형성 등 관념적 요소를 강조하는 국제정치의 구성주의적 시각을 빌리면 기후변화 문제가 심화함에 따라, 혹은 다른 변수로 인해, 구성원들은 기존과 다른 방식으로 문제를 정의하고 의미를 부여할 수도 있으며, 그에 따른 인식과 사고체계의 전환이 문제 해결의 실마리가 될 새로운 접근법 도출로 이어질지도 모른다. 그러한 새로운 인식, 새로운 접근법의 산출을 위해서는 전환을 긍정하는 방향으로 구성원 간 지속적 상호작용, 대화, 사회화(socialization)의 과정이 필요할 것이다.

현재까지의 기후변화 국제레짐의 흐름을 살펴보면 수많은 갈등 요소와 제약으로 순탄치 않게 흘러왔음에도 불구하고 결국 그러한 레짐을 통해 기후변화 문제가 광범위하게 의제화, 공론화되었으며 공동의 해법에 대한 모색이 이루어졌음을 알 수 있다. 기후변화 국제레짐은 국가 등 행위자들이 기후변화에 대한 공통된 인식을 형성하는 데 기여하였고 상호작용과 네트워킹이라는 사회화의 공간으로 작용했다. 이를 통해 구성원들은 서로에 대한 불신과 의혹을 점진적으로 해소하고 신뢰를 쌓아갈 수 있었다. 글로벌 환경정치에는 더 많은 네트워크에 배태된(embedded) 행위자가 더욱 협력적으로 행동한다는 연구도 있다.[62] UNFCCC, COP, 교토의정서, 파리협정 등 기후변화 이슈를 관장하는 국제레짐이 없었다면, 현재의 기후변화 문제에 대한 국제사회의 대응 양상은 어떠했겠는가라는 사후가정사고(counterfactual thinking)를 적용해 보면 이들의 부재를 대체할 대안이 과연 무엇일지, 또한 이들이 없었다면 오늘날의 기후변화 대응이 어떠한 양상으로 전개되고 있을지 상상하기란 어렵다. 따라서 더 좋은 대안이 부상할 때까지 국제사회는 다양한 제약과 한계에도 불구하고 현재의 기후변화 레짐을 유지, 보완해 가며 활용할 것이다.

제 4 장

EU와 미국의 기후변화 대응

앞 장에서 논의한 바와 같이 17세기 중반 근대 주권 국가가 형성된 이래 이들을 중심으로 하는 국제질서가 수립되었다. 국가는 오늘날 국제사회를 이루는 가장 핵심 주체이다. 각국 정부는 기후변화라는 글로벌 위기에 공동 대응하기 위해 모여 문제의 심각성을 논의하고 그 해결책을 모색해 왔는데 그 상호작용의 과정에서 점차 국제레짐이 형성, 발전되어 왔다. 즉 앞서 살펴본 기후변화 국제레짐을 만든 주체가 국가이다. 또한 국가는 국제레짐에서 국제사회가 합의한 목표와 그 이행 방안을 서명과 비준을 통해 국내 정치와 정책과정으로 가져와 구체적 정책과 제도로 환원하여 집행한다. 이 과정에서 자국의 특수한 정치, 경제, 사회적 상황 등이 반영된다.

정치, 경제, 문화, 사회, 종교 등에서 다양성을 가지며 힘과 역량 수준이 상이한 국가들로 구성된 국제사회의 특성을 고려할 때 우리는 각국의 기후변화에 대한 인식과 대응도 다양한 양상을 띨 것임을 쉽게 예견할 수 있다. 국제사회의 여러 국가는 그들이 밟아 온 역사적 발전경로가 어떠했는가에 따라 기후변화에 상이하게 기여해 왔다. 산업혁명과 근대화의 과정에 먼저 진입한 선진국은 역사적으로 더 많은 온실가스를 배출해 왔기 때문에 기후변화 문제에 있어 책임 역시 크다. 경제발전의 후발주자인 개도국의 경우 기후변화에 대한 역사적 책임은 상대적으로 작다. 그러나 개도국 중에서 중국, 인도, 인도네시아, 브라질 등과 같이 인구가 많고 빠른 경제발전을 이루어 온 국가들은 1950년대 이후 그 배출량이 급격히 증가해 오늘날 선진국의 온실가스 배출량을 넘는 국가도 있다. 그림 4-1은 1750년에서 2020년에 이르는 270년간 화석연료 및 시멘트 부문에서 가장 많은 이산화탄소를 배출한 국가를 보여준다.

이렇듯 국제사회의 다양한 국가는 기후변화 문제에 상이하게 기여해 왔다. 또한 기후변화가 이들 국가에 미치는 영향도 다양

[그림 4-1] 화석연료, 시멘트 기인 이산화탄소 배출 비중 분포 (1750~2020년, %)

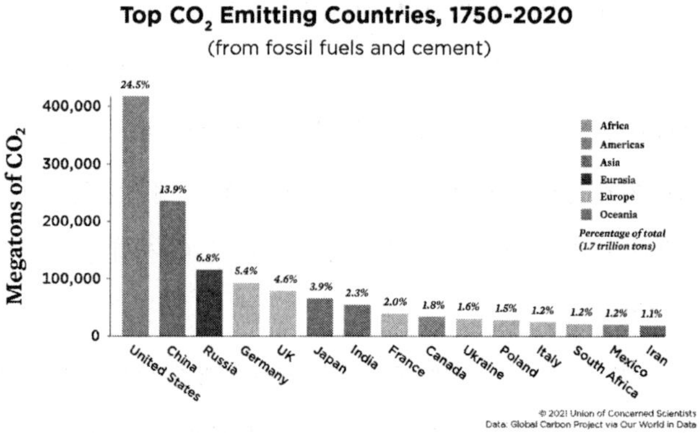

*출처: Union of Concerned Scientists(2022).

하게 나타난다. 기후변화의 부정적 영향은 모든 국가 및 그 구성원에게 동일한 영향을 미치지 않으며 국가는 지리적 위치, 기술 및 인적 역량 등에 따라 차등적으로 부정적 영향에 노출되어 있다. 즉, 기후변화에 대한 취약성(vulnerability) 측면에서 국가들은 다른 분포를 보인다.

국가가 처한 정치, 경제적 상황과 역량 등에서의 다양성과 취약성 등은 국가의 기후변화에 대한 대응 방식에도 큰 영향을 미친다. 또한 국가는 기후변화에 대해 얼마나 효과적으로 대응하고 있는가에 있어서도 각기 다른 수준의 분포를 보인다. 국제비정부기구인 저먼와치(Germanwatch), New Climate Institute, Climate Action Network가 공동으로 만든 기후변화대응지수(Climate Change Performance Index; CCPI)는 2005년부터 국가의 기후변화 대응을 평가해 왔다. CCPI의 분포는 국가의 기후변화 대응이 경제 수준과 늘 양(+)의 상관관계를 띠는 것은 아님을 보여준다. 미국의 경우 2021년 총 평가 대상인 61개국 중 61위로 대응이 매우 저조(very low)하다는 평가를 받았다(그림 4-2).

국가들이 기후변화 국제레짐 참여 등을 포함해 기후변화 대응에 얼마나 적극적으로 참여하는가는 여러 변수에 영향을 받는다. 첫째, 기후변화가 자국에 미치는 부정적 영향에 대한 취약성이다. 기후변화가 초래하는 가뭄, 홍수, 해수면 상승으로 인한 연안 침윤 등 다양한 부정적 영향에 취약할수록 국가는 기후변화 문제를 정책 우선순위로 두고 적극적으로 대응하게 된다. 둘째, 온실가스 감축과 같은 기후변화 대응 노력에 수반되는 손실과 이익이다.[63] 만약 기후변화로부터 많은 피해가 예상되지만 온실가스 감축 노력 등에 큰 경제적 비용을 치르지는 않는다면(즉 손실이 낮은 경우) 그러한 국가는 국제사회의 기후변화 대응 노력에 적극적으로 참여하는 추진국가(pusher)가 될 가능성이 높다. 반대로 기후변화 취약성은 낮으나 기후변화에 대한 대응을 위해 많은 경제적 손실을 부담해야 하는 국가의 경우 국제적 기후변화 대응에 있어 미온적으로 대처하는 소위 dragger(꾸물거리는 소극적 행위자)의 행동 양상을 보일 가능성이 크다. 기후변화가 미치는 피해도 적고, 기후변화 대응에 수반되는 경제적 손실도 크지 않다면 그러한 국가는 방관자(bystander)처럼 행동할 가능성이 높다.

[그림 4-2] 기후변화대응지수의 분포

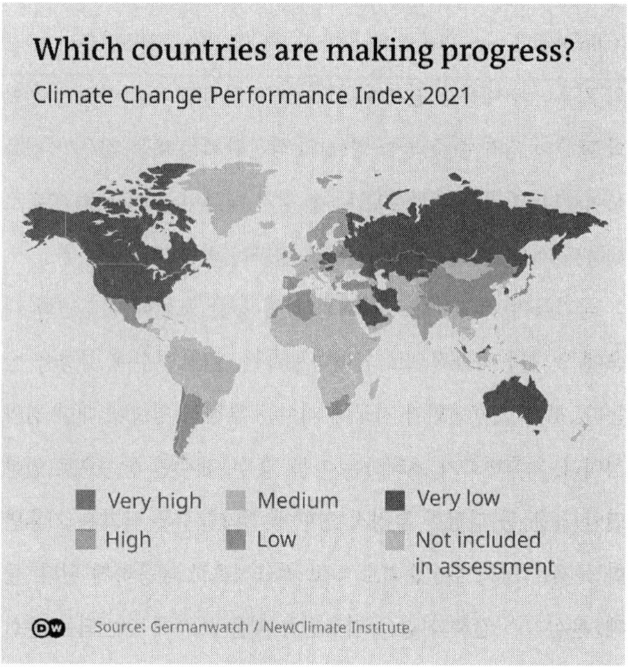

*출처: Union of Concerned Scientists(2022).

또한 기후변화에 대한 국제적 대응 노력에 한 국가가 얼마나 적극적으로 참여하는가를 보기 위해 해당 국가의 국내정치(domestic politics)적 요인들을 고려할 필요가 있다. 우선 온실가스 감축과 같은 대응 노력을 지지하는 주체들이 국내정치에서 얼마나 큰 세력 및 연합을 형성하는가가 한 국가의 기후변화 대응 노력 및 적극성에 영향을 미칠 수 있다. 만약 정책결정자, 이익단체, 비정부조직, 기업 등 다양한 주체 사이에 기후변화 대응 정책 도입에 대한 선호와 지지가 높다면 그러한 국가는 국제사회의 노력에도 적극적으로 동참하고 국제레짐의 이행 수준도 높을 것이다. 즉 국내 기후변화 정치와 정책과정에 참여하는 주체들이 얼마나 기후변화 대응을 자신의 이익 및 선호, 가치 등과 일치한다고 인식하고 행동하느냐가 중요하다. 또한 이러한 주체들이 국내정치 등에서 자신의 의견을 피력할 제도적 절차와 장치들이 주어져 있는가 역시 중요한 국내정치적 요소이다. 따라서 기후변화 대응을 위해 국가들이 대내외적으로 어떠한 정책들을 채택하고 있는가는 해당 국가 내부의 국내 정치경제적 상황에 대해 많은 것을 말해준다.[64]

본 장과 다음 장은 국제사회를 구성하는 핵심 주체인 국가가 기후변화에 어떻게 대응해 왔는가를 다룬다. 국제사회의 모든 국가를 다 다룰 수 없으므로 유럽, 미국, 중국, 한국의 사례만 집중해 소개한다. 이들 국가가 전 세계 온실가스에서 차지하는 비중은 압도적으로 크다. 미국, 중국, 유럽연합(EU 27개국)의 배출량을 합하면 전 세계 배출량의 약 46%에 달하며 세계 10대 배출국이 총 배출량에서 차지하는 비중은 약 68%에 달한다.[65] 따라서 이들 국가(EU의 경우 지역)의 온실가스 배출 저감 등 기후변화 문제에 대한 대응은 다른 국가나 지역보다 상대적으로 중요성을 지닌다. 따라서 유럽, 미국, 중국, 한국의 에너지 전환 정책을 포함해 기후변화와 관련된 최근 일련의 주요 결정 및 정책을 살펴보면서 각 지역과 국가의 정치 및 경제적 특징들이 어떻게 기후변화에 대한 대응에도 영향을 미치는지 논의한다.

1. 유럽의 기후변화 정책

유럽은 산업혁명이 시작된 곳이기도 하며 국가적, 지역적 차원에서 각종 산업화와 경제발전에 따른 환경 문제에 대한 대응이 가장 선도적으로 진행된 곳이다. 기후변화 문제에 있어서도 유럽은 선도적인 퍼스트 무버(first mover)의 모습을 연출해 왔다. 유엔기후변화협약에서 파리협정에 이르는 국제레짐 형성의 과정에서도 유럽은 지역적, 또한 개별 국가 차원에서, 구속력 있는 온실가스 규제를 지지하는 등 적극적인 태도로 일관해 왔다. 기후변화 관련 정책 및 목표 이행에 있어서도 유럽은 성과를 달성해 왔다. 우선, 교토의정서의 부속서 I 국가군에 속해 온실가스 배출 저감 목표를 달성한 바 있다. 2008년에서 2012년의 교토의정서 제1차 공약기간 동안 유럽 15개국은(2004년 EU 확대 팽창 이전의 회원국) 8%의 감축 목표를 달성했다. 또한 2016년 유럽 환경청(European Environmental Agency)의 발표에 따르면 1990년부터 2014년까지 EU의 총 온실가스 배출은 23% 줄어, 이 지역이 파리협약에 INDC로 제출한 1990년 대비 2030년까지 40%의 감축을 달성한다는 목표에 근접해 가고 있음을 보여

주었다.[66]

유럽에 속한 다양한 국가 모두에 일반화할 수는 없으나 최근 발생한 홍수, 폭염을 제외한다면 유럽은 기후변화로 인해 야기되는 부정적 피해에 취약성이 큰 지역이라고 할 수는 없다. 그럼에도 불구하고 유럽은 개별 국가 차원에서 그리고 유럽연합(EU) 차원에서 기후변화에 적극적으로 대응하는 모습을 보여 왔다. 그 요인으로 유럽 지역에서 발전되어 온 환경주의, 탈원전 시민사회운동 등을 포함한 오랜 녹색운동의 역사, 녹색당의 약진 등에 힘입은 기후변화에 대한 대응을 지지하는 폭넓은 사회 기반 등이 작용했다. 또한 타 지역 및 국가와 비교해 높은 경제, 기술적 수준과 인적 역량은 이 지역이 기후변화에 대한 대응에서 치러야 할 비용이나 포기해야 할 기회비용이 상대적으로 크지 않음을 의미한다. 유럽은 오히려 기후변화를 포함한 환경 문제에 대한 적극적 대응을 통해 국제정치에서 리더십 및 소프트 파워를 확대하고 또한 나아가 경제 및 사회의 친환경 혁신 전환을 통해 경제적 우위와 이익을 선점하고자 한다.

유럽은 기후변화의 심각성을 인식하고 법 제정 및 제도 정비를 통해 지역과 국가 차원의 기후변화 대응을 선도해 왔다. 예를 들어 EU는 2005년 배출권거래 시장인 EU-Emission Trading System(EU ETS)을 발족했다. 또한 2008년 2020 기후·에너지 패키지(2020 Climate and Energy Package)를 채택해 2020년까지 1990년 대비 온실가스 배출 20% 감축, 최종 에너지 소비에서 신재생에너지의 비중을 20% 확대, 에너지 효율 20% 증대라는 20-20-20 목표를 설정하기도 했다. 2014년에는 2030 기후·에너지정책 프레임워크(2030 Climate and Energy Policy

Framework)를 채택해 2030년까지 1990년 대비 온실가스 40% 감축, 신재생에너지 소비 비중 최고 27% 확대 등 기후변화와 관련된 목표를 상향 조정했다.

또한 유럽 내 개별 국가 차원에서도 기후변화에 대응하기 위한 각종 정책이 도입되었다. 더는 EU의 회원국이 아니지만 영국은 2008년 기후변화법을 세계 최초로 제정했으며, 2019년 6월에는 2050년까지 탄소중립을 달성한다는 목표를 법제화하여 다른 유럽 국가들의 행보에도 영향을 미쳤다. 탄소중립을 세계 최초로 선언한 국가는 스웨덴으로 2045년까지 넷 제로를 달성한다는 목표를 법에 담았다. 이들 국가의 선언은 유럽 내 다른 국가들에게도 확산되었다.

2019년 말 EU의 집행위원회(집행위, European Commission)는 1990년 대비 2030년 온실가스 감축 목표를 40%에서 50~55% 감축으로 상향조정하고, 2020년 3월까지 기후법(Climate Law) 제정을 통해 2050년까지 EU 전체의 탄소중립을 달성하겠다고 선언했다. EU 집행위는 2020년 3월, 2050년까지 기후 중립을 달성한다는 목표를 법률로 제정하고 이에 법적 구속력을 부여하기 위해 "2050년까지 기후 중립을 달성하기 위한 프레임워크 설치 규정: 유럽기후법"(Regulation of establishing the framework for achieving climate neutrality and amending Regulation (EU) 2018/1999(European Climate Law)을 도입했다. 이는 기후 중립 목표, 기후 중립 달성을 위한 경로, 기후변화에 대한 적응, EU 및 회원국의 기후 중립을 위한 진전 및 조치에 대한 평가, 대중 참여 등의 총 11개 조항을 포함하고 있다. 규정 제2조 4항에서 집행위는 2021년 6월 30일까지 EU의 새로운 온실가스 감축 목표를 도입하고 2050 탄소중립을 이루기 위해 2030년까지 온실가스를 추가 감축한다는 목표를 위해 필요한 법률 개정을 검토할 것임을 밝혔다. 제4조는 회원국의 기후변화 취약성을 줄이고 회복력을 강화하기 위해 적응 전략과 계획을 개발하고 이행해야 함을 명시했다. 본 규정은 또한 EU 각 회원국 차원의 기후 관련 조치가 2050 탄소중립의 경로에 부합하는지를 2023년 9월 30일까지 평가하기로 하고 그 후 5년마다 점검한다는 내용도 포함하였다(제5, 6조).[67]

유럽은 또한 그린뉴딜(Green New Deal)과 같은 포스트 코로나 시대 녹색회복(green recovery) 정책이 국제적으로 확산하는 데에도 선도적으로 영향을 미쳤다. 기후변화에 대응하기 위해 2050 탄소중립을 달성하고 코로나-19 팬데믹으로 인해 야기된 전대미문의 경제적, 사회적 위기를 타계하고 지속가능발전을 추구하기 위해, EU의 지도부는 저탄소 녹색 전환을 표방하는 경제 부양책(economic stimulus)인 그린딜(Green Deal)을 채택했다. 2019년 12월 새 EU 집행위가 출범하면서 미래 유럽의 신성장 전략으로 그린딜을 제시했다. 그린딜은 청정에너지, 지속가능한 산업, 건축, 지속가능수송, 농식품, 생물다양성 등 총 6대 부문에서 다양한 실천 계획을 포함하고 있으며, 이를 위해 2020년 1월 EU는 투자 수단으로 약 1,000억 유로(Euro) 규모의 공정전환체계(Just Transition Mechanism)를 제시했다.

코로나-19로 촉발된 경제 위기 속에서 EU의 서유럽 회원국에 비해 경제적 발전 수준이 낮은 체코, 폴란드와 같은 동유럽 국가 및 유럽의 자동차 업계를 포함한 산업계는 그린딜이 표방하는 기후환경 정책이 자신들의 경제적 성장 및 경쟁력에 부정적 영향을 미칠 것이라 우려를 표명하기도 하였다. 이러한 내부의 반발에도 불구하고 EU 집행위는 녹색, 디지털 전환이 미래 EU의 경제발전을 위해 필수 불가결함을 주장하면서 그린딜을 지속적으로 추진했다.[68]

글로벌 컨설팅 회사인 맥킨지&컴퍼니(Mckinsey & Company)가 2020년 유럽을 대상으로 진행한 넷 제로(net zero) 컨설팅을 토대로 12월 발간한 <유럽이 온실가스 제로를 비용 제로로 달성하는 법>이라는 제목의 보고서에 따르면, 유럽이 저탄소경제로 전환하는 과정에서 천백만 개의 일자리가 만들어지며 육백만이 사라져 총 오백만의 일자리가 추가로 만들어질 것으로 분석하며, 유럽의 효과적 기후변화 대응을 위해 전기에너지, 수소에너지, 재생에너지 등을 통해 에너지 부문에서 2040~2045년에 탄소중립을 달성해야 한다고 권고했다.[69]

그린딜은 온실가스 감축과 더불어 친환경 농업 기술을 활용한 농식품의 생산, 생물다양성의 손실 최소화 및 보존, 위해 오염물질 배출 감축 등의 저탄소, 친환경 경제로의 이행을 위한 포괄적인 계획을 포함하고 있다(표 4-1). 예를 들어 2021년부터 10개 플라스틱을 금지하고 화장품, 생활용품에 사용되는 미세플라스틱도 사용을 제한하는 규제가 시행될 예정이다. 또한 상향 조정된 온실가스 감축 목표 달성을 위해 배출권거래제(ETS)를 확대하고, 토지와 산림의 이용을 제한하며, 기후법(Climate Law)을 제정할 것을 명시했다. 그린딜은 또한 탄소세 등의 탄소 가격제(carbon pricing) 혁신, 기후변화 적응 강화, 탄소국경조정(Carbon Border Adjustment Mechanism; CBAM), 폐기물 축소 및 재활용을 통한 순환경제(circular economy) 실현, 재생에너지, 건

[표 4-1] EU 그린딜의 주요 내용

목표	주요 내용
2030, 2050 기후목표 상향조정	• EC는 2030 3월 기후중립기후법 제안 • EU 2030 감축목표 최소 50%, 최대 55%로 조정(이전: 최소 40%) • 배출권거래제에 교통, 난방 등 새로운 섹터 포함 • 에너지 세제개편을 통해 탄소가격세 신호를 경제분야로 확대 • EU와 동일한 수준의 감축노력을 하지 않는 국가에 탄소국경세 부과
친환경에너지 공급	• 에너지시스템의 탈탄소화는 기후목표 달성의 핵심 • 에너지전환은 소비자와 함께 해야하며 소비자에게 혜택이 가야 함
청정 순환경제를 위한 산업의 변화	• 산업분야는 EU 온실가스의 20% 차지, 산업분야의 순환경제 강조 • 그린딜로 지속가능성, 저탄소 분야 경제활동 확장 및 일자리 창출 • 순환경제로 자원다소비산업(건설, 전자)의 변화유도 • 에너지다소비산업(철강, 화학, 시멘트)은 탈탄소 동참에 협력해야 함
에너지절약, 자원, 고효율건축	• 건물은 약 40%의 에너지를 소비 • 리노베이션을 통한 에너지효율 강화 • 에너지빈곤 탈피 및 건물에너지 성능규제 강화
지속가능하고 스마트한 교통시스템	• 교통은 약 25%의 온실가스 배출 • 철도, 수상교통 강화, 스마트교통시스템 도입 • 교통 화석연료 보조금 폐지, 항공분야 무상배출권 배당 중단
공정하고 건강하며 친환경적 농업시스템 구축	• 농업의 모든 가치사슬에서 지속가능성 향상 • Farm to Fork 전략 발표 • 농업보조금 40%를 농부 온실가스 저감활동에 지원 • 수산업보조금 30%는 지속가능한 수산업 기여에 활용 • 향후 보조금은 생산활동이 아닌 환경보호와 연계
생태서비스 및 생물다양성 보존 및 회복	• 2020년 생물다양성전략 제시, 생명다양성 보호구역 증대 • 모든 EU정책이 유럽의 자연자본을 훼손하지 않아야 함
독성없는 환경을 위한 오염배출 제로화	• 공기, 수질, 토양, 소비재의 모든 독성과 오염을 감시, 보고, 방지 • 2021년 공기, 수질, 토양에 대한 제로오염배출행동계획 채택

*출처: 여인규 (2020)

물 에너지 효율화 등을 포함한다. EU 집행위는 이를 위해 1조 유로 이상을 투자하는 유럽 그린딜 투자계획(European Green Deal Investment Plan)을 수립하였다.

이어 EU는 2021년 6월 28일 탄소 감축에 법적 구속력을 부여하여 탄소중립 시대로의 전환이 불가역적임을 선언한 유럽기후법(European Climate Law)을 채택하였다.[70] 7월 14일 EU의 집행위는 기후법에 명시된 2030년까지 1990년 대비 55%를 감축한다는 목표 이행을 위한 정책 패키지로 "Fit for 55"를 발표했다. Fit for 55는 CBAM, 승용 및 소형 상용 차량 CO_2 배출 규제 개정안, 대체 연료 인프라 지침 개정안, 에너지세 지침 개정, 온실가스 감축 노력 분담 규제, 재생에너지 지침 개정, 에너지 효율 지침 개정, 항공 부문 배출권거래제 개정, 시장 안정 기금 개정, 건물 에너지 효율 지침 개정, 기후변화기금, 토지·삼림·농업 분야 온실가스 감축 규제 개정 법안 등 다양한 정책 방안들을 포괄적으로 다루고 있다. 결국 이 모든 부문에 걸쳐 정책적 목표 및 규제를 강화함으로써 탄소중립 2050을 달성하겠다는 것이다.[71]

Fit for 55의 주요 내용을 보면 기존의 ETS 적용 대상인 전력, 철강, 화학 등에 해운, 육상운송 등 교통과 건물을 추가해 배출권거래제를 확대, 강화하고 2035년부터 EU 내 신규 내연기관 차량 판매를 금지한다는 방안을 포함한다. 또한 친환경 에너지로의 전환을 위해 에너지 조세 지침, 재생에너지 지침, 에너지 효율 지침을 개정해 탄소 감축 목표를 달성하고 토지이용 및 산림에 대한 규정 개정을 통해 순 흡수 목표를 상향한다는 내용도 포함되었다. Fit for 55는 이러한 경제 및 에너지 전환의 과정에서 소외되거나 피해를 볼 것으로 예상되는 산업, 노동자, 지역 공동체를 위해 사회기후기금(Social Climate Fund; 2025~32년 사이 약 722억 유로), 현대화기금(Modernisation Fund) 등을 마련함으로써 공정전환(Just Transition)을 위한 계획도 수립하였다.[72]

EU는 그린딜의 성공적 이행과 2050년 탄소중립 목표의 달성을 위해 에너지 부문에서 특히 석탄화력발전의 비중을 줄이는 정책을 확대해 왔다. 2016년을 기준으로 EU 내에는 총 320개의 석탄 화력 발전소가 가동 중이었고 최근 추가된 발전소도 있으나 EU는 이들의 조기 퇴출을 포함한 퇴출 로드맵을 구체적으로 작성했다.[73] 석탄 화력 부문에 대한 투자 정책도 변화했다. EU 투자은행인 유럽투자은행(European Investment Bank; EIB)은 2020년 말까지 은행의 모든 투자, 재정지원 활동이 파리협정의 목표에 상응(align)하도록 하고 2021년 말부터는 기준 이하의 석탄, 석유, 가스 등 화석연료 에너지 부문에 대한 투자를 중단한다는 방침을 내렸다. EIB는 강화된 배출성능표준(Emissions Performance Standard; 1kWh당 이산화탄소 550g에서 250g으로 변경)을 신규 투자에 적용하기로 하였다. 이처럼 화석연료 부문에 대한 투자기준을 강화함과 동시에 청정에너지, 재생에너지 부문에는 기술혁신, 에너지 효율 개선 등을 위해 2030년까지 약 1조 유로를 지원하겠다는 계획을 세웠다.[74] 또한 유럽연합연구개발(Horizon Europe) 예산의 최소 35%가 기후변화 대응 해결책을 위한 프로젝트에 투입되도록 하였다. EU 집행위는 2020년 9월 17일 기후변화 연구 및 혁신사업에 10억 유로 지원 계획을 공표하고 2021년 1월 26일까지 청정에너지, 청정 순환경제, 에너지 및 자원 효율 건축물, 지속가능 스마트 모빌리티, 생물다양성, 오염 제로 등 부문에서 지원을 받았다.[75]

그러나 EU의 회원국 모두가 저탄소 에너지로의 전환 및 친환경 인프라 및 기술의 확대에 준비가 되어 있는 것은 아니다. 폴란드를 포함한 동유럽 국가들의 경우 석탄 에너지 비중이 상대적으로 높아 탄소중립 전환에는 더 오랜 시간과 비용이 소요되는데, 코로나-19 이후 악화된 경제 상황은 그러한 전환을 더욱 더디게 하였다. EU 내부의 이러한 경제적 격차에 주목하여 EU 집행위는 그린딜 이행에서 기후중립 전환 시 가장 큰 영향을 받을 것으로 예상되는, 탄소 집약적 산업 비중이 크고 전환비용이 높은 지역과 국가 및 일자리에 타격을 받을 것으로 예상되는 노동자 집단을 위해 천억 유로 규모의 공정전환 기금을 조성하였다.[76]

유럽은 기후변화에 있어 선점자(first mover)로의 자리매김을 위해 국제사회의 탈탄소(decarbonization) 흐름을 주도하고 신경제 표준을 수립하고자 다양한 정책을 추진해 왔다. 그 대표적 사례가 EU의 그린딜에 포함된 탄소국경조정(CBAM) 방안이다. 제7장에서도 다룰 주제인 탄소국경조정이란 자국의 탄소감축 노력으로 국내 산업이 추가로 부담하게 된 비용 만큼을 국경을 넘어오는 수입 상품에도 부과하고, 국내 상품 수출 시 탄소 감축 비용을 환급해주는 조치로 탄소 누출(carbon leakage) 방지, 공정 경쟁, 상대국의 기후변화 노력 촉진을 주요 목적으로 한다. CBAM은 수입 상품에 적용되는 관세 또는 기타 재정 조치, 수출품에 대한 면세 또는 규제 완화, 수입품에 대한 규제 준수 의무 확대 등 다양한 방식으로 적용된다.[77] 이는 외국 기업이 자국에서 생산한 제품을 EU로 수출하는 경우(즉 EU가 외국 기업으로부터 수입하는 경우) 제품에 내재된 탄소 배출량에 대하여 일정한 비용을 부과하는 방안이다.

EU가 CBAM을 도입한 주요 이유로는 다른 국가들이 EU와 유사한 수준의 기후변화 대응에 참여하고 있지 않은 상황에서 EU 단독의 온실가스 배출 규제가 탄소 누출이나 역내 산업 및 기업 경쟁력의 악화와 같은 부정적인 결과를 낳을 수 있다는 인식 때문이다. EU는 2005년부터 배출권거래제를 도입해 시행해 오고 있는데 이는 배출량이 일정 수준 이상인 기업들에 할당량을 부과하고 초과 시 배출권을 구입하도록(즉 배출에 대해 비용을 치르도록) 한 제도이다. 이를 포함한 온실가스 규제 정책들로 인해 EU 내의 기업들은 온실가스 배출에 대한 비용을 치러왔다. 이러한 비용이 유럽 기업이 생산하는 상품의 가격 경쟁력 등에 부정적 영향을 미칠 것을 우려하여, 또한 탄소 누출 문제가 지속되는 것을 막기 위해, EU는 CBAM을 도입하기에 이른 것이다. 또한 EU는 탄소 국경세를 코로나-19 피해 복구를 위한 특별 경제회복기금 및 장기 예산의 새로운 재원으로 활용하고자 하였다.[78] 이러한 제도를 통해 EU 집행위는 연간 50~140억 유로에 달하는 추가 세수입이 발생할 것으로 추정했다.[79]

EU는 CBAM 도입을 선언한 이후 2020년 3월에서 4월 사이 도입영향평가(inception impact assessment)를 시행하였고, 7월부터 10월 간 EU와 통상관계에 있는 주요국과 공공 협의(public consultation)를 거쳐 의견을 수렴하였다.[80] CBAM은 2026년부터 ETS와 연계되어 본격 시행된다(표 4-2).[81] 이 제도하에서 EU 수입업자는 수입품에 내재된 배출량 1톤당 인증서(certificate) 1개를 구매하여 의무적으로 제출하게 된다. 철강을 비롯한 5대 부문에서 탄소 배출량이 많은 대(對) EU 수출 기업은 EU 수입업자의 인증서 구매 비용에 상응하는 비용을 치르게 된다. EU는 수출국 기업들과 수입업자가 제도에 적응하는 기간을 고려해 2023년부터 2025년까지 3년을 이행 준비기간(transitional period)으로 설정, 보고 의무만을 부과하였다. 2026년부터는 CBAM이 본격적으로 시행된다.

[표 4-2] 탄소국경조정의 주요 내용

구분	주요 내용
목적	• 탄소 누출(carbon leakage)[82] 방지
대상 품목	• 철강, 시멘트, 알루미늄, 비료 및 전기
적용 국가	• EU로 대상 품목을 수출하는 역외국 - 4개국(아이슬란드, 리히텐슈타인, 노르웨이, 스위스) 및 외부영토(세우타, 멜리야 등) 적용 예외
과세 대상	• 생산시설 내에서 발생한 탄소 직접 배출량(Direct Emissions)
운영 형태	• 수입업자(신고자)가 수입품에 내재된 배출량 1톤당 인증서 1개 구매하여 제출 의무화 • EU ETS와 연계 시행하여, 배출권 가격과 CBAM 인증서(certificate) 가격 연동 * EU ETS 배출권 경매 종가의 주당 평균가격 적용
주요 절차	• (연단위 신고·청산) 수입업자는 매년 5.31일까지 관할 당국에 ①전년도에 수입한 제품 유형별 총량, ②수입품 내재 배출량, ③상응하는 CBAM 인증서 수량 정보 신고 • 5월말 이후 잔여 인증서는 환불(전년도 구매량의 최대 1/3), 전전년도 구매분에 대해서는 일괄취소
차감 청구	• 수입품 원산지에 지불한 탄소 비용을 인증서 수량에서 차감 요청 가능 • EU ETS에서 역내 시설 대상으로 배출권을 무상 할당하는 수준을 반영하여 인증서 수량에서 차감
추진 일정	• (과도기: 2023.1.1.~2025.12.31.) 분기별 보고서 제출 - 수입량, 온실가스 직간접배출량, 원산지 지불 탄소 가격 등 정보 제공 • (본격 시행: 2026.1.1.~) CBAM 인증서 구입 및 제출

***출처**: KOTRA(2021).

이렇듯 유럽은 2050 탄소중립 목표 달성을 위해 법제를 강화하고 재정을 투입해 왔다. 특히 EU의 움직임을 선도한 독일은 2020년 2038년까지 탈석탄을 달성한다는 내용의 법을 제정하고 2021년에는 개정된 재생에너지법(Renewable Energy Act)을 통해 2050 탄소중립 목표를 명시하였다. 독일은 2030년까지 태양광을 현재의 52GW에서 100GW까지, 육상풍력을 현재의 55GW에서 71GW로, 바이오매스를 8.4GW까지, 해상풍력을 20GW까지 확대하는 에너지 전환 목표를 채택하기도 하였다.[83] 앙겔라 메르켈 정부의 뒤를 이어 2021년 말 수립된 신호등 연정(사민당·녹색당·자민당이 각각 상징하는 적·녹·황색을 신호등에 비유) 정부는 2021년 11월 이전에 수립된 2038 탈석탄 목표를 2030 탈석탄 달성이라는 더 야심찬 계획으로 대체하고, 재생에너지 비중을 현재의 40%에서 80%까지 확대하며 메르켈 정부에서 잔존했던 원전 3기까지 모두 가동을 중단할 것을 공약했다. 또한 전기 자동차를 1,500만 대 확충하고 철도 화물운송을 25% 확대한다는 목표를 도입했다.[84]

그러나 에너지 전환 등을 통해 기후변화에 대응하고 신속한 저탄소 전환을 이루고자 했던 유럽의 계획 달성에 장애물이 등장했는데 바로 러시아-우크라이나 전쟁이라는 외부적 충격(external shock)이다. 전체 천연가스 수입 비중에서 러시아에 대한 의존도가 높은 EU는 러시아-우크라이나 간의 갈등이 깊어질수록 러시아가 천연가스를 무기화할 가능성을 우려하고 러시아로부터의 천연가스 수입량을 줄였다. 그러자 에너지 수급 문제로 대체 연료인 석탄 수입량이 증가했는데 이 수입 석탄 중 상당량이 또한 러시아에서 공급되는 아이러니한 상황이 연출되기도 했다. EU의 2021년 12월 석탄 수입량은 2020년 같은 기간과 비교해 35.1% 증가한 930만t을 기록했다.[85]

러시아가 우크라이나 접경지대에 실제 병력을 배치하면서 2021년 11월 중순 독일은 독일과 러시아를 직접 연결하는 가스관인 노드스트림2(Nord Stream 2; 러시아 국영기업 Gazprom 소유)의 운영 승인을 연기한다고 발표했다. 12월에는 독일 외무장관이 해당 가스관의 운영 불허 방침을 재확인하였다. 러시아는 이를 서구의 제재로 인식, 이에 대한 대응으로 12월 벨라루스와 폴란드를 거쳐 유럽에 이르는 야말-유럽 가스관을 통한 천연가스 공급을 점차 줄이다가 21일에는 전면 중단하였다. 이는 유럽 전역의 에너지 수요가 폭증하는 겨울철 유럽 천연가스 가격의 상승으로 이어졌다.

러시아의 우크라이나 침공으로 인해 러시아가 EU의 가스 공급량에서 차지하던 비중은 현저히 낮아졌다. 전쟁 초기 41%에 달했던 비중이 2022년 10월 기준 약 7.5%대로 낮아졌다. 에너지 가격이 상승하고 구매력 감소로 이어지며 유럽의 기업들의 기업 경쟁력 역시 타격을 입었다. 이에 따라 EU는 에너지 가격 안정을 위해 12월부터 에너지 가격 급등으로 이윤을 본 화석연료 사용 기업으로부터 "횡재세"를 걷어 가정 및 중소기업을 지원하는 연대 기여금으로 활용한다고 발표하였다.[86] 또한 전력 기업이 일정 수준 이상의 이윤을 챙기지 못하게 하는 이윤 상한제, 피크 시간대의 전력 사용 5% 의무 감축, 자발전 10% 감축 등의 대책을 발표했다.[87] 프랑스 등 개별 회원국도 대규모 블랙아웃 등 에너지 위기에 대응하기 위해 에너지 절약 방안을 도입하였다. 폴란드 등은 가스관(발틱 파이프)을 통해 노르웨이로부터 가스를 공급받는 방안을 추진하였다.

러시아-우크라이나 전쟁으로 인한 유럽 에너지 안보 문제 발생은 전통 안보 문제와 에너지 안보의 연계를 드러냈다. 또한 전통 안보와 기후변화 문제와 같은 신안보 문제가 긴밀히 연계되어 있음을 여실히 드러냈다. 물론 러시아-우크라이나 전쟁으로 인한 유럽의 에너지 문제가 천연가스와 같은 외부로부터의 수입 에너지원에 대한 의존도를 줄여야 한다는 인식의 확대로 이어지고, 지역 수급이 가능한 에너지인 재생에너지의 보급 확대로 이어지며 탄소중립으로의 이행이 가속화될 가능성도 존재한다. 또한 에너지 안보에 있어 위기의식이 격상하면서 독일 등을 위주로 선언했던 탈원전의 흐름에 제동이 걸릴 수 있다. 이미 EU 내부에서 탄소중립 달성을 위해 원자력 발전을 활용해야 한다는 원전 발전 가동률 2위의 프랑스와, 원자력을 친환경에너지로 보지 않는 독일, 스페인, 덴마크 등이 2023년부터 실행될 EU의 그린 택소노미(green taxonomy)에 원전이 포함되어야 하는가를 두고 갈등을 빚었다. 그러나 에너지 대란 속에서 2022년 말까지 원자력 발전을 단계적으로 폐기하려던 독일도 남은 3곳의 원전 중 2곳은 수명을 연장한다는 결정을 내렸다. 2022년 7월 가결된 EU 그린 택소노미는 원전을 전환(transitional) 기술로 분류하고 대신 원자력 발전소의 기후 위기 대응을 위한 전환 기술 분류를 위해 매우 엄격한 방사성 폐기물 처분 시설 운영 계획 등을 요구하기로 하였다.

러시아의 우크라이나 침공으로 촉발된 유럽의 에너지 위기는 당분간 탈석탄, 탈원전 정책이 후퇴된 듯도 보인다. 그러나 유럽은 세계 타 지역보다 선도적인 기후변화 정책을 유지해 왔다. EU의 이러한 행보는 단순히 경제이익이나 친환경 첨단 기술 선점과 같은 이익 추구를 위한 전략적 행동만으로 보기 어렵다. EU가 기후변화에 임해 온 태도와 행동의 기저에는 시민사회 등 아래로부터 발전해 온 오랜 환경주의와 친환경 지속가능발전을 지지하는 환경단체 등 이해당사자들의 광범위한 기후 행동에 대한 지지 및 사회적 합의가 작용했다. 또한 초국가(supra-national) 지역 조직으로서 EU는 공동체에 반하는 회원국의 개별적 주권 행사나 거부권 행사 등을 제어할 권위와 권력을 가지고 있으며 구속력 있는 정책을 도입, 집행할 수 있으므로 보다 강력한 기후변화 법제와 정책을 수립하고 추진할 수 있었다.

2. 미국의 기후변화 정책

기후변화 문제에 있어 가장 중요한 국가가 있다면 미국일 것이다. 미국은 현재 중국에 이어 가장 많은 온실가스를 배출하고 있으며 에너지 수급에서 석탄화력발전의 비중이 80% 정도에 달해 여전히 큰 비중을 차지한다. 석탄 순 수출국(net exporter)이기도 하다. 2009년 이후 쉐일 가스(shale gas) 등으로 천연가스 가격이 하락하면서 석탄이 점차 가스로 대체되면서 온실가스 배출량은 줄어드는 추세다.

기후변화 문제에 대한 미국의 대응은 행정부에 따라 부침과 변화를 겪었다. 1990년대 초반 기후변화 문제가 본격 논의되기 시작했을 때 조지 H. W. 부시 대통령은 미국이 구속력 있는 목표 및 일정표 구축의 의무를 수행하기 이전에 추가적 과학과 기술연구가 필요하다고 주장하는 등 신중한 입장을 보였다. 빌 클린턴 정부에서는 특히 부통령인 앨 고어가 기후변화 부문의 정책기업가(policy enterpreneur)로서 강력히 기후변화에 대응할 정책을 추진하여 국제사회에서 미국 정부가 더 적극적으로 기후변화 문제 해결에 참여하리란 기대를 낳았다. 미국 정부는 1998년 교토의정서에 서명했다. 그러나 COP3 개최 직전 미국 의회(상원)가 미국 경제에 심각한 피해를 입히거나 개도국의 의무 부담을 포함하지 않는 국제 조약에는 권고와 동의를 할 수 없다는 내용의 버드-하겔 결의안(Byrd-Hagel Resolution)을 만장일치로 통과시키면서 클린턴 정부는 교토의정서의 국내 비준 시도를 포기했다.

뒤를 이어 43대 대통령 부시 행정부도 교토의정서의 의회 비준을 상원에 요청하지 않았고 2001년 탈퇴하였다. 미국의 의무감축 목표를 제시한 해당 국제협약이 미국의 경제, 그리고 노동자들에 미칠 영향 때문이었다. 부시는 "우리는 온실가스 감축을 위해 우방국과 협력할 것이다. 그러나 우리 경제에 위협이 되고 미국의 노동자들을 해치는 계획을 받아들이지 않을 것이다("We'll be working with our allies to reduce greenhouse gases. But I will not accept a plan that will harm our economy and hurt American workers")라는 말로 미국의 입장을 정리했다. 특히 교토의정서에서 감축의무를 지지 않는 중국이 경제적으로 부상하면서 미국만의 일방적 의무감축이 미칠 경제적 파장에 대한 우려의 목소리가 높아졌다. 즉 미국은 기후변화 대응에 있어 자국의 행동이 가져올 상대적 손익을 중국의 손익과 비교한 것이다. 대신 미국 정부는 독자적 온실가스 배출량 감축 계획을 도입하고 아시아-태평양 파트너십(Asia-Pacific Partnership on Clean Development & Climate)과 같은 소규모 다자협의체를 제안하기도 하였다.

미국이 부재한 가운데 출범한 교토의정서 체제가 여러 제약을 드러내면서 국제사회는 교토의정서 이후의 체제에 강대국이자 온실가스 배출량에서 2위의 미국의 참여를 보장하기 위해, 중국 등 개도국들을 포함해 국제사회의 모든 국가가 감축의무를 정하고 달성하도록 하는 파리협정을 발족했다.

중국과 함께 이 신기후체제의 발족에 기여한 오바마 정부는 국제 기후레짐에 적극적으로 참여할 것과 국내 중장기 온실가스 감축 목표 설정, 연방 차원의 배출권거래제(ETS) 도입 등을 계획했다. 오바마 정부는 신에너지 정책(New Energy Policy for America)에서 배출총량거래제를 통해 2050년까지 1990년 대비 배출량의 90%를 감축한다는 목표를 세웠다. 그러나 집권 1기 의회에서 입법 시도가 실패하면서 규제보다는 기술개발을 강조하는 입장으로 선회했다.[88] 집권 2기에서 오바마 정부는 2015년 1963년 제정된 청정공기법(Clean Air Act)의 법률적 근거와 환경보호청(EPA)의 규제를 기반으로 기후변화 대응 국가전략인 청정발전계획(Clean Power Plan; CPP)을 도입하였다.[89] CPP에 따르면 미국은 2030년까지 온실가스 배출량을 2005년 대비 32%까지 확대해 감축하기 위해 풍력발전을 300%, 태양광 발전을 2,000% 확대하는 등의 조치를 통해 재생에너지 발전 비중 목표를 기존 22%에서 28%로 끌어올리기로 계획하였다. 오바마 정부는 이를 통해 청정에너지 부문에서 수만 개의 새로운 일자리가 생길것으로 기대했다.

그러나 트럼프 정부에 들어 미국은 일방주의, 미국 제일주의 노선을 추구하게 되었다. 기후변화에 있어서도 그 심각성 및 기후과학을 부정하고 급기야 2020년 11월 4일 파리협정을 탈퇴하는 행동을 강행했다. 트럼프 행정부는 오바마 정부가 2015년 도입한 청정발전계획을 폐기하고 국내 석탄발전소의 개발 및 석탄 산업 수출 장려를 통해 산업을 부활시키고자 하였다. 또한 탄광 지역 감시와 환경 규제를 완화함으로써 석탄 생산 단가의 하락을 유도했다. 이는 미국 석탄이 국제적 가격 경쟁력을 확보하는 데 기여하기도 했다. 또한 트럼프 정부는 유럽과 아시아 무역 상대들에게 무역 불균형 문제를 해결하기 위해 미국의 석탄을 포함한 에너지 수입을 증대할 것을 압박했다. 그 결과 2018년 폴란드의 미국 석탄 수입이 5배, 우크라이나의 수입이 2배 증가하기도 했다.[90]

그러나 기후변화가 지구의 다른 지역뿐 아니라 미국 사회에 미치는 영향이 가시화되면서 미국 내의 여론도 바뀌었다. 미국 해양대기청(NOAA) 연례보고서에 따르면 미국에서 2021년은 그 어느 해 보다 가장 재앙적인 기후의 해였다. 서부의 대규모 산불, 남동부 토네이도, 동부의 열대성 폭우 등 십억 달러 이상의 피해가 발생한 재난이 20건 이상이었으며 이로부터 약 688명의 사망자가 발생했다. 피해액만도 역사상 세 번째로 많은 1,450억 달러(약 173조 원)에 달했다.[91]

파리협정 탈퇴와 트럼프의 일방주의로 인해 국제사회에서 미국의 기후 리더십이 손상을 입고 기후변화가 파괴적 재해를 야기해 미국인들의 인명 및 경제에 피해를 가하는 상황이 지속되면서 트럼프 이후의 행정부 수반을 선출하는 대선에서 기후변화 이슈가 주요 의제로 부상했다.

민주당 후보인 조 바이든은 파리협정 복귀, 기후 관련 다자주의 및 국제협력 강화 등을 통한 미국의 글로벌 기후 리더십 회복, 국내 기후변화 정책 강화를 공약으로 내걸었다.[92] 또한 2035 전력 부문의 탄소중립, 2050 탄소중립 달성 목표를 발표했다. 또한 청정에너지 경제(clean energy economy)로의 전환 등을 포함한 그린뉴딜(Green New Deal) 정책을 통해 적극적으로 기후변화에 대응하고 이를 미국의 혁신과 미래 경제성장 및 발전의 원동력으로 삼을 것을 약속했다.

그린뉴딜에 대한 논의는 코로나-19로 인해 더 활발히 전개되었다. 그린뉴딜이라는 정책의 이름은 1930년대 프랭클린 루스벨트(FDR) 대통령이 대공황의 극복을 위해 추진한 재정 투입을 통한 인프라 확대, 공공사업 일자리 창출 등의 내용을 담은 뉴딜 정책에서 왔다. 코로나-19로 인한 경제적, 사회적 위기 속에서 민주당의 진보적 정치인들을 중심으로 발의된 그린뉴딜 정책은 기후변화와 소득 불균형 문제에 대처하기 위해 녹색, 친환경 산업 발전의 촉진 및 확대 재정 정책을 통해 일자리와 시장을 창출한다는 전략이다.

그린뉴딜과 유사한 녹색 경기회복 정책은 이미 2007년 미국발 금융위기 이후 도입된 바 있다. 그런데 미국 대선을 앞두고 2019년 청년 기후행동 단체인 선라이즈 무브먼트(Sunrise Movement) 등과 시민사회를 중심으로 그린뉴딜 정책 도입을 촉구하는 운동이 일어났다. 미국 정계에서는 29세 여성 초선 민주당 하원의원 알렉산드리아 오카시오 코르테스(Alexandria Ocasio-Cortez) 등 진보적 민주당 의원들을 중심으로 그린뉴딜이 의제화 되었다. 2019년 2월 7일 코르테스는 같은 당 상원의원인 에드 마키(Edward Markey)와 함께 그린뉴딜 결의안을 제출했다.[93] 이 결의안에는 세계 온실가스 배출량의 약 20%를 차지하는 미국이 2030년까지 2010년 대비 40~60%의 온실가스를 감축하고 2050년 이전에 탄소중립을 달성해야 한다는 목표가 제시되었다. 이러한 목표 달성을 위해 10년 이내 전기 에너지의 100%를 재생에너지로 전환할 것, 에너지 효율 개선을 위해 스마트 그리드 도시를 건설하고 녹색 건물을 확대할 것, 제조업과 농업의 탈 탄소화, 기후변화 대응 인프라 투자, 온실가스 감축과 포집 분야 투자, 녹색기술, 산업, 지식, 상품의 수출품 육성 등의 내용이 포함되었다. 이 결의안은 같은해 3월에 상원에서 부결되었지만, 트럼프의 기후변화 정책에 대한 강한 비판의 기조를 만들어내면서 저탄소 경제로의 전환을 촉구하였고 2020년 미국 대선의 쟁점으로 부상했다.

대통령 후보인 바이든도 그린뉴딜을 지지하면서 그린, 디지털 인프라 투자를 주요 내용으로 하는 경제공약을 발표했다. 바이든은 친환경 부문에 4년간 2조 달러(약 2250조 원)에 달하는 투자를 통해 미 전역에 태양광 패널 5억 개, 풍력 터빈 6만 개를 설치하고 2035년까지 발전 부문의 탄소중립을 우선 달성하겠다고 밝혔다.[94] 이러한 청정에너지, 인프라 계획의 이행을 통해 총 100만 개의 일자리를 창출을 목표로 하였다(표 4-3).

바이든은 또한 대선 중 미국의 산업 경쟁력과 기후변화에 대한 대응 강화를 위해 기준을 초과하는 탄소집약적 수입품에 대해 탄소 조정료(carbon adjustment fees) 혹은 할당량(quota)을 부과할 것을 시사했다. 즉 무역정책과 기후변화 정책을 연계하는 유럽의 CBAM과 유사한 기제를 도입해 탄소 누출을 방지하고 탄소배출이 많은 국가의 기업에 비용을 부과한다는 계획을 밝혔다.[95]

[표 4-3] 미국 그린뉴딜 추진 내용

번호	주요 내용
1	기후변화 재해로부터 복원력을 높이기 위한 인프라 구축
2	미국 모든 인프라를 기후변화 재난 대응과 깨끗한 물, 온실가스 감축차원에서 개선
3	청정에너지, 재생가능에너지, 탄소배출 제로에너지를 통한 100% 전력생산
4	합리적인 가격으로 전기를 사용하도록 에너지효율적이고 분산된 스마트그리드 구축
5	에너지효율 향상을 위해 모든 건축물 개선
6	산업부문에서 청정·공정방식 확산(태양광패널, 풍력터빈, 배터리, ESS, 에너지효율) 및 산업공정에서 오염과 온실가스 배출 방지
7	농장·목장과 협력해 지속가능하고 오염·온실가스 배출이 없으며 건강한 먹거리를 생산할 수 있는 식량시스템 구축
8	오염·온실가스 배출없는 교통체계 수립, 초고속 열차망 건설, 대중교통 확충으로 내연기관 차량 대체
9	기후변화와 오염으로 인한 장기건강영향 완화
10	숲가꾸기, 보전, 자연복원을 통해 대기 중 온실가스를 줄이고 오염 해결
11	훼손되고 위협받는 모든 생태계 복원
12	기존 유해폐기물로 버려진 땅을 정화해 경제적으로 활용하고 지속가능성 증진
13	새로운 배출원을 확인하고 온실가스 제거 해결책 마련
14	미국이 기후변화 대응 선두주자로 지도력을 발휘하면서 세계 그린뉴딜 정책에 대한 정보, 기술, 전문성, 성과 공유

***출처**: 여인규(2020).

바이든은 내각 구성에서도 트럼프 정부와 차별적으로 기후변화에 대한 미국의 적극적 대응을 지지하는 인사를 대거 기용하였다. 내무부장관(Secretary of Interior) 뎁 할랜드(Deb Haaland)는

[표 4-4] 바이든의 청정에너지·인프라 계획

구분	주요 내용
인프라	• 도로, 철도, 교량, 녹지공간, 수도, 전력망, 광대역 통신 등 청정에너지 생태계 구축을 위한 인프라 투자 추진
자동차	• 정부조달을 통해 300만 대 규모의 친환경 자동차 사용 • 전기차 충전소 50만 개소 설치 • 전기차 세액공제 혜택 제공 • 2030년까지 신형 버스의 배출가스 제로 달성 • 스쿨버스 50만 대를 친환경 버스로 전환 추진
전력	• 2035년까지 전기발전 부문의 탄소배출량 제로 달성 • 이산화탄소 포집기술 개발을 위한 투자 및 조세 인센티브 2배 확대 • 10년 이내에 '그린 수소'를 기존(conventional) 수소와 동일한 비용으로 제공
건축	• 건물 400만 채, 주택 200만 채를 고효율 친환경 시설로 전환 • 친환경 주거단지 150만 호 건설 • 2030년까지 상업용 건물 배출가스 넷제로(net-zero) 달성 • 2035년까지 건물에서 발생하는 탄소량을 절반으로 감축
청정에너지 혁신	• 기후변화 관련 총괄 연구 프로젝트인 ARPA-C(Advanced Research Projects Agency for Climate) 신설 • 에너지 저장, 네거티브 배출기술(NETs: negative emission technologies), 차세대 건축자재, 재생수소(renewable hydrogen), 첨단 원자력 등의 기술 활용을 통한 비용 절감 • 청정에너지 혁신기술 상용화 지원

***출처**: 대외경제정책연구원(2021).

원주민계 여성 정치인으로 뉴멕시코주 하원의원을 역임하며 트럼프의 반이민 정책 및 화석연료 시추·벌목 확대 정책에 반대해 왔다. 환경보호청(Environmental Protection Agency: EPA)에는 마이클 리건(Michael Regan) 노스캐롤라이나주 환경품질부 장관이 최초 흑인 청장으로 기용되어 녹색에너지를 포용하고 기후변화에 대응할 것을 선언했다.[96] 또한 바이든 정부는 존 케리 전 국무장관을 기후변화 특사로 임명하면서 강력한 기후변화 대응 의지를 국제사회에 피력했다.

취임 직후 2021년 1월 20일 바이든 대통령은 미국의 파리협정 복귀를 내용으로 하는 행정명령에 서명했다. 바이든은 기후변화가 미국이 직면한 가장 큰 위협 요소 중 하나이며 정부 각 부처가 기후변화 대응을 위해 유기적으로 협력하며 공동 노력을 펼칠 것을 주문했다. 또한 존 케리 기후변화 특사를 국가안전보장회의에 참석하도록 하여 기후문제를 안보문제 수준으로 격상하였다.

2021년 4월 공표된 행정명령에서는 2030년까지 탄소 배출량을 2005년 대비 50~52% 감축한다는 연방 목표를 제시했다. 이는 미국이 글로벌 기후 리더십 회복을 위해 4월 22일 지구의 날(Earth Day)를 맞아 주최한 기후정상회의(Leaders Summit on Climate)에서 재확인되었다.[97] 본 온라인 회의에는 중국, 러시아, 한국 등 38개국 정상과 EU 집행위원장, EU 정상회의 상임의장 등이 참여해 기후변화에 대한 국제적 공동 대응이 필요함을 확인했다. 이 정상회의에서 바이든은 우리 시대의 실존 위기인 기후변화에 대응하기 위한 미국의 탄소 감축 목표(2030년까지 2005년 대비 50~52% 감축)를 발표했다. 이 목표는 트럼프 대통령 시기는 물론 오바마 정부(2025년까지 2005년 배출량의 26~28% 감축)와 비교해 두 배 가까이 상향 조정된 것이다.[98] 이러한 선언을 통해 미국은 11월에 개최될 COP26 이전에 다른 국가들도 감축 목표를 상향 조정하라는 무언의 신호와 압력을 보냈다. 본 기후정상회의에서 유럽, 일본, 캐나다 정부도 상향된 감축 목표를 선언했다.

바이든 정부는 또한 2021년 9월 22일 개최된 UN 총회에서 중국과 함께 개도국에 대한 녹색에너지 지원 확대를 약속했다. 2배 확대된 재정지원(2024년까지 114억 달러)을 통해 개도국이 기후 위기에 대처할 수 있도록 기후변화 금융을 선도할 것을 공언하였고 이에 시진핑 주석도 개도국의 녹색, 저탄소 에너지 개발을 지원할 것이며 석탄화력발전소 해외 신규 건설을 중단한다고 밝혔다.[99] 이어 COP26에서 바이든은 '행동과 연대-중대한 10년, 기후 행동'이라는 제목의 행사에서 트럼프 정부에서 미국이 파리협정을 탈퇴한 것에 대해 국제사회에 공식적으로 사과하고 2030년까지 온실가스를 2005년 대비 50~52% 수준으로 줄이고 2050년까지 넷 제로를 달성하겠다는 새로운 목표를 선언했다.

바이든 정부는 2021년 8월에는 2030년까지 미국 내 판매되는 차량의 절반이 전기차, 수소차 등 친환경 차량으로 전환될 수 있도록 지원한다는 행정명령을 내렸다.[100] 12월에 내린 행정명령에서는 2035년까지 전기부문 탄소중립, 2050년까지 정부 부문 탄소중립 목표를 달성하기 위한 다양한 조치를 발표했다. 예를 들어 미국 연방정부의 약 60만 대의 차량을 2035년까지 오염물질 무배출 차량으로 대체하고 30만 채에 달하는 연방정부 건물에 대해 2050년까지 100% 청정에너지 시스템으로 전환한다는 내용이다. 또한 2030년까지 연방정부의 탄소 배출량을 65%까지 감축한다는 내용도 포함되었다.[101]

이렇듯 바이든 정부에서 미국은 국제사회에서 기후 리더십을 회복하고 국내 기후변화 대응을 위한 다양한 비전과 정책들을 도입했다. 그러나 바이든 정부의 강력한 기후 드라이브에 제약을 가하는 국내정치적 요인들을 또한 주목해야 한다. 예를 들어 바이든이 기후 위기에 대응하고 코로나-19로 취약해진 미국경제의 재건을 위해 도입한 인프라 투자계획은 국내 정치의 높은 벽에 부딪혀 좌초 위기에 처했다. 바이든은 대통령 후보시절부터 미국 경제 및 사회의 재건 및 탄소중립 전환을 위해 10년간 2조 달러(약 2,200조 원)를 투자할 것을 공약으로 제시했다.

취임 후 바이든은 기후 정책 예산(5,550억 달러)과 사회복지 법안을 포함한 더 나은 재건(Build Back Better; BBB) 패키지 법안을 추진했다. 본 법안에는 건강보험 확대, 약값 인하, 교육개혁, 기후변화 대응, 이민과 세제개편, 저소득 계층 지원 등의 내용이 포함되었다. BBB 법안에는 2021년 3월 법제화된 1조 9,000억 달러 규모의 미국 구제 계획(American Rescue Plan: 성인 1인당 1,400달러 현금 지급을 핵심으로 하는 일회성 지출 법안), 장기적 물적·인적 인프라 확대를 목표로 하는 미국 일자리 계획(American Jobs Plan)과 미국 가족 계획(American Families Plan)이 포함되었다.

미국 구제 계획은 3월 상·하원을 통과했다. 미국 일자리 계획은 '인프라 투자·일자리 법안(Infrastructure Investment and Jobs Act)'이라는 이름으로 법제화되면서 바이든 정부가 당초 제안한 2조 3,000억 달러 예산 규모가 1조 2,000억 달러로 축소되어 상원, 하원을 각각 8월, 11월에 통과했다. 이 예산은 도로와 교량에 대한 투자, 기후변화로부터 커뮤니티 보호, 녹슨 파이프 교체 등 건물 관련 인프라, 전기망 개선, 대중교통, 공항, 전기차 충전소, 하이브리드 및 전기 통학 버스, 메탄 등 오염물질을 배출하는 노후 석유 및 천연가스 유정 환경개선 등 다양한 사업에 배정되었다.[102]

마지막으로, 2021년 7월 민주당이 3.5조 달러 규모(10년간)로 발의한 사회복지와 기후변화 대응 예산을 포함한 바이든 정부의

BBB 지출 법안은 10월 민주당 내부의 의견 대립에 직면해 그 규모가 1조 7,500억 달러로 수정되었다. 여기에는 기후 예산 5,550억 달러(656조 원)가 포함되었으며 그 지출 내용은 청정에너지 세액 공제, 청정에너지 기술·제조·공급망을 위한 투자, 청정에너지 조달 등을 포함하였다. 본 법안은 11월 20일 하원을 통과했지만 상원에서 좌초되었다. 이는 상원이 민주당과 공화당 50:50으로 양분된 상황에서 아이러니하게도 집권당인 민주당 소속의 웨스트버지니아 상원의원 조 맨신(Joe Manchin)이 정부의 대규모 재정지출에 반대하며 무산되었다.

바이든 정부의 야심찬 기후변화 대응 예산을 포함한 이 법안이 좌초되면서 아프가니스탄 철수, 인플레이션 등으로 인해 이미 2021년 후반부이래 하락세를 보여왔던 대통령 국정 수행 지지율은 더욱 추락했다. 이는 국내 정치에서 기후변화 정책 수립과 이행에 필요한 국정 동력이 바이든 정부 집권 초기부터 흔들리고 있음을 의미하는 것이었다. 미국 해양대기청(NOAA)은 BBB 법안이 통과되지 않으면 미국이 2030년까지 온실가스 배출량을 2005년의 50% 이하로 줄이겠다는 약속을 이행할 수 있는 가능성은 거의 없다고 지적했다.[103]

2022년 6월 30일 바이든 행정부는 강력한 기후변화 정책 추진을 어렵게 하는 또 하나의 난관에 봉착했다. 미국 연방 대법원(Supreme Court: 9명의 대법관 중 6명이 보수 성향)이 환경보호청(EPA)에 대하여 미국 전체 주에 대해 온실가스 배출량을 규제할 권한이 없다는 판결을 내린 것이다. 웨스트버지니아 등 석탄화력발전 강세 주들이 주 정부의 권한을 침해한다며 EPA를 상대로 제기한 소송에서 대법원은 6:3으로 원고의 손을 들어 주었다.

이 소송은 2015년 오바마 행정부의 청정발전계획(CPP)으로 거슬러 올라간다.[104] CPP에 따라 EPA는 미국 내 발전소의 온실가스 배출량을 2030년까지 2005년 대비 32% 감축할 것을 공언했으며 각 주에게 EPA가 제시한 탄소 배출량을 준수하고 감축 계획안을 제출하도록 하였다. 이에 웨스트버지니아 등을 포함한 주와 공화당이 집권하는 주와 석탄 기업이 컬럼비아 특별구 연방항소법원에 소송을 제기했고, 2016년 2월 대법원은 5:4 의견으로 연방항소법원의 판결이 있기까지 CPP의 시행중단 명령을 내렸다. 트럼프 정부에 들어 2017년 10월 EPA는 CPP를 폐지했고 약 1년 후인 2018년 8월 이를 대체하는 저렴한 청정에너지(Affordable Clean Energy; ACE) 정책을 발표했다. 이는 2030년까지 2005년 대비 배출량 감축목표를 32%에서 1.5%로 낮추는 것으로 기후변화를 해결하지 않겠다는 것과 마찬가지의 결정이었다. 이에 미국 공중보건협회(APHA)가 ACE에 소송을 제기했고 컬럼비아 특별구 연방항소법원은 바이든 취임 하루 전인 2021년 1월 19일 ACE를 무효로 판단했다. 이에 대해 웨스트버지니아 등 원고는 하급법원인 연방항소법원이 EPA의 권한을 판단하는 것을 문제삼으며 대법원에 소송을 제기하였고 이에 대해 대법원이 EPA의 권한이 너무 방대하다는 판결을 내리게 되었다. 대법원의 의견서에 따르면 EPA가 1970년 설립될 시 탄소 배출을 규제할 권한이 논의되지 않았고 이러한 중대한 문제("major question")에 대한 해결은 의회 자체와 그 대표기관의 명확한 위임에 따라 행동하는 기관에 권한이 있다고 판결하여 EPA의 배출 규제 권한 및 그 행사를 제한하였다.

위에서 논의한 바와 같이 바이든 정부는 의회에서 법안 통과를 통해 기후변화 대응에 필요한 예산을 확보하는 과정에 난관에 봉착하였고 연방정부의 환경조직인 EPA의 배출 규제 강화를 통해 기후변화에 대응하려던 시도 역시 암초에 부딪쳤다. 이에 대응하기 위해 바이든 정부는 행정적 권한을 발동해 기후변화에 대응하는 방안을 추진했다. 예를 들면 2021년 12월 발표한 2050 탄소중립 행정명령은 2030년까지 온실가스 배출을 65% 줄이고 2035년까지 자동차, 트럭 등을 전기자동차로 교체하는 등의 내용을 담았다. 또한 국가 비상 상태를 선포하는 미 헌법에 명시된 대통령의 권한을 발동해 기후변화를 비상사태로 규정하고 국방물자조달법(Defense Production Act)을 동원해 친환경에너지 전환, 기후재난에 대한 대비 비용 등에 예산을 투자하는 방안 등도 고려되었다. 그러나 의회의 동의 없이 이러한 정책들을 추진함에 여전히 한계가 표출되었다.

바이든의 대표적 기후 법안인 BBB는 위에서 설명한 우여곡절로 1년 정도를 표류한 끝에 2022년 8월 인플레이션감축법(Inflation Reduction Act; IRA)으로 재탄생해 시행하게 되었다. 본 법안은 국내 인플레이션 완화, 기후변화 대응, 의료비 지원, 법인세 인상 등 다양한 내용을 포함한 것으로 8월 상, 하원을 모두 통과해 8월 16일 바이든이 서명하면서 공식 발효되었다. IRA에 따르면 미 정부는 기후변화 대응과 의료비 지원 등에 4,300억 달러를 투입하며 법인세 인상을 통해 7,400억 달러를 증세한다. 기후변화와 관련해서는 2030년까지 온실가스 40% 감축을 위해 친환경에너지 생산, 기후변화 대응 부문에 3,690억 달러가 투입된다. 주요 내용으로 태양광 패널 및 풍력업체 등에 대한 세액 공제 및 인센티브 제공, 메탄 및 수소불화탄소 등의 온실가스 배출

저감, 전기차 보급을 위한 세액 공제, 전기차 및 에너지 저장 시스템의 미국 내 공급망 강화 등의 내용이 포함되었다.

BBB 법안을 둘러싼 미국 행정부와 의회의 줄다리기와 같은 과정은 미국 국내정치에서 석탄화력 산업이 가지고 있는 힘을 상징적으로 보여준다고도 볼 수 있다.[105] BBB에 반대한 민주당 의원 조 맨신의 지역구인 웨스트버지니아의 석탄화력발전은 주 전체 전력의 88%, 미국 총 석탄 생산량의 13%를 차지한다. 이처럼 전통적으로 석탄화력발전 산업이 강한 주(州)의 정부는 바이든의 탈석탄 기조에 반발하는 움직임을 보여왔다. 또한 이들 주는 고유한 입법 행위를 통해 석탄화력발전 산업을 지탱하고 연방정부의 탈석탄 기조를 무력화하는 정책을 펼쳐왔다. 예를 들어 웨스트버지니아 주 의회는 주 소재의 모든 석탄화력발전소에 30일 분량의 석탄 공급량을 의무적으로 비축하도록 하는 상원 법안을 통과시켰고, 와이오밍 주는 주의 석탄 수출에 장애가 되는 타 주로부터의 규제조치에 법적으로 대응하는 데 필요한 자금으로 120만 달러의 기금을 마련하는 법안을 통과시키기도 하였다.[106]

석탄화력발전 산업이 지닌 막강한 힘은 해당 부문을 규제하고자 하는 바이든 정부의 행정조치에 대한 반발에서도 드러난다. 바이든은 행정명령을 통해 미국 내 연방 소유 국토 및 연안에서의 석유·가스 시추 신규 허가를 잠정적으로 중단했으나 이후 주요 석유와 가스 기업들이 연방법원에 소송을 제기해, 신규 허가 중단이 해제되기도 했다.[107] 바이든은 대선 시절부터의 공약인 신규 시추 금지 방침에도 불구하고 실제 취임 후 1년 동안 트럼프 행정부 1년에 비해 더 많은 시추를 승인함으로써 기후변화에 더 강력히 대응할 것을 주문하는 환경단체 및 민주당 내 진보 정치인들로부터 반발을 사기도 하였다.[108] 바이든이 강한 기후변화 대응을 약속하고 화석연료로부터 재생에너지로의 전환을 표방해 왔음에도 불구하고 미국에서 석탄 발전은 다시 전성기를 누리고 있다. 물론 여기에는 가스 가격 상승 등 에너지 시장의 변화도 요인으로 작용하나 석탄화력발전 세력의 강한 결집도 하나의 이유이다.[109]

권력 분립이 제도적으로 공고화된 미국 정치에서 행정부와 의회의 견제와 균형, 그리고 연방제에서 주 정부가 지닌 권한 등은 이렇듯 미국 행정부가 강력한 정책을 도입하고 집행함에 장애물로 작용하기도 한다. 미국 정치는 또한 다양한 이해당사자들이 자원 동원과 결집 행위(예를 들면 로비 활동)를 통해 자신들의 의지를 관철하기 위해 활용할 수 있는 창구 및 기회의 창이 열려있는 다원주의(pluralism)적 특징을 띤다. 다원주의 민주 국가에서 이해당사자들이 거부권자(veto player)로서 강력한 응집력을 가지고 결집할 때 기후변화 정책과 같이 현상 유지를 타파하는 전환적 성격의 정책은 그 추진 및 진행에 큰 제약을 받게 된다. 정책학에서는 미국 정책결정과정의 이러한 특징을 점진주의(incrementalism)라 명명하기도 한다.

그러나 희망적인 것은 기후변화를 둘러싼 미국 여론이 점차 정부의 적극적 대응을 지지한다는 것이다. 기후변화 주제와 관련해 미국의 여론은 국내외 정세 및 변화에 따라 가변적인 양상을 보여왔으나 최근 기후변화에 대한 대응이 필요하다는 인식이 점차 커지는 추세다. 세계적 여론조사 기관인 퓨 리서치 센터(Pew Research Center)에 따르면 2022년 1월 미국민 10,237명을 대상으로 한 여론조사에서 69%가 석탄화력보다 풍력과 태양광 같은 대체에너지 발전에 우선순위를 둔다고 응답했으며, 미국이

2050년까지 탄소중립을 달성하는 것에 찬성한다고 반응해 바이든의 기후변화 정책에 대한 지지를 드러냈다. 72%의 응답자가 연방정부가 풍력과 태양광의 생산을 촉진해야 한다고 답했다. 또한 75%의 응답자가 미국정부의 더욱 적극적 기후변화 대응에 찬성했다. 그러나 2050 탄소중립과 석탄화력발전의 축소 등에 대해서 지지 정당이 어디냐에 따라 첨예하게 양분된 입장을 드러냈다. 즉 전통적 공화당 지지자들 가운데는 여전히 석탄화력발전에 대한 선호가 높았다.[110]

요약하면 미국은 2021년 기후변화의 국제무대에 복귀하면서 강화된 탄소 감축을 통해 2050 탄소중립을 달성하고 실추된 기후 리더십을 회복할 것을 선언했다. 그러나 다원주의적 특징을 지니는 미국 정치의 특성상, 또한 바이든의 지지율 하락 등의 요인으로, 에너지 전환, 녹색 회복 방안 등을 통해 신속히 기후변화에 대응하고 탄소중립 시대로의 전환을 이끌어 나가는 데 난관을 겪고 있다. 미국은 바이든 정부에서 차세대 에너지 기술(ESS, 수소연료 전지 발전, SMR 등)과 탄소저장 및 포집(CCUS)을 국가의 중점 전략 과제로 설정하고 있다. 이러한 신기술 부문의 발전을 위한 개발 및 투자, 시장 확대를 위해서는 초당적(bi-partisan) 합의가 필요하다. 그러나 미국 정치의 분권적(decentralized)이고 분열된(polarized) 특징이 기후변화 문제 해결을 위한 통일된 의지의 결집 및 신속한 정책 추진에 걸림돌로 작용하면서 대내외적으로 기후 리더십을 발휘하는 데 있어 그 한계를 드러내기도 하였다.[111]

이렇듯 국내정치적 특징들이 대통령 중심의 미국의 연방정부가 강력한 권위를 가지고 기후변화 정책을 수립하는 데 제약으로 작용하고 있지만 역설적으로 또한 그 특성으로 인해 미국의 기후변화 대응의 역사와 미래를 비관적으로 볼 수만은 없다. 위에서 미국의 몇몇 주들이 거부권 행사 및 자율성의 행사 등을 통해 어떻게 연방정부에 대립적으로 작용했는지를 살펴보았다면 우리는 또한 미국의 어떤 주 정부들은 중앙의 정책을 지지하기도 할 것임을 쉽게 예상할 수 있다.

미국 정치에서는 중앙정치 수준에서 최고 의사결정권자의 의지 부족이나 다양한 제도적 제약으로 정책 추진이 교착(policy gridlock이라고 하는) 상태에 빠지는 경우 오히려 주 정부, 도시 등이 정책기업가(policy entrepreneur)로서 지역적 차원에서 다양한 실험과 정책을 도입하며 추진력을 발휘하는 경우가 종종 있다. 기후변화에 있어서는 일례로 미국 북동부 9개 주(코네티컷, 메인, 델라웨어, 뉴햄프셔, 뉴저지, 뉴욕, 버몬트, 로드아일랜드, 매사추세츠)가 모여 Regional Greenhouse Gas Initiative(RGGI)를 통해 자발적으로 수립한 배출권거래제도가 있으며 이를 통해 참여 주정부는 2009년부터 감축 실적을 기록해 왔다.[112] 또한 뉴욕, 워싱턴, 캘리포니아 등 진보성향이 강한 주는 연방정부보다 오히려 더 적극적으로 재생에너지 정책 등 기후변화 정책을 추진해 왔다. 이들은 청정에너지 및 재생에너지로의 100% 전환이라는 목표에 법적 구속력을 가하는 법안을 채택하고 실행해 왔다. 2021년 기준 미국의 총 17개 주에서 100% 청정에너지 정책을 시행 중이며 다양한 신재생에너지 의무할당제와 로드맵 등이 개발됐다.[113] 트럼프가 파리협정 탈퇴를 선언한 이후에도 20개 주와 50개 이상의 시 정부 대표들이 모여 미국의 서약(America's Pledge)에 참여해 중앙정부와 상관없이 미국의 NDC 목표를 계속 이행할 것이라 발표하기도 하였다.

또한 미국의 주 정부는 자신의 경제와 환경 등 상황에 맞는 기후변화 적응 정책 등을 수립해 이행하고 있다. 대표적인 예가 캘리포니아다. 캘리포니아주는 미 연방정부에 속한 하나의 주에 불과하나 세계 경제에서 차지하는 위상은 제5위이다. 이 주는 산림보호, 국립공원 설치, 연안 관리, 대기오염 방지, 에너지 효율성 개선, 재생에너지 확대, 온실가스 감축 등의 환경 문제에서 미국 내에서, 또한 국제적으로 선도적 역할을 해 왔다.[114] 2006년부터 포괄적 온실가스 감축 정책을 실시한 이래 배출량이 13% 감소하는 동안 일자리 성장은 오히려 27%를 상회했다. 이러한 결과는 중앙정부에서의 정권교체와 상관없이 주 정부가 초당적 여론의 지지, 효율적 거버넌스, 강력한 환경운동과 녹색산업의 성장 등에 기초하여 일관된 기후변화 정책을 추진해 왔기에 가능했다. 캘리포니아는 미 연방정부, 다른 주 정부, 그리고 해외 정부에게 온실가스 감축 정책의 모델, 자동차 연비 기준 등 다양한 정책 모델을 제공하는 등의 기후변화 정책 확산에 기여해 왔다. 이처럼 미국의 기후변화 정치는 중앙정치 수준에서 다양한 제도적 제약으로 인해 혁신적이고 진취적 정책을 신속히 추진하기 어려운 특성과 지방정부 및 시민사회, 민간 등의 수준에서 실험적이고 역동적인 변화가 동시에 나타나는 특징을 지닌다.

제 5 장

중국과 한국의 기후변화 대응

일본, 중국, 한국이 속한 동북아시아는 20세기 후반부에 들어 가파른 경제성장을 경험했다. 아시아의 기적이라고 일컬어지기도 하는 이 발전 과정에서 아시아 국가들은 화석연료를 주 에너지원으로 사용했으며 철강, 조선, 석유화학 등의 탄소 집약적 제조업과 산업을 경쟁력의 원천으로 발전시켜 왔다. 그러나 급속한 경제발전은 온실가스 배출 등 환경적 외부효과의 증가를 의미했다(그림 5-1).

이러한 환경 외부효과가 증가하면서 시민사회 등 아래로부터 환경 개선에 대한 요구도 점증했다. 한국의 경우 6.25 전쟁 이후 70년대 본격적으로 진행된 산업화 및 경제발전을 위한 도약은 대기 및 수질오염 등을 낳았으며, 이는 권위주의적 정권 아래에서도 시민사회의 주도로 공해추방 운동 등이 결성되는 계기가 되었다. 이로부터 점차 조직화되고 제도화된 환경 시민사회가 대두되었으며 1987년 민주화(democratization)를 거치며 이들의 요구는 더 폭넓게 정치와 거버넌스에 반영되었다. 이 과정에서 환경법과 제도, 규제 등이 수립되었다.

당-국가 체제인 중국의 권위주의 정부 아래에서도 환경 문제에 대한 개선 요구는 점차 증가했다. 특히 1990년대 중반 이후 중국에서는 환경 NGO가 급성장하면서 경제성장의 이면에 있었던 각종 환경 문제와 생태계 파괴 문제를 사회의 의제로 만들었으며, 덜 조직된 풀뿌리(grassroots)로부터의 환경 개선에 대한 요구를 반영해 정부에 압력을 가하고 전달하는 통로의 역할을 수행했다.

이렇듯 한국과 중국 양국에서 경제발전이 계속되면서 국민의 삶의 질과 환경 등 탈물질주의(postmaterialism)적 가치에 대한 관심도 높아졌고, 국가-사회의 관계에서 사회의 목소리가 과거에 비해 상대적으로 조금씩 커짐에 따라 고속 경제발전이 야기한 부작용인 환경 문제 등의 해결을 촉구하는 시민사회의 압력이 커지게 되었다.

[그림 5-1] 한국, 중국, 일본의 이산화탄소 배출(단위: mt)[115]

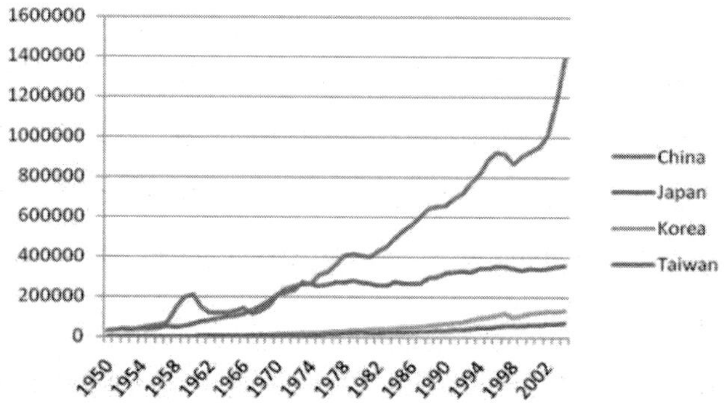

***출처**: Shapiro(2014), p. 47.

그러나 한국과 중국 모두 국가주의의 전통이 강하여 환경 문제의 거버넌스에서도 중앙정부를 중심으로 한 국가는 여전히 중심 주체로 남아 있다. 권위주의 체제인 중국, 민주주의 국가인 한국에서 체제와 정부의 정당성(legitimacy)은 과거와 같이 국가가 얼마나 많은 경제적 성취를 부와 복지의 형태로 자국민에 분배해 주느냐의 문제에만 달려있는 것이 아닌, 얼마나 건강하고 깨끗한 환경을 제공하느냐에 의해서도 점차 결정되기 때문에 양국 정부 모두 환경 거버넌스에 더 많은 재원을 투입하게 되었다. 또한 한국과 중국이 경제성장을 경험함에 따라 이들이 동북아 대기환경 오염과 같은 지역적 환경 문제만이 아닌 기후변화와 같은 글로벌 환경 이슈에 미치는 부정적 영향이 더욱 가시화되면서 국제사회에서도 이들의 책임론이 커졌다. 결국 이를 해결해야 하는 주체로서의 국가의 역할이 부각되기 시작했다. 한, 중 정부는 이런 외부의 압력에 대응하고 경제적 위상 확대에 따른 환경적 책임을 부담하고 그로부터 리더십 등 소프트 파워 및 정부의 정당성을 제고하는 등 여러 동기에서 글로벌 환경 이슈에 더욱 주목하기 시작했다.

앞 장에서 산업혁명의 선발주자이자 선진 경제인 유럽과 미국을 중심으로 기후변화 대응 양상을 논하였다면 본 장에서는 아시아의 주요 국가 중에서 중국과 한국의 기후변화 대응을 사례로 논의한다.

1. 중국의 기후변화 정책

14억 인구를 보유한 중국은 1978년 개혁개방(reform and opening) 노선을 채택하며 자본주의 시장경제의 요소를 도입해 경제발전을 위한 초석을 마련하였다. 생산성이 높은 수많은 인구와 비교적 풍부한 자원을 이용한 노동집약적 제조업으로부터 시작하여 세계의 공장이 된 중국은 2010년에는 GDP에서 일본을 제치며 제2위의 경제 대국으로 부상했다. 1인당 국민소득도 개혁개방 시기 300달러 수준에서 2021년 약 12,550달러로 비약적 발전을 기록했다. 그러나 중국의 경제발전은 수질, 토양, 및 대기환경의 오염을 가져왔을 뿐 아니라 온실가스 배출 증가로도 이어졌다(그림 5-1). 지난 약 삼십 년간 중국의 배출량은 3배 이상 증가해 배출량 1위 국가라는 오명을 차지하게 되었다. 현재 중국이 전 세계 배출량에서 차지하는 비중은 약 27%로 이는 2019년 이후 미국과 선진국들의 배출량 합친 수준 이상이다(그림 5-2).[116]

[그림 5-2] 중국의 온실가스 순 배출량(2019년, 단위 백만mt)

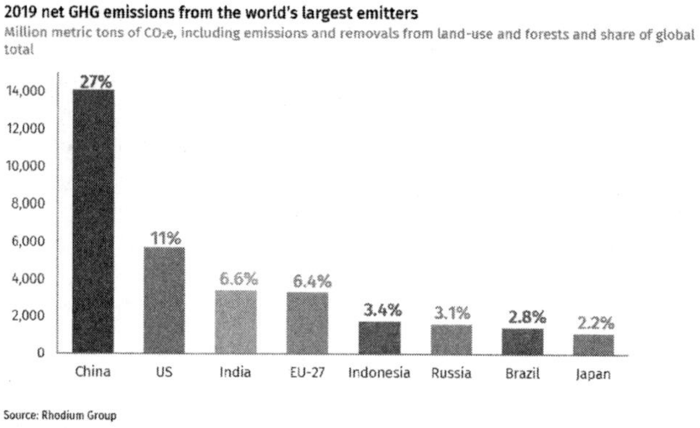

*출처: Larsen(2021).

[그림 5-3] 화석연료 연소 및 시멘트 생산으로부터의 축적 이산화탄소: 중국과 OECD 비교(단위: 기가톤)

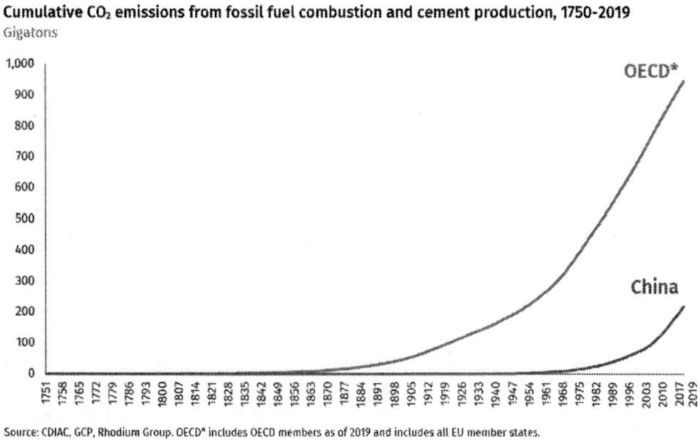

***출처**: Larsen(2021).

물론 1970년대 말부터 시작된 비교적 짧은 경제발전의 역사를 고려할 때 중국이 대기 중 축적된 총 온실가스 배출에 기여한 바는 선진국에 비해 크지 않음을 짐작할 수 있다(그림 5-3).[117]

중국 내부에서 각종 오염물질 배출로 인한 환경 문제 및 환경의 악화가 경제성장의 전망 및 자국민의 건강한 삶에 미치는 부정적 영향에 대한 우려의 목소리는 점차 시민사회 및 여론을 중심으로 증가해 왔다. 또한 앞서 그래프들이 보여준 바와 같이 기후변화에 대한 중국의 기여도가 날로 높아지면서 중국은 국제적 비난의 대상이 되었다. 증가하는 온실가스 배출 문제는 G2로 미국과 어깨를 나란히 하며 국제사회에서 경제적 패권 뿐 아니라 책임감과 리더십을 갖춘 강대국으로 자리매김하고자 하는 중국 정부의 비전에도 부정적 영향을 미쳤다.

중국은 2000년대 후반부터 본격적으로 석탄 화력 중심의 에너지 체제에서 탈피하고자 신흥 산업 발굴을 위해 태양광 발전 등을 전략적으로 지원해 왔다. 그 결과 석탄은 2009년 1차 에너지 소비에서 72%를 차지했으나 2019년에는 58%로 감소했다. 물론 석유와 천연가스의 비중이 20%, 8%를 차지했으나 재생에너지의 비중도 5%를 차지하게 되었다. 중국은 곧 태양광 발전과 풍력발전의 누적 설비 측면에서 세계 선두를 달리게 되었다.

국제적으로 중국은 1993년 UNFCCC를 비준하고 1998년 5월 교토의정서에 서명하였으며 2002년 8월 말 비준하였다. 중국은 교토의정서 체제에서는 감축의무를 지지 않았으며 기후변화와 관련된 국제 협상에서 개도국의 입장을 대변해 선진국의 우선 감축 및 개도국 감축을 위한 지원을 요구해 왔다. 그러나 중국의 부상에 따라 국제적 위상이 높아짐에 따라 2010년대로 들어서면서부터는 기후변화를 둘러싼 국제적 논의에서 점차 적극적인 자세로 선회하는 모습을 보이기 시작했다.

2012년 시작된 시진핑 정부에 들어서 특히 중국은 기후변화에 대한 적극적 태도를 보여왔다. 중국은 2016년 4월 파리협정에 서명하고 같은 해 9월에 비준했다. 2016년 중국이 제출한 NDC는 크게 네 가지의 목표를 국제사회에 공표했다. 첫째로 2030년까지 이산화탄소 배출량이 정점에 도달하도록 하며, 둘째로 2030년까지 GDP 대비 온실가스 집약도를 2005년 대비 60~65% 감축하며, 셋째로 2030년까지 에너지 믹스(energy mix)에서 재생에너지 및 핵에너지 등 비화석 연료의 비중을 20%까지 늘리고, 마지막으로 2030년까지 2005년 대비 산림의 온실가스 흡수량을 45억㎥까지 확대한다는 것이다.[118]

중국의 국가 발전비전 및 전략을 담은 제13차 5개년 규획(2016~2020)에서는 녹색발전을 위해 재생에너지와 천연가스의 비중을 높이고 저탄소 및 순환 산업을 육성한다는 계획을 발표했다. 이어 2020년 9월에 개최된 제75차 UN 총회 정상 연설에서 시진핑 주석은 2030년 전까지 중국의 탄소배출이 최고치(peak, 碳达峰)에 도달할 것이고 2060년까지는 탄소중립(碳中和) 달성을 위해 노력할 것이라고 발표하였다.[119] 또한 시진핑은 11월 22일 개최된 G20 정상회담에서 지구 수호(守护地球)라는 주제 하에 기조연설을 하며 중국의 2060 탄소중립 목표를 재확인했다. 이 연설에서 시진핑 주석은 중국이 기후변화 대응을 확대하고 청정에너지 사회로 전환하여 자연을 존중하는 생태 시스템을 구축할 것이며, UNFCCC 아래 파리협정을 전면적이고 효율적으로 실시하는 데 기여할 것이라고 강조함으로써 기후변화 대응에 있어 중국이 선도적인 역할을 수행할 의지를 밝혔다.

2020년 10월 개최된 공산당 제19기 중앙위원회 제5차 전체회의는 14차 5개년 규획 건의를 통과시키고, 2021년 소강사회 건설, 2035년 사회주의 현대화 기본 실현, 2049년 부강하고 민주 문명화된 사회주의 현대화 강국 목표를 제시했다. 제14차 5개년 규획 기간(2021~2025) 동안 중국은 기후변화와 관련된 다양한 정책들을 도입했다.[120] 탄소중립과 직접적 관련이 있는 에너지 부문에서 특히 중국 정부는 자원의 합리적 이용 및 효율 향상, 에너지 소비 및 이산화탄소 배출 감소라는 목표 아래 다음과 같은 구체적 실천 방안들을 제시했다(표 5-1).[121] 중국은 이러한 정책을 통해 온실가스 감축을 통해 기후변화 문제 해결에 기여할 뿐 아니라 자국의 친환경 기술과 산업을 발전시키고 고도화하여 중국이 중진국 함정(middle income trap)에 빠지지 않고 지속가능한 발전을 이룰 것을 기대한다.[122]

[표 5-1] 중국 제14.5 규획 에너지 부문 목표

세부 목표	방안
산업 육성 및 역량강화	• 현대 에너지 시스템 분야의 연구소 설립 및 운영 시스템 구축을 통한 과학기술 분야 역량 강화 • 차세대 정보기술, 신에너지, 신에너지 차량, 환경보호, 수소 및 에너지저장 등 전략적 신흥산업 육성 • 에너지, 전기통신, 공공 유틸리티 산업의 경쟁 부문에서 시장 개혁 촉진
에너지 설비 및 기술 현대화	• 전력설비, 신에너지 분야의 현대화 및 경쟁력 제고를 통한 강대국 도약 • 5G 기반의 스마트 에너지 시범사업 진행
에너지 안보 확보	• 첨단 기술, 중요 설비, 에너지자원 등의 수출입 협력을 통하여 수입원의 다양화 촉진 • 에너지 자원의 생산, 공급, 저장, 판매 시스템을 개선하여 안정적인 에너지 공급 및 위험 관리 능력 제고
기후변화 대응	• 2030년 국가 온실가스 감축목표(NDC)를 달성하고, 2030년 이전 탄소배출 피크를 위한 실행 계획 수립 • 총 에너지소비 제어 시스템 개선 및 화석 에너지 소비량 제어 • 2060년까지 탄소중립 달성을 위한 노력과 강력한 조치 실행
녹색경제로의 전환 가속화	• 에너지 다소비, 탄소 고배출 제품/산업 억제 및 청정 화석 에너지 사용 장려 • 환경보호, 청정에너지 생산, 녹색 서비스 등의 산업 육성 • 철강, 석유화학 및 건축 자재 부문의 친환경 전환 추진 • 대중교통 및 물류 차량 등 운송시스템의 전기화 추진 • 녹색제품의 표준/인증 체계 통일 • 녹색개발을 위한 법과 제도 강화, 에너지 절약 및 환경보호 지원 정책 및 녹색금융 실시

*출처: 中华人民共和国国家发展和改革委员会(2021).

2030년 탄소배출 감소세로 전환, 2050년 신재생에너지를 중심으로 한 준탄소중립 시스템(Near zero carbon emission)의 구축, 2060 탄소중립이라는 단계적 목표 달성을 위해 정부는 다양한 방안을 도입해 왔다. 예를 들어 재생에너지 보조금 예산을 2019년 820억 위안(약 14조 원)에서 2020년 890억 위안(약 15조 원)

으로 7.5% 증액했다. 또한 수소에너지 산업 육성 계획에서 2030년까지 수소차 100만 대, 수소 충전소 1,000개를 설립해 수소차 분야 세계 1위가 된다는 목표를 세웠다. 중국의 수소 산업 투자 총액은 2019년 8월 기준 630억 위안(약 10조 원)을 넘어섰다.[123] 중국의 내각에 해당하는 국무원은 2020년 11월 초 14차 규획기간(2021~2025년)에 적용되는 '친환경 자동차 산업 발전 계획'도 발표했다. 이에 따르면 중국은 2025년까지 국내 판매 차량 중 20%를 친환경차로 보급한다는 공격적인 목표를 제시하고 있다. 국무원은 순수 전기차(BEV), 플러그인하이브리드 차량(PHEV), 수소전기차 세 가지를 친환경차에 넣고 있다.[124]

또한 생태환경부는 2020년 12월 탄소배출권 거래시장 관리 방법(碳排放权交易管理办法)을 발표하였는데 그 핵심은 전국 단일의 탄소배출권 등록 및 거래 기관을 조직하고 관련 시스템을 구축하겠다는 것이다. 중국은 이미 2011년부터 상해, 북경 등 7개의 지역에서 탄소배출권 거래제를 시범 운영했고, 2017~2020년에는 발전 부문에서 전국 규모의 배출권거래 시장을 시범 운영하며 세계 제2위의 탄소시장을 만들었으나 실제 배출 감축 성과는 미미했다. 이에 전국 단위의 탄소배출권 거래시장을 2021년 1월부터 공식 운영하기로 한 것이다. 생태환경부는 중국의 온실가스 배출 억제 목표, 경제성장, 대기오염물질 배출, 산업구조 등 다양한 요소들을 고려하여 탄소배출권 총 할당량과 할당 방법을 정할 것이며 성(省)급 생태환경 관련 부처는 그에 따라 해당 지역 내 온실가스 다배출 업체에 연간 탄소배출권을 할당한다.[125] 단일 배출권거래 시장은 발전(power) 부문부터 우선 시작해 확대 적용하게 되는데 연 온실가스 배출량이 26,000톤에 달하는 발전 부문의 다배출 업체가 의무적으로 참여하게 된다.[126] 2021년에는 2,225개 기업이 우선 참여 대상에 포함된다. 해당 업체는 전년도 온실가스 배출량 보고서를 매년 3월 말까지 제출해야 하고 연간 배출량이 2년 연속 할당량 미만인 경우 의무 참여자에서 제외된다. 기한 내에 할당량을 정산하지 못하는 기업에 대해서는 2만~3만 위안(약 340만~510만 원)의 과태료가 부과된다.

중국은 이러한 정책들을 통해 배출량을 저감함으로써 글로벌 기후변화 문제 해결에 참여할 뿐만 아니라 저탄소 전환 과정에서 친환경 시장을 확대하고 일자리를 창출할 수 있을 것으로 기대한다. 중국 정부의 탄소중립 선언 이후 칭화대학교의 기후변화 및 지속가능발전연구소에서 발표한 로드맵에 따르면, 2060년까지 탄소중립을 달성하기 위해서는 2020년 기준 온실가스 배출량을 90% 감축해야 하며, 2030년까지는 기존의 배출량을 줄이는 것보다 추가적인 배출량을 줄이는 것이 우선되어야 할 것이라고 밝혔다.[127] 만약 이 감축 목표를 달성한다면 중국 단독으로 지구 평균온도를 0.2℃~0.3℃를 낮추는 효과가 예상된다.[128]

중국이 경제적으로 기대하는 바도 크다. 2020년 11월 8일 중국투자협회(中国投资协会)가 주최한 신인프라 녹색투자대회에서 발표된 "탄소제로 중국, 녹색투자 청서(零碳中国·绿色投资蓝皮书)"는 탄소제로 중국의 발전 비전, 실시 방법, 투자 환경, 잠재된 시장 규모 등을 분석했는데 이에 따르면 2050년까지 재생자원 이용, 에너지 효율 제고, 최종 소비의 전기화, 탄소배출 제로 에너지 발전 기술, 에너지 비축, 수소에너지, 디지털화 등 7개 분야의 시장 규모가 약 15조 위안(약 2,524조 8,000억 원)에 달한다.[129] 또한 에너지 전환 과정에서 탄소제로 발전, 재생자원 이용, 수소에너지 등 신흥산업 부문에서 약 3,000만 개의 일자리가 창출될 것이며 향후 30년 동안 70조 위안(약 1경 1,782조 원) 규모의 태양광, 풍력, 전력 송배전망, 수소 충전소 등 인프라 투자가 직, 간접적으로 이뤄질 것으로 전망했다. 이 보고서는 2050년 대부분 발전설비가 탄소 발생 제로인 전력 에너지로 대체될 것이며 그 중 태양광과 풍력발전 설비가 2016년 대비 22배 증가해 전체 전력의 70%를 차지할 것으로 보았다.[130]

실제 중국은 오늘날 에너지 전환 부문에서 2위인 미국의 2배가 넘는 투자를 하고 있다. 세계경제포럼(WEF)에 따르면 2021년 전 세계에서 저탄소 에너지 기술 개발 등을 포함한 에너지 전환에 투입된 금액은 7,550억 달러로 2020년보다 27% 증가했다. 이 중 중국의 투자액만 2,660억 달러로 압도적 수준을 보였는데 이는 전년에 비해 60%나 급증한 수치이다(그림 5-4).[131]

[그림 5-4] 에너지 전환 투자 상위 10개국

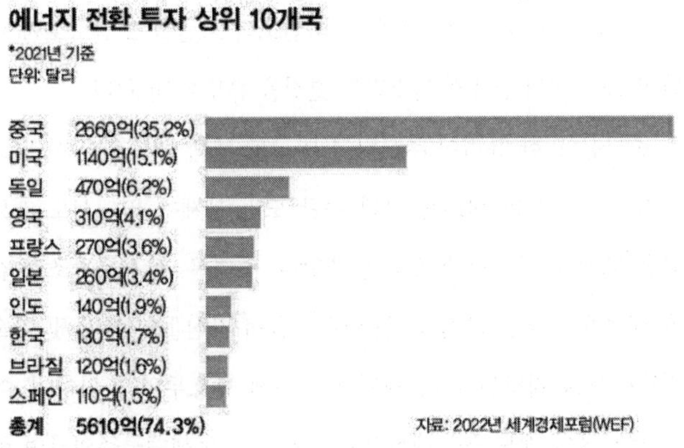

***출처**: 한겨레(2022.7.26.).

이러한 국내 기후변화 대응 정책과 더불어 중국은 또한 국제사회에서도 기후변화에 대한 목소리를 높여 왔다. 미국과의 안보, 무역, 첨단 기술 등을 둘러싼 갈등과 경쟁이 치닫는 가운데 중국은 기후변화가 양국의 협력 의제이고 기후 위기 해결을 위해 미국과 협력할 것이라 표명해 왔다. 2021년 UN 총회에서 시진핑 주석은 중국이 향후 해외 신규 석탄화력발전소 건설을 중단할 것이며 개도국들의 녹색에너지 개발사업을 지원할 것이라 약속하는 등 국제사회에서 G2의 일원으로 책임있는 기후 리더십을 발휘할 것임을 밝혔다.[132]

그러나 동시에 중국은 배출량이 가장 큰 개도국으로 기후변화 이슈에 있어 개도국 그룹의 입장을 대표하는 역할을 자임해 왔다. 시 주석은 2021년 11월 COP26에 불참하는 대신 서면 연설문을 통해 기후변화 대응을 위한 선진국들의 책임 강화 및 개도국에 대한 지원 확대 필요성을 강조하여 선진국 그룹의 차별적 책임론을 강조한 바 있다. 또한 COP26에서 배출량 3위인 인도와 함께 석탄발전 중단과 관련된 논의에 비협조적 모습을 보임으로써 석탄 퇴출이 아닌 단계적 축소라는 결정을 유도한 바 있다.

중국은 또한 유럽이 주도하고 미국도 채택 의사를 밝힌 탄소국경조정과 같은 새로운 정책 수단 도입 문제에 있어서도 개도국을 대신해 비판의 목소리를 내왔다. 중국은, 탄소국경조정 같은 새로운 규제는 유럽 등 선진국 그룹이 자신들의 산업 및 기술 경쟁력을 유지하기 위해 채택하는 녹색 보호무역 조치이며, 이는 선진국이 개도국을 대상으로 행사하는 녹색제국주의라며 항의했다. 일례로 2021년 5월 말 한국이 주최한 P4G(Partnering for Green Growth and the Global Goals 2030) 정상회의 개막식에서 리커창 총리는 다자무역 체제와 세계무역 체제를 통해 새로운 녹색 무역 장벽과 같은 일방적 보호무역을 배제해야 한다고 역설하였다.[133]

이렇듯 중국은 권위주의적(authoritarian) 체제 아래서 시진핑 주석이 이끄는 중앙정부가 온실가스 감축 및 에너지 전환 등을 통한 2060 탄소중립 달성 의지를 점차 강화해 왔다. 정부는 배출권거래제의 전국 시행 및 재생에너지 및 친환경 자동차 부문 등에 대한 규제 및 보조금 등을 활용한 지원을 통해 2030년까지 탄소 피크(peak)를 달성하고 이후 급격한 감축을 통해 2060년까지 넷 제로를 달성하고자 한다.

중국 정부는 2021년 5월 정치국 상무위원이자 국무원 부총리인 한정을 주재로 "탄소피크 탄소중립 업무 영도소조"를 콘트롤 타워로 설립해 각 정부 부문에 흩어져 있는 탄소중립 관련 업무를 통합하고 조정기능을 강화하려는 목표를 세웠다. 아직 탄소중립을 위한 시장 기제가 충분히 완비되지 않은 상황에서 중국은 국가 주도로 다양한 행정 수단 및 정책을 활용할 것이며, 에너지 등의 저탄소 녹색 부문에서도 국유기업을 중심으로 탄소중립을 위한 혁신 노력을 가속화하며 민간의 참여를 유도할 것이다.[134]

중앙정부를 중심으로 한 이러한 중국의 기후변화 대응 의지의 결집을 우리는 권위주의적 환경주의(authoritarian environmentalism)라는 이론적 개념 틀을 통해 이해할 수 있다. 권위주의적 환경주의는 환경정책 과정 모델로 한 사회의 환경정책을 형성하는 과정에서 엘리트들을 중심으로 권력이 집중되어 빠른 정책 결과물을 생산해내는 특징을 지닌다. 브루스 길리(Bruce Gilley)는 중국의 기후변화 정책 연구에서 권위주의적 환경주의를 “a public policy model that concentrates authority in a few executive agencies manned by capable and uncorrupt elites seeking to improve environmental outcomes”(유능하고 부패하지 않은 엘리트로 구성된 몇몇 행정 기관을 중심으로 환경 부문의 성과 창출을 위해 권위를 결집하는 공공 정책 모형)라 정의하였다.[135]

민주주의적 환경주의에 비해 이러한 모형에서는 대중이나 이익집단 등의 환경정치 및 정책 결정 과정에의 참여가 제한적이며 중앙정부의 고위 관료 및 전문가들이 환경정책 과정을 지배한다고 보았다. 민주주의에서의 환경정책 결정 과정과 달리 다양한 사회구성원들의 참여는 제한적으로만 나타나며 국민은 정부가 만든 정책의 집행의 대상이다. 이러한 정책 모형의 특징은 권력의 중앙집권적 행사 및 빠르고 효과적인 자원 동원을 통해 단기간에 종합적이고 신속한 정책 결과물(output)을 도출한다는 것이다. 위에서 살펴본 바와 같이 중국 정부의 기후변화에 대한 정책 형성 등의 과정에서도 우리는 중앙정부를 중심으로 다양한 정책들이 속도감 있게 도입되고 정책의 효율적 이행을 위해 중앙의 재원이 투입되고 있음을 알 수 있다.

그러나 중국 정부의 이와 같은 노력에도 불구하고 여러 제약이 남아 있다. 첫째, 탄소 집약적 경제구조로의 전환이 녹록지 않다는 것이다. 중국의 경제성장 속도는 1990년대 이래로 가장 둔화된 수준을 기록하고 있을지라도 여전히 빠른 확대일로에 있으며(2019년 기준 약 6.1% 성장) 중국인들의 생활 수준도 가파르게 향상되고 있다. 이에 따라 온실가스 배출량도 지속적으로 증가하는 추세이다. 또한 국가 에너지 믹스에서 석탄이 약 58%, 석유 및 기타 액체가 20%, 천연가스가 8%를 차지하여 탄소 집약

적 에너지 체제가 그대로 유지되고 있다.[136]

또한 전기 생산에서 석탄화력발전이 차지하는 비중도 약 70%에 달한다. 중국과 같은 거대한 영토를 가진 국가에서 오랜 시간에 걸쳐 석탄 화력 중심으로 이미 편성되어 운영되고 있는 에너지 산업 구조 및 송전 시스템을 포함한 에너지 시스템을 전환하는 것은 규모가 작은 국가들에 비해 훨씬 더 어렵다. 태양광, 풍력 등 재생에너지 설비 용량이 빠르게 확대되면서 그에 따라 전력망의 수용 능력이나 출력 불안정 등의 문제도 제기되고 있다. 중국의 재생에너지 설비는 동북, 화북, 서북 지역 등에 75%가 집중되어 있어 불균형적 발전이 이루어져 왔는데 전력 수요도가 높은 지역은 중동부 및 남부 지역이라는 점에서 전력망 연결 문제, 피크 조절 문제도 제기된다.[137]

둘째, 코로나-19로 인한 경기 침체를 해결하기 위해 중국 정부는 석탄화력발전소 건설을 통한 부양책을 사용하는 등 석탄화력발전을 경제 문제나 에너지난 등을 해결하는 카드로 여전히 유지하고 있다. 2022년 초 중국은 7.3GW의 신규 석탄발전소를 승인했는데 이는 2021년 전체의 약 두 배에 달한다. 또한 국무원은 5월 석탄화력발전소 지원을 위해 약 15억 달러의 투자계획을 밝혔다.[138]

이렇듯 중국의 에너지 전환을 통한 기후변화 문제 대응은 더딘 행보를 보이고 있는데 이는 경제발전, 성장률, 에너지 수급 문제 등 단기적 이익이 걸린 사안들이 기후변화와 같은 덜 가시적이고 장기적 문제의 해결보다 우선시되는 이유도 있다. 경제의 지속적 발전은 중국 공산당의 통치 정당성이 걸린 문제이므로 권위주의 정부라 할지라도 경제적 지표 및 여론의 변동 등에는 민감하게 반응한다. 더욱이 정부의 적극적 기후변화 대응을 요구하는 국내 여론과 환경 시민사회는 아직 미약한 수준이다. 따라서 경기 부침에 민감한 지방정부를 포함한 중국 정부는, 눈앞의 경제 발전 문제나 안정적이고 원활한 에너지 수급 같은 민원과 당면 문제 해결을 위해 석탄화력발전이라고 하는 손쉽고 오래 사용되어 온 수단을 사용할 수 있다. 이러한 관성은 중국의 저탄소경제로의 전환을 지연시키는 요소로 작용한다.

2. 한국의 기후변화 정책

지구의 평균 지표 온도 상승으로 대표되는 기후변화 현상은 한반도에서 전 세계 평균을 상회하는 수준으로 진행되고 있다. 환경부가 2020년 7월에 발표한 <한국 기후변화 평가보고서 2020>에 따르면 2010년대 한반도에서 각종 형태의 이상 기후 현상이 폭증했다.[139] 폭염 및 이상고온 현상이 과거에 비해 더욱 빈번해졌고 한파와 가뭄 등도 더욱 거센 강도로 발생했다. 1880년에서 2012년 사이 평균 지구 표면 온도가 0.85℃ 상승했다면 한반도에서는 그보다 더 짧은 기간인 1912년에서 2017년 사이 무려 두 배 이상인 1.8℃가 상승했다. 환경부의 보고서는 한국에서 현재와 같은 수준에서 온실가스가 계속해서 배출된다면 21세기 말 연중 폭염 일수는 10일에서 3.5배 증가한 35.5일이 될 것이라고 전망하였다. 이 보고서를 작성한 전문가들은 현재와 같은 배출이 지속될 경우 한반도의 환경과 사회적 조건이 극심하게 악화할 것이란 점에 동의했다. 이는 한국이 기후변화 이슈로부터 안전한 국가가 아님을 보여준다.

Pew Research Center가 총 19개 국가의 국민을 대상으로 기후변화가 자국에 주요한 위협(major threat)인가를 물은 설문조사에서 한국 국민 중 약 82%가 그렇다고 답하였다. 이는 미국 국민의 54%, 캐나다 국민의 65%, 네덜란드 국민의 77%를 뛰어넘는 응답 수준이다. 특히 이 조사에서 더 높은 비율의 응답자가 글로벌 경제 상황이나 전염병보다 기후변화를 주요 위협으로 선택해 문제에 대한 높은 인식 수준을 보였다.[140]

한국은 전 세계 온실가스 배출량의 약 1.5% 정도를 차지해 비중에 있어서는 캐나다와 거의 비슷하다. 한국의 총 배출량은 경제규모 순위와 거의 비슷한 세계 11위 정도에 해당하며 화석연료에서 배출되는 이산화탄소의 비중만으로 본다면 세계에서 약 일곱 번째로 높은 배출량을 보인다. OECD 회원국 중에서는 미국, 일본, 독일에 이어 네 번째로 배출량이 많다. 1인당(per capita) 배출에 있어서도 한국은 상위권을 기록하고 있으며 총 배출량 및 1인당 배출량 모두에서 지속적인 증가 추세를 보여 왔다(그림 5-5).

[그림 5-5] 한국 온실가스 배출량 추이

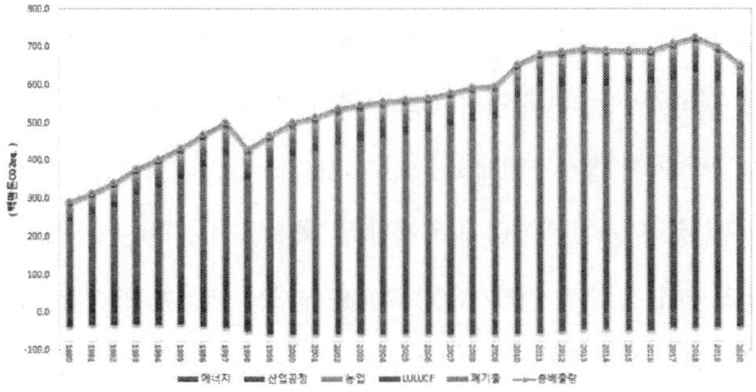

***출처**: 환경부 보도자료(2022).

온실가스 배출량의 지속적 증가, 동남아 등 해외에서의 석탄 화력발전소 사업에 대한 지원 및 투자, 국가의 경제 규모나 역량에 비해 낮게 설정된 기후변화 감축목표 등과 같은 이유로 한국은 국제사회로부터 기후 악당, 혹은 기후 불량국가라는 비판을 받아 왔다.[141] 저먼와치(Germanwatch) 등이 각국 정부의 기후변화 대응 상황을 감시, 추적하기 위해 개발한 기후변화대응지수(Climate Change Performance Index; CCPI)에서도 한국은 부진한 성적을 보여왔다. CCPI 2020 보고서에서 한국은 61개국 중 58위를 기록했고, 2020년에 발표된 CCPI 2021에서는 그나마 조금 개선된 53위를 기록했으나 2022년에 다시 60위로 추락하였다.[142] 자세한 평가 내용을 보면 온실가스 배출량, 배출 목표 및 에너지 사용량에서 매우 미흡, 재생에너지 부문에서 미흡, 그리고 기후 정책 부문에서는 보통이라는 평가를 받았다. 특히 석탄발전소의 신규 건설, 해외 석탄 투자, 소극적 온실가스 감축목표 등이 주요 문제점으로 지적되었다.[143] 이러한 대응 지수는 경제 규모, 국제적 위상 등에 비추어 한국의 기후변화 대응 노력이 소극적이라는 평가를 받고 있음을 보여 준다.

한국은 국제사회에서 1990년대 기후변화 국제레짐이 형성되면서 정부 차원에서 기후변화 문제에 주목하기 시작했다. 김대중 정부(1998~2003)에서 교토의정서 세부 이행 방안을 수립하는 과정에서 발전차액제도(Feed-in-Tariff; FIT)의 도입을 통해 태양광, 풍력 등 재생에너지의 개발 및 확산을 지원하는 방안을 논의하였다. 노무현 정부(2003~2008)에서는 에너지 전환 정책에 본격적으로 착수했다. 노무현 정부는 수소 연료전지와 태양광 및 풍력 에너지 개발을 확대하는 데 예산 지원을 늘리고 정부 조직을 개편해 개발과 보급 지원에 나섰다. 이명박 정부(2008~2013)에서는 2009년 기후변화에 대한 대응을 위해 온실가스 저감 목표가 도입되었다. 이명박 정부는 2020년 온실가스 배출전망(BAU) 대비 30% 감축이라는 자발적 목표를 제시했다. 절대량으로 환산하면 2020년에 5억 4,300만톤으로 줄이기로 한 것이다. 그러나 이러한 일련의 정책들에도 불구하고 한국의 배출량은 지속적으로 증가했고 2010년부터 2013년 사이에는 배출 전망치를 상회했다.[144] 이명박 정부는 2010년 <저탄소녹색성장기본법>을 제정해 온실가스 감축 목표 달성을 위한 후속 정책 추진을 위한 법적 근거를 마련했다. 2012년에는 신재생에너지 의무할당제(renewable energy portfolio standard; RPS)를 도입해 태양광 및 풍력발전 설비 산업이 형성되고 재생에너지 시장이 성장해 가는 모습을 보였다.[145] 2014년 정부는 온실가스 감축 로드맵을 수립하였으며 2015년에는 배출권거래제(ETS)가 도입되었다. 또한 2010년, 2015년 국가 기후변화 적응 대책이 마련되는 등 이명박 정부에서는 기후변화 대응을 위한 감축목표 설정 등 다양한 정책적, 제도적 기반이 강화되었다고 볼 수 있다.

또한 한국은 경제발전과 그에 따른 국제사회에서의 위상이 제고됨에 따라 중견국(middle power) 외교를 통해 한국의 영향력과 소프트 파워를 확대할 기회의 창이자 무대로 기후변화 등 글로벌 환경 의제에 주목하기 시작했다. 이명박 정부에서 특히 녹색성장을 국내 발전 목표이자 동시에 아시아 및 국제사회에서 한국이 추구하는 담론으로 홍보하고 확산하려는 시도가 이루어졌다.[146] 한국은 그 일환으로 2012년 저탄소녹색성장 전략을 개도국을 대상으로 확산하기 위한 목표하에 한국 주도로 글로벌 녹색성장기구(Global Green Growth Institute; GGGI)라는 국제기구를 발족했다. 또한 유엔기후변화협약하에서 개도국의 감축과 적응을 재정 지원하기 위한 국제기구인 녹색기후기금(Global Climate Fund; GCF)을 한국 송도에 유치하였다.[147] GCF는 2010년 설립되고 2012년 지속가능발전정상회의(리우+20)에서 국제기구로 거듭나 성장해왔고 2022년을 기준으로 총 43개의 회원국이 참여하고 있다. GCF의 주요 사업은 개도국의 녹색성장 정책 수립이행 지원, 녹색투자자문 사업 및 녹색성장을 위한 해외연구기관과의 협력사업 등이며 저개발 국가와 중진국 간 차별화된 사업전략을 수립하고, 녹색 도시개발, 수자원 및 에너지 분야를 중점사업으로 추진하고 있다. 한국은 인천 송도에 이 UN의 공식 기후변화 재정기구를 유치하고 분담금으로 연 1,000만 달러 이상을 기여해 오고 있다. 이렇듯 기후변화 부문에서 한국 정부의 대내외적 노력은 이명박 정부에서 더 광범위하게 확대되었다.

박근혜 정부(2013~2017)에서는 창조경제가 국가발전의 기조가 되면서 기후변화에 대한 정부 차원의 정책적, 법제적 노력이 다소 지체되었다. 이어 문재인 정부(2017~2022)에서는 집권 초기 기후변화보다는 미세먼지 해결이라는 국내 환경 문제에 더욱 주목하면서 이를 해결하기 위한 방안으로 재생에너지를 확대하는 에너지 전환 정책을 도입했다. 2017년 도입된 재생에너지 3020 이행계획은 재생에너지 발전량 규모를 2030년까지 20%로 확대하는 방안을 담았다. 특히 태양광 등이 재생에너지가 가진 분산형 에너지로서의 특성을 살려 주민과 지역사회의 참여를 고무하기 위한 다양한 정책들이 고안되었다. 예를 들어 지역 협동조합과 시민 펀드형 사업 등에 대해서 유인책(인센티브)을 제공하는 정책 등이 실행되었다. 2019년 6월에 문재인 정부가 발표한 제3차 에너지기본계획(2019~2040)은 에너지 전환을 통한 지속가능한 성장과 국민 삶의 질 제고라는 목표 아래 2040년까지 재생에너지 발전 비중을 30~35%로 확대하고 원자력을 점진적으로 축소하며 석탄 발전은 축소한다는 방침을 담았다.[148]

특히 4차산업혁명 등이 국제사회의 화두로 대두하면서 문재인 정부에서도 이를 이용한 수요 관리 시장의 활성화, 에너지 기술개발, 에너지 빅데이터, 수소 산업의 육성 등 새로운 기술을 개발할 것을 표명했다. 또한 에너지 공급 및 소비에서 분산형, 참여형 시스템을 구축하여 프로슈머형 에너지 생산 기반을 확대하고 지자체의 책임과 역할도 강조하였다.

문재인 정부가 에너지 전환을 넘어 보다 포괄적 차원에서 기후변화 정책을 논의하고 도입한 것은, 코로나-19 발생과 2021년 COP26에 앞서 한국 정부의 더 책임있는 역할에 대한 국내 시민사회와 국제사회의 기대에 부응하기 위한 것으로 보인다. 2019년 말 코로나-19가 발생해 2020년에 국제적으로 퍼지면서 미국과 유럽 등 주요 선진국들을 중심으로 기후변화 대응과 경제의 구조적 전환을 위해 녹색 경기 부양책인 그린뉴딜과 탄소중립 목표의 도입과 선언이 이어졌다. 문재인 정부도 2020년 10월 28일 국회 예산안 시정연설에서 대한민국의 2050년 탄소중립 목표를 선언했다.[149] 이어 11월 27일 청와대에서 2050 탄소중립 범부처 전략회의가 열렸고 민·관 합동기관인 대통령 직속의 2050 탄소중립위원회(탄중위)가 설치되어 탄소중립 사회 구축을 위한 범정부 차원의 거버넌스 체제가 구축되었다. 정부는 기후변화 대응 특별기금 신설, 탄소인지 예산제도 등 기후 친화적 재정 제도 도입 방안과 세제 및 부담금 개편 등 다양한 방안을 논의하였다.[150] 12월 7일에는 홍남기 경제부총리(겸 기획재정부 장관) 주재로 2050 탄소중립을 위한 추진전략이 발표되었는데, 단순한 탄소 배출량 저감을 넘어 저탄소 산업 생태계를 조성하고 에너지 전환을 가속화하며 저탄소 산업구조로의 혁신을 통해 경제성장 동력을 만들고 삶의 질을 향상한다는 목표를 세웠다. 정부는 경제구조의 저탄소화, 신(新)유망 저탄소 산업 생태계 조성, 탄소중립 사회로의 공정전환이라는 3+1 실행전략을 세우고 재정, 녹색금융, 연구·개발(R&D), 국제협력 등의 측면에서 제도적 기반을 강화할 것임을 밝혔다.

또한 COP26 이전에 모든 당사국으로 하여금 상향 조정된 NDC 제출을 요청하는 UNFCCC의 요구 및 한국 정부가 상위 배출국으로 더 야심찬 감축 목표를 도입해야 한다는 국제사회로부터의 요청에 부응하기 위해 환경부는 한국의 기후변화 대응 방안을 개선해 발표하였다. 12월 15일 기후변화 대응을 위해 관계부처 합동으로 수립한 2050 장기저탄소발전전략(Long-term Low Greenhouse Gas Emission Development Strategies; LEDS)에서 정부는 본 LEDS를 지속가능한 녹색사회 실현을 위한 대한민국 2050 탄소중립 전략으로 명하고 2050 탄소중립 실현을 위한 5대 기본방향과 부문별 추진전략을 제시했다(표 5-2).

이와 더불어 한국은 NDC를 상향 조정해, 2017년 배출량 대비 24.4%를 감축한다는 목표를 확정했다. 한국은 2015년 이미 2030년 온실가스를 배출전망치(BAU)보다 37% 감축한다는 목표를 UNFCCC에 제출한 바 있다. 그러나 BAU 기준은 경제성장 등의 변수에 따라 변하기 때문에 목표 이행을 투명하게 관리할 수 없

[표 5-2] 한국 탄소중립 5대 기본방향

목표	내용
깨끗하게 생산된 전기·수소의 활용 확대	• 산업(화석연료→전기·수소), 수송(내연기관→친환경차), 건물(도시가스→전기화)
디지털 기술과 연계한 혁신적인 에너지효율 향상	• 산업: 고효율기기 보급 확대, 공장에너지관리시스템 보급, 스마트 그린산단 조성 • 수송: 지능형 교통시스템(C-ITS), 자율주행차, 드론택배 • 건물: 기존 건물→그린리모델링, 신규건물→제로에너지빌딩, 발광다이오드(LED)조명, 고효율 가전기기
탈탄소 미래기술 개발 및 상용화 촉진	• 미래기술: 철강→수소환원제철, 석유화학→혁신소재, 바이오플라스틱, 전력→CCUS
순환경제로 지속가능한 산업 혁신 촉진	• 원료의 재활용·재사용(철스크랩, 폐플라스틱, 폐콘크리트) 극대화, 에너지 투입 최소화
산림, 갯벌, 습지 등 자연·생태의 탄소 흡수 기능 강화	• 유휴토지(갯벌, 습지, 도시숲) 신규조림 확대, 산림경영 촉진(산림연령 낮추고 목재이용 높이기)

***출처**: 환경부 보도설명(2020) 토대로 저자 정리

고 국제사회에 한국의 명확한 감축 의지를 표명하기 어렵다는 단점이 있었다. 이에 문재인 정부는 절대 배출량 기준의 목표치를 도입하였고 또한 2025년 이전까지 2030 NDC 감축 목표를 상향 조정하는 방안을 적극적으로 검토할 것이라 밝혔다.

문재인 정부는 정권 초기부터 강조해 온 에너지 전환 정책을 탄소중립 2050의 주요한 요소로 지속적으로 추진하였다. 2020년 12월 29일 정부가 주최한 신재생에너지 정책심의회는 <제5차 신재생에너지 기술개발 및 이용·보급 기본계획>(이하 제5차 기본계획)을 심의, 확정했다. 이 기본계획은 에너지기본계획 등과 연계되어 신재생에너지 부문의 중장기 목표 및 이행 방안을

제시하였다. 제5차 기본계획은 <제9차 전력수급기본계획>과 동일한 2020~2034년을 기간으로 하고 2034년 신재생에너지 발전 비중 목표 또한 그에 맞춰 25.8%(재생에너지 22.2%, 신에너지 3.6%)로 설정했다. 제5차 기본계획은 2050년 탄소중립을 선제적으로 실천하기 위한 핵심 내용으로 신재생에너지 보급, 시장, 수요, 산업, 인프라의 5대 부문에서 저탄소 경제 및 사회로의 이행을 가속화하는 방안을 제시하였다.[152]

기후변화에 대한 대응 노력을 법률적으로 지원하기 위한 입법 차원의 노력도 지속되었다. 산업 패러다임의 전환 및 저탄소 산업의 경쟁력 강화를 위해 기후 기술 발전이 필요하다는 자각을 기반으로 기후변화대응 기술개발 지원 및 촉진을 위한 법률적 근거를 담은 <기후변화대응 기술개발 촉진법>이 국회에서 2021년 3월 24일 통과되었다(10월 21일부터 시행). 주요 내용으로는 중앙정부와 지자체가 기후변화 대응 기술개발 촉진을 위한 정책을 마련하고, 과학기술정보통신부 장관이 국가과학기술자문회 심의를 거쳐 5년마다 기후변화 대응을 위한 기술개발 기본계획을 수립하며, 이를 토대로 과기부장관, 중앙행정기관장, 지자체 단체장이 매년 시행 계획을 수립하고 이행한다는 것이다. 본 촉진법은 기술개발을 위한 전문 인력 양성 계획 수립 및 기술개발 업무를 전담하는 기관의 지정 및 운영 문제도 다루었다.[153] 이어 2021년 3월 말 과학기술정보통신부는 2050 탄소중립 실현을 위한 태양광, 풍력, 수소, 바이오에너지, 철강·시멘트, 석유화학, 산업공정고도화, 수송 효율, 건물효율, 디지털화, CCUS를 탄소중립 기술혁신 10대 핵심기술로 선정하고 전략적 개발을 지원하는 "탄소중립 기술혁신 추진전략"을 발표했다.

2021년 8월 31일에는 2050 탄소중립, 또한 2030년까지 2018년 대비 26.3%에서 9% 상향한 35% 이상 감축한다는 업데이트된 NDC를 담은 <기후위기 대응을 위한 탄소중립·녹색성장 기본법>(약칭: 탄소중립기본법)이 국회 본회의를 통과해 9월 24일 제정(2022년 3월 25일 시행)되기에 이르렀다. 본 법률 제정을 통해 한국은 EU, 뉴질랜드, 캐나다, 일본 등에 이어 세계에서 14번째로 탄소중립법을 법제화한 국가 대열에 합류했다.

탄소중립기본법은 2050년 탄소중립을 국가 비전으로 명시하고 탄소중립위원회 구성, 기본계획 수립 등 탄소중립 이행 절차 체계화, 국가 주요 계획과 개발사업 추진 시 기후변화 영향을 평가하는 기후변화영향평가제도, 국가 예산계획 수립 시 온실가스 감축목표를 설정·점검하는 온실가스감축 인지예산제도, 산업구조 전환과 산업공정 개선 등을 지원하기 위한 기후대응기금(2조 5,000억 원) 신설, 탄소중립 전환 과정에서 취약지역과 계층(기존 석탄 기반 산업, 내연기관 산업 등)을 보호하는 정의로운 전환 등의 내용을 포함하고 있다.

이 법은 기후 위기의 심각한 영향을 예방하기 위하여 온실가스 감축 및 기후변화에 대한 적응대책을 강화하고, 탄소중립 사회로의 이행 과정에서 발생할 수 있는 경제적·환경적·사회적 불평등을 해소하며 녹색기술과 녹색산업의 육성·촉진·활성화를 통하여 경제와 환경의 조화로운 발전을 도모함으로써, 현세대와 미래세대의 삶의 질을 높이고 생태계와 기후체계를 보호하며 국제사회의 지속가능발전에 이바지할 것을 목적으로 한다.[154]

한국 사회의 2050 탄소중립 이행을 위한 경제·사회 전환정책의 법적 토대가 구축됨과 동시에 거버넌스 차원에서도 탄소중립 목표 달성을 위한 세부 전략 수립을 위한 노력이 진행되었다. 정부는 2050 탄소중립 추진전략에서 2050 탄소중립 시나리오를 고안하기로 하고 2021년 1월부터 11개 부처 추천을 받은 45개 국책기관의 전문가들로 기술작업반을 구성했다. 작업반은 국내외 정책과 동향에 대한 조사, 2050년 경제·사회 전망, 에너지 기본계획 등을 분석해 산업, 수송, 건물, 농축·수산, 흡수원 등 총 10개 부문 2050 온실가스 배출량 및 감축 잠재량을 분석하여 기술작업반 시나리오를 구축했다. 2021년 5월 29일에는 탄소중립 정책의 수립, 이행, 평가 등에서 사령탑 역할을 하는 대통령 소속 민관합동 탄소중립 추진 기구로 2050 탄중위가 출범하였다. 탄중위는 6월 기술작업반으로부터 2050 탄소중립 시나리오를 받아 약 두 달간 총 54회의 분과위원회와 전문위원회회의를 통해 검토한 후 수정의견을 담아 8월 5일 세 개의 시나리오로 구성된 2050 탄소중립 시나리오 초안을 발표하였다. 이어 다양한 이해당사자, 단체, 기관들과 분야별 협의체 구성을 통해 간담회가 진행되었고 숙의(deliberation)과정, 온라인 시민토론회 등 논의과정을 통해 여론 수렴 및 초안 수정이 이루어졌다.[155]

탄중위는 산업계, 노동·농어민, 시민사회(교육, 종교, 소비자, 생협, 환경, 에너지 등 다양한 부문), 청년, 지자체 등 다양한 이해당사자들과 단체를 대상으로 협의체를 구성해 20회의 간담회를 개최하였는데, 이 과정에 총 115개 협회 및 기관이 참여했고 그 중 94개 단체의 의견서를 공식 접수하여 홈페이지에 공개하는 등 의견을 종합적으로 반영하였다. 또한 일반 시민들과의 소통을 위한 '탄소중립 시민회의'가 별도로 구성되어 학습, 토론, 정책 숙의 과정이 진행되었다. 이 시민 회의에는 15세 이상 남녀를 지역, 성별,

연령별로 할당한 후 무작위 선정을 거쳐 뽑힌 500여 명이 참가하였다. 시민 회의에서 학습, 토론이 진행되면서 총 4번의 설문조사가 진행되었고 마지막 설문조사 결과가 탄소중립 시나리오 초안의 수정과정에 반영되었다. 이러한 숙의 절차를 통해 2050 탄소중립 시나리오 A안과 B안이 마련되어 탄중위 전체회의 심의(10월 18일), 국무회의 심의(10월 27일)를 거쳐 확정되었다.

탄중위가 제시한 시나리오는 법적 구속력은 없지만 2050 탄소중립 달성을 위한 2030 NDC, 중장기 에너지 계획 등 계획 수립, 온실가스 감축 기술지원 방향 등에 있어 나침반 역할을 한다.[156] 또한 시나리오 도출 과정은 정부와 전문가 집단, 광범위한 이해당사자와 시민의 참여적 거버넌스(participatory governance)를 통해 이루어졌다. 이 과정에서 정부는 2050 탄소중립 시나리오 및 상향 조정된 2030 NDC인 2018년 총 배출량 대비 40% 감축이라는 목표를 확정하고 선언하였다. 이는 탄소중립기본법이 명시한 2018년 대비 35% 이상의 감축이라는 목표에 부응한다.

업데이트된 NDC에 대해서는 2021년 4월 미국이 주최한 기후정상회의에서 문재인 정부가 NDC 목표 상향 조정을 선언한 이후 11월 개최될 COP26를 위해 성급하게 도출한 것이 아니냐는 비판이 제기되기도 했다. 특히 산업계는 NDC가 국내 산업 및 경제 현실에 비해 지나치게 높게 설정되었다고 비판했고, 환경 시민사회 등은 그 반대로 상향 조정된 NDC조차도 기후변화 대응을 위해서는 미흡한 목표치라고 비판하는 등 다양한 주체에 따라 상반된 견해 차이를 보였다.

NDC의 부문별 감축 목표는 표 5-2와 같은데 산업과 전환 부문에서의 배출량 감소를 가장 크게 요구하고 있다. 부문별 감축 방안을 살펴보면 전환 부문에서는 석탄 발전을 축소하고 신재생에너지 발전을 확대하는 방안, 산업 부문에서는 전기화, 폐원료 활용률 제고, 에너지 효율 개선, 건물 부문에서는 에너지 효율 향상, 고효율 기기 보급, 스마트에너지 관리, 수송 부문에서는 수요관리 강화, 친환경차 보급 확대, 행태개선, 항공 및 해운의 운영효율 개선 등의 방안을 활용한다는 계획이다.[157]

이처럼 탄소중립 2050 달성을 위한 다양한 정책과 논의가 추진되었다. 이와 더불어 코로나-19로 인한 경기 침체 극복과 기후위기, 각종 사회적 문제들에 대한 대안으로 문재인 정부는 한국판 뉴딜을 도입하였다. 한국판 뉴딜은 디지털, 그린, 사회안전망으로 구성되었고 총 160조 재정을 투입해 경제 기반을 디지털로 전환하고 친환경 저탄소 경제 및 사회로 전환해 간다는 목표를 설정하였다. 정부는 이를 통해 약 190만 개의 일자리를 창출할 수 있을 것이란 전망을 제시했다. 에너지 부문에서는 저탄소 친환경 국가로의 도약이라는 목표아래 신재생에너지의 확산 기반을 구축하고 에너지 관리 효율화 지능형 스마트 그리드의 구축, 전기 및 수소차 같은 친환경 모빌리티 보급 확대 등의 내용을 추진 과제로 설정했다. 또한 도시, 공간, 생활 인프라의 녹색 전환과 녹색산업 생태계의 구축 등도 주요 과제로 제시하였다. 정부는 한국판 뉴딜의 한 축인 그린뉴딜을 통해 단기적 경제 침체 문제의 해결 뿐만 아니라 장기적으로 탄소중립 2050을 이루기 위한 인프라, 기술, 인력 등의 강화에 목표를 두었다.

국내에서는 이렇듯 탄소중립 2050 비전 달성을 위한 법적, 제도적 기반이 마련되었다. 또한 이러한 목표의 실천 의지를 대내외에 각인하기 위해 정부는 NDC를 상향 조정해 발표했다. 더불

[표 5-3] 부문별 감축 목표(단위: 백만톤CO2eq)

구분	부문	기준연도 ('18)	현 NDC ('18년 대비 감축률)	NDC 상향안 ('18년 대비 감축률)
배출량		727.6	536.1 (Δ191.5, Δ26.3%)	436.6 (Δ291.0, Δ40.0%)
배출	전환	269.6	192.7 (Δ28.5%)	149.9 (Δ44.4%)
	산업	260.5	243.8 (Δ6.4%)	222.6 (Δ14.5%)
	건물	52.1	41.9 (Δ19.5%)	35.0 (Δ32.8%)
	수송	98.1	70.6 (Δ28.1%)	61.0 (Δ37.8%)
	농축수산	24.7	19.4 (Δ21.6%)	18.0 (Δ27.1%)
	폐기물	17.1	11.0 (Δ35.6%)	9.1 (Δ46.8%)
	수소	-	-	7.6
	기타 (탈루 등)	5.6	5.2	3.9
흡수 및 제거	흡수원	- 41.3	- 22.1	- 26.7
	CCUS	-	- 10.3	- 10.3
	국외감축	-	- 16.2	- 33.5

***설명**: 기준연도(2018) 배출량은 총배출량, 2030년 배출량은 순배출량(총배출량-흡수·제거량)/ 국내 추가감축 수단을 발굴하기 위해 최대한 노력하되, 목표 달성을 위한 보충적 수단으로 국외감축 활용

***출처**: 관계부처 합동(2021) 자료 토대로 저자 정리

어 한국은 국제사회에서 한국의 기후변화 대응 의지를 명확히 함으로써 기후선도 국가의 면모를 보여주고자 하였다. 특히 개도국에서 선진국으로 도약한 경험을 살려 개도국의 친환경 전환, 기후변화 대응을 위해 기여할 것을 공표했다. 일례로 정부

는 2021년 1월 20일 발표한 <제3차 국제개발협력 종합기본계획(2021~2025년)>에서 개도국에 대한 지원 확대 방침을 밝혔다.[158] 국제개발협력 부문의 12대 중점과제 중 하나로 녹색 전환 선도를 선정하고 국제사회에서 기후변화 논의 선도 및 협력 강화, 전략적 그린뉴딜 ODA 추진, 개도국 기후변화 대응 지원 강화 방침을 밝혔다. 개도국의 온실가스 감축 사업을 발굴해 지원하고 맞춤형 그린 ODA를 지원하는 등 개도국의 기후변화 대응을 지원한다는 것이다.

한국 정부는 또한 기후 외교를 위한 노력을 지속해 왔다. 그 예로 2021년 5월 30, 31일 양일에 걸쳐 제2차 P4G 정상회의(P4G: Partnership for Green Growth and Global Goals)를 주최하여 한국의 기후 리더십을 제고하고자 하였다. 본 정상회의의 결과로 국제사회의 기후변화 대응을 위한 실천 방안을 담은 서울선언문이 채택되었다. 본 선언문에는 녹색 회복을 통한 코로나-19의 극복, 지구 온도 상승 1.5℃ 이내 억제 지향, 탈석탄을 향한 에너지 전환 가속화, 해양 플라스틱 문제 대응 등을 위해 국제사회가 함께 노력해야 한다는 내용이 포함되었다.[159]

한국은 또한 11월에 개최된 COP26에 참가해 앞서 10월에 상향 조정한 NDC를 국제사회와 공유하였다. 본 당사국총회에서 한국은 기후변화 대응을 위해 다른 국가들과 연대하였는데 2030년까지 산림 파괴를 멈추고 토양 회복을 추진한다는 '산림·토지 이용 선언'과 메탄 배출량 30% 감축을 목표로 하는 '국제메탄서약' 등이 그것이다.

더불어 그린뉴딜 ODA, 개도국 지원 확대 등을 통해 국제사회에서 선진국의 책임을 다할 것을 밝혔다. 이를 위해 특히 한국에 소재한 녹색기후기금(GCF), 글로벌녹색성장연구소(GGGI)를 통한 지원, 기후기술센터 및 네트워크(Climate Technology Centre and Network; CTCN) 한국연락사무소 개소 등을 통해 개도국에 대한 재원, 정책, 기후 기술의 통합적 지원을 활성화하고 확대할 것임을 강조했다. COP26에서는 또한 한국 정부가 제안한 아이디어가 채택되기도 했다. 문재인 대통령은 11월 1일 COP26 기조연설에서 국제사회가 기후변화에 대한 청년들의 목소리에 특히 주의를 기울이고 정책에 반영할 필요가 있다고 강조하고 청년세대의 기후 플랫폼으로 당사국총회에서 청년기후포럼을 정례적으로 개최할 것을 제안했다. 이는 청소년 기후변화 운동 등으로 촉발된 미래세대의 기후위기 인식과 행동을 반영한 한국정부의 제안으로 COP26 결정문에 최종 포함되는 성과를 낳았다.

기후변화 부문에서 주요 사건의 흐름과 한국 정부의 대응 과정을 정리하면 다음 표와 같다(표 5-4).

[표 5-4] 기후변화 부문 주요 사건 및 한국의 대응

년.월.	주요 사건
1992.5.	UNFCCC 체결
1995.3.	제1차 기후변화협약 당사국총회(COP)
1997.10.	기후변화협약에 따른 기후변화 대책
1997.12.	제3차 COP: 기후변화협약 부속 교토의정서 채택
1998.11.	제4차 COP: 공동이행제도 등에 대한 운영규칙 논의
1999.11.	제5차 COP: 개도국에 적용될 신규 온실가스 감축 의무 부담
2001.7.	제6차 COP: 교토의정서 3개 메카니즘 세부 운영방안 논의 교토의정서 타결 및 과제

년.월.	주요 사건
2001.11.	제7차 COP: 교토의정서 세부이행방안 확정 논의
2002.3.	기후변화협약 대응 제2차 종합대책(2002~2004)
2002.10.	제8차 COP: 교토의정서 당사국총회 준비 논의
2003.12.	제9차 COP: 배출저감 조치에 관한 국가보고서 검토
2004.12.	제10차 COP: 기후변화협약 10년의 평가와 과제 논의
2005.2.	- 기후변화협약 대응 제3차 종합대책(2005~2007) - 교토의정서 발효에 따른 기술·산업구조 개편 방안
2005.4.	교토의정서 발효에 따른 온실가스 감축 추진기획단 발족
2005.5.	온실가스 배출통계 및 배출계수 개발 계획
2005.6.	- 교토의정서 발효에 따른 온실가스 감축대책 - 제2차 온실가스 배출권 모의거래 실시계획
2005.11.	제11차 COP: 온실가스 의무감축 국가의 교토의정서 이행점검 논의
2006.3.	온실가스 배출통계 시스템 구축
2006.5.	기후변화협약 대응 연구개발 종합대책(2006~2010)
2006.11.	제12차 COP: 2012년 이후의 기후변화 대응체제 논의
2007.8.	기후변화대응 신국가전략 수립
2007.12.	- 제13차 COP: Post-2012 포괄적 협상 프로세스 채택 - 제4차 기후변화 종합대책(2008~2012)
2008.9.	기후변화대응 종합기본계획
2008.12.	제14차 COP: 청정개발체제(CDM)의 지역적 불균형 해소방안 마련
2009.1.	저탄소 녹색성장기본법(안) 입법 추진
2009.7.	녹색성장 국가전략 및 5개년 계획(2009~2013)
2009.12.	제15차 기후변화협약 당사국총회 결과 및 향후 대책
2010.10.	제1차 국가 기후변화 적응대책(2011~2015)
2010.12.	제16차 COP: 칸쿤 합의문 도출
2011.6.	생활 속 녹색생활 실천문화 확산 대책
2011.8.	기후변화 대응 방재 대책
2011.12.	제17차 COP: 더반 결과물 채택

년.월.	주요 사건
2012.5.	온실가스 배출권의 할당 및 거래에 관한 법률 제정
2012.10.	녹색기후기금(GCF) 국내 유치
2012.12.	제18차 COP: 교토의정서 2020년까지 연장 합의
2013.12.	제19차 COP: 신기후체제 형성을 위한 2015년까지의 로드맵 도출
2014.1.	-온실가스 감축 이행을 위한 로드맵 마련(2014~2020) - 제1차 배출권거래제 기본계획(2015~2017)
2014.9.	제1차 국가 배출권 할당계획(2015~2017)
2014.12.	제20차 COP: 기후행동에 관한 리마 결정문 채택
2015.12.	제21차 COP: 신기후체제 합의문 파리협정 채택 제2차 국가기후변화 적응대책(2016~2020)
2016.6.	기후변화 대응기술 확보 로드맵
2016.11.	- 제22차 COP: 기후 및 지속가능개발을 위한 마라케시 행동 선언문 채택 - 한국 정부 파리기후변화 협정 비준
2016.12.	- 제1차 기후변화대응 기본계획(2017~2036) - 2030 국가온실가스감축 기본로드맵 - 탄소자원화 국가전략프로젝트 실증 로드맵(2017~2022)
2017.1.	제2차 배출권거래제 기본계획(2018~2020)
2017.12.	제2차 국가 배출권 할당계획(2018~2020)
2018.7.	2030 온실가스 감축 로드맵 수정안 / 2018~2020년 배출권 할당계획
2019.10.	제2차 기후변화대응 기본계획
2020.7.	그린뉴딜 제 3차 국가 기후변화 적응대책(2021~2025)
2020.9.	제3차 국가 배출권 할당계획(2021~2025)
2020.12.	2050 탄소중립 추진전략
2021.10.	2050 탄소중립 시나리오안 / 2030 국가 온실가스 감축목표 상향안
2021.12.	국토교통 탄소중립 로드맵 2050 농식품 탄소중립 추진전략

***출처**: KDI 경제정보센터 경제정책 시계열 서비스를 토대로 저자 정리

이렇듯 한국은 기후변화에 대한 대응을 대내외적으로 강화해 왔다. 대내적으로는 탄소중립 2050의 이행을 통해 기후변화가 한국 사회에 미치는 영향을 최소화함과 동시에 지속가능하고 성숙한 저탄소 경제로의 이행을 추진해 왔다. 대외적으로 한국은 국제레짐 참여, 개도국에 대한 지원 강화 등을 통해 기후변화 문제 해결에 적극적으로 동참함과 동시에 기후 외교를 통해 중진국이자 선진 경제로서의 국제적 입지를 공고히 다지고자 하였다. 이를 통해 기후 불량국가라는 오명을 떨쳐내고 탄소중립 및 기후변화 의제에서 선도적 영향력을 확대하고자 하였다. 즉 한국의 기후변화 대응 과정은 국내에서 탄소 집약적 경제발전 및 산업화의 경로로부터 탄소중립 시대로의 구조적 전환을 꾀함으로써 글로벌 기후변화 이슈 해결에 기여함과 동시에 한국의 기술과 경제의 경쟁력을 강화하기 위한 노력으로 볼 수 있다. 대외적으로 한국 정부의 기후변화 정책 노력은 국제사회에서의 위상과 소프트 파워 강화라는 중견국으로서의 비전을 이루기 위한 수단이자 과정의 일환으로 발현되었다고 할 수 있다.

제6장

기후변화를 둘러싼 협력과 갈등의 국제정치

국제정치는 국제사회를 구성하는 기본 단위(unit)인 주권 국가 간 발생하는 복잡다단한 상호작용에서 발생한다. 그 상호작용은 크게 갈등과 협력으로 구분된다. 국가 간 다양한 문제나 권력의 분배 문제를 둘러싸고 상이한 이해관계나 가치, 인식 등이 충돌해 발생하는 갈등과 경쟁은 물리적 대립인 무력 분쟁, 전쟁과 같은 양상으로 격화되기도 한다. 이와 대조적으로, 국가 간 일정 수준 이상의 신뢰를 토대로 하거나 비슷한 이익, 이해관계, 인식을 공통분모로 하는 우호적 관계는 앞서 3장에서 살펴본 바와 같이 국제레짐의 형성을 낳기도 한다. 레짐은 다시 국가 간에 발생할 수 있는 갈등을 조율하고 해결을 위한 논의의 장을 열어주기도 하면서 국가 간 협력적 관계의 지속과 확대에 기여한다.

제6장의 주제는 기후변화를 둘러싼 국가 간 갈등과 협력이 어떠한 양상을 띠고 전개되어 왔는가이다. 본 장에서는 이 주제를 세 개의 세부 주제로 나누어 접근해 가고자 한다. 첫째, 기후

변화-안보 연계(climate-security nexus)에 관한 최근 일련의 논의는 기후변화 문제가 어떻게 국가 간 갈등, 나아가 분쟁을 유발하는지 보여준다. 안보(security)는 국가의 생존 및 지속가능한 발전과 번영을 위한 기초를 형성한다. 그러나 기후변화가 야기하는 자연재해 등의 부정적 영향은 국가나 국가 내부의 집단의 안보를 저해하는 요인으로 작용하기도 한다. 기후변화로 인한 위협과 부정적 영향을 극복하고자 하는 과정에서 발생하는 기후 이주(climate migration)와 같은 현상은 기존의 사회집단 간 혹은 국가 간 유지되어온 영토와 경계의 완결성을 위협하는 요인이 될 수 있으며 집단과 국가 사이에 갈등을 낳을 수 있다. 본 장은 이와 같은 기후-안보의 상관관계에서 발생하는 분쟁과 갈등, 그리고 협력의 양상을 논의한다.

둘째, 기후변화를 둘러싼 갈등과 협력은 소위 북반구(global north)와 남반구(global south)라고 하는 선진국과 개도국의 상호작용인 남북(north-south)관계에서도 드러난다. 기후변화 국제레짐의 형성과정에서 논한 바와 같이 기후변화를 둘러싼 해결 방안을 모색하는 과정에서 선진국과 개도국은 큰 틀에서는 협력해왔지만 여러 세부 사항에 있어서는 갈등을 표출하기도 하였다. 본 장에서는 구체적으로 남북관계에서 기후변화를 둘러싼 협력과 갈등에 기여하는 요인들이 무엇인지 살펴보고자 한다.

셋째, 오늘날 국제사회에서 가장 중요한 양자(bilateral) 관계라고도 표현되는 미국과 중국 간의 관계는 글로벌 이슈인 기후변화 문제에 대한 대응에 있어서도 중요한 영향력을 미친다. 미국과 중국은 본 문제를 두고 어떻게 협력하고 경쟁해 왔는지 논의한다.

1. 기후-안보 넥서스로 보는 협력과 갈등

앞서 논의한 바와 같이 기후변화는 국제사회에 다양한 위협 요소로 부정적 영향을 야기해 왔다. 특히 기후변화는 인간의 몇몇 거주 지역을 근본적으로 재편하고 있다. 일례로 북아프리카의 사헬(Sahel) 지역과 중앙아메리카의 농업 지역의 환경이 기후변화로 인해 변하고 있으며 이에 따라 식량 공급이 불안정해지고 있다. 또한 북아프리카와 중동에서는 물 스트레스(water stress) 및 희소성(scarcity)이 점차 악화하고 있다.

기후변화는 개개인의 생존 및 삶의 질의 문제인 인간안보(hu-man security)에도 영향을 미친다. 이 개념은 노벨 경제학상 수상자인 아마르티아 센(Amartya Sen)의 연구 등에 영향을 받아 1994년 유엔개발계획(UN Development Programme; UNDP)이 발행한 인간개발보고서에서 더욱 구체화 되었다. 전통적 안보의 개념이 국가 수준에서 외부의 침입 등 위협으로부터 영토를 보전하며 안전한 상태를 유지하고 국익을 보호하는 것으로 협소하게 정의되었다면 인간안보는 개인의 차원에 특히 초점을 맞추어 안보 문제에 접근한다. 인간안보는 개인이 기아, 질병, 폭력 등의 위협에서 안전하고 경제적, 환경적, 정치적, 사회적 측면을 포함한 제 방면에서 인간다운 삶을 향유하여 개인의 역량과 잠재력이 실현될 때 비로소 극대화된다.

그런데 기후변화는 점차 이러한 인간안보에 위협을 가하는 요인으로 작용하고 있다. 예를 들어 2022년 6월부터 시작해 약 3개월간 지속된 홍수로 인해 파키스탄의 1/3이 물에 완전히 잠겼고 이로부터 사망자 1,100여명, 이재민 570만 명이 발생했다.

피해액은 100억 달러를 넘어설 것이며 파괴된 인프라 등의 회복에만 5년 이상이 걸릴 것으로 파키스탄 당국은 예측하였다. 인구의 15%인 3,300만 명이 일정 수준 이상의 피해를 보았고 이는 이미 진행되고 있던 경제난을 더욱 심화했으며 개개인의 생존, 식량, 주거, 건강 안보에 있어 막대한 영향을 미쳤다.[160]

기후변화는 이처럼 오늘날 인간안보의 위협요인으로 부상하고 있다. 인간안보의 결핍 및 저해는 한 사람의 삶을 파괴하고 삶의 질을 저해하는 것을 넘어 한 국가 차원에서뿐만 아니라 국제정치에 있어서도 갈등의 유발 요인이 될 수 있다. 예를 들어 가뭄, 고온 현상, 홍수, 해일, 태풍 등이 더 빈번히, 그리고 더 강력히 발생하게 되면서 이러한 현상이 발생하는 지역의 사람들은 지역을 떠나(displacement) 다른 지역으로 이주하는 선택을 하기도 한다. 이주는 역사적으로 인구 증가, 경제적 기회, 환경의 악화, 정치적 이유 등의 이유로 발생했고 오늘날 세계 인구 중 십억 명 정도가 이주민으로 추정된다.

기후변화는 최근 이주와 이주민의 증가를 야기하는 원인 중 하나가 되고 있다. 유엔난민고등판무관(UN High Commissioner for Refugees)은 지난 2021년 4월 2010년 이후 2,150만 명이 기후변화와 관련된 재난으로 실향민이 됐다고 발표했다. 미래 전망은 더 어둡다. 호주 시드니 소재의 씽크탱크 경제평화연구소(Institute for Economic and Peace)는 2050년까지 기후변화로 최소 12억 명이 실향민이 될 수 있다고 예측했다.[161]

그러나 이주는 종종 이주민과 기존 거주자 집단 사이의 갈등과 분쟁으로 이어진다. 물과 토지 등 가용 자원은 한계가 있으며 기후변화로 인해 점차 이들 자원이 희소해 지면서, 또한 이주민의 유입으로 자원 이용자의 수가 증가하면서, 자연적으로 누가 자원 접근(access)과 사용에 우선권을 가지는지를 두고 갈등이 빚어질 가능성도 높아진다. 자원을 두고 그 배타적 이용을 수호하려는 기존의 집단과 새로운 이용을 원하는 유입 집단 간에 갈등이 유발되리라는 것은 자명하다.

시리아(Syria) 내전은 기후변화가 어떻게 이주와 그로 인한 분쟁으로 이어질 수 있는지를 보여주는 좋은 사례이다. 튀르키예(Türkiye)와 접하고 유프라데스 강 상류에 위치한 시리아는 역사적으로 비옥한 초승달 지대라고 불리는 농경의 발상지였다. 그러나 이 지역에 2007년부터 2010년까지 기상관측 사상 몇백 년 만의 최악의 가뭄으로 기록될 가뭄이 발생했으며 이로 인하여 농작물 생산량이 급격히 줄자 농민들은 농토를 버리고 도시로 이주했다.[162] 인구의 40%인 760만 명이 실향민이 되었다는 비정부조직의 분석이 있었을 정도로 세계적 수준의 국내 이주가 발생한 것이다.[163] 이에 따라 도시 인구가 급증하고 물가 상승이 발생하면서 이주민과 기존 거주 집단 간 사회적 불만과 갈등이 증폭되었다. 또한 이 시기 가뭄으로 인해 러시아에서도 곡물 생산량이 줄면서 러시아로부터 밀을 수입해 온 시리아에서도 밀가루 가격이 폭등하였다.

이러한 갈등은 권위주의 정부의 폭압에 대한 오랜 불만, 그리고 중동에서 확산되던 아랍의 봄(Arab Spring)의 영향과 결합되면서 결국 2011년 3월 독재자 바샤르 알아사드 대통령의 퇴진을 요구하는 반정부 시위가 촉발되었다. 이는 곧 정부와 군을 장악한 시아파계 분파인 알라위파와 인구의 4분의 3을 차지하는 다수 집단인 수니파 사이의 내전으로 이어졌다. 이 내전에서 이란과 레바는 헤즈볼라가 시아파 정권을 지원하고 사우디아라비아, 카타르 등의 수니파 국가가 반군을 지원하면서 시리아 내전은 국제적으로 확대되었다. 또한 2014년에는 반군을 지원하는 미국이 시리아를 공습하며 개입했고 2015년 러시아도 개입하면서 미국과 러시아 간의 대리전 양상도 띠게 되었다. 이 내전으로 인해 387,000명이 사망했고 560만 명이 난민이 되었다는 보도가 있다.[164]

시리아 내전으로 인해 발생한 난민은 인접 그리스, 터키, 이탈리아 등을 통로로 하여 유럽 전 지역으로 이동하면서 국가 간 갈등의 불씨가 되었다. 이들 국가에서는 난민 진입을 막고자 하는 치안 병력과 난민 간 분쟁이 발생하기도 했으며 난민을 수용한 독일 등의 국가에서도 정치적, 사회적 갈등이 촉발되었고, 이는

[그림 6-1] 시리아 난민 이주

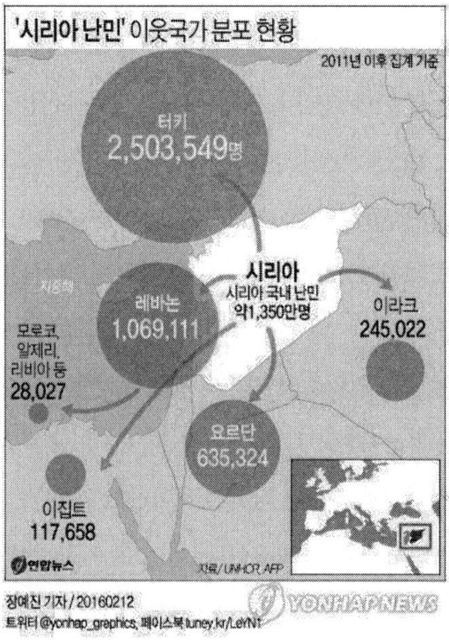

***출처**: 연합뉴스(2016.2.12.).

유럽에서 반이민정서, 민족주의가 확대되는 요인으로 작용하기도 하였다.

시리아 내전을 분석한 연구자들은 가뭄과 물 부족, 기후변화가 내전의 직접적 원인은 아닐지라도 내전에 일정 부분 기여하였음을 시사하는 연구를 발표했다. 미국 국립해양대기청(NOAA)에 따르면 1902년부터 2010년 기후변화가 이 지역의 건조도 증가 원인의 거의 절반을 차지하였다.[165] 즉 기후변화로 인한 환경의 변화가 국가 내부에서 갈등과 분쟁을 유발하고 이는 주변국의 안보 및 국제정치에도 영향을 미치게 된 것이다. 물론 분쟁의 원인을 하나로 규정할 수 없으며 시리아 내전의 경우에도 권위주의적 정권을 교체하고자 하는 열망, 종교적, 사회적, 정치적 요인, 경제 불안, 기후변화, 담수 부족 등 다양한 요인이 복합적으로 상호작용하였다. 기후변화와 물 부족, 경제 불안 사이에는 조금 더 직접적 상관관계가 있었다.[166]

아프리카에서 발생한 수단(Sudan) 내전 등 수많은 내전 역시 기후변화와 연관성을 가진다는 분석도 있다. 하버드대 네이선 넌(Nathan Nunn) 교수의 연구에 따르면 아프리카에서 1989~2018년 사이 약 30년간 내전으로 123만 명이 사망했는데, 이 기간에 연간 강우량은 역사적 평균치에 훨씬 못 미쳤고 가뭄이 더 빈번히 발생하면서 사막화는 더 악화되었다. 이러한 환경 변화는 인간 생존에 필수적 자원인 물과 식량 공급에 악영향을 주었다. 넌 교수는 아프리카 인구의 22%에 해당하는 약 2억 6,800만 명이 목축으로부터 수입을 얻는데 기후변화로 인한 가뭄으로 농부와 목축업자들이 부족한 자원을 놓고 경쟁하면서 폭력적인 충돌이 발생했다고 주장하였다.[167]

수단 다르푸르(Darfur) 사태도 이러한 기후변화와 분쟁의 연관성을 잘 드러낸다. 2003년 2월 발생한 다르푸르 분쟁은 국제사회에서 발생한 유혈사태와 인권 유린 사태 중 최악으로 언급된다. 고원 지대인 다르푸르 지역에는 북부 아랍계 및 남부 아프리카계 토착민인 기독교계의 푸르(Fur)족 등 다수의 인종이 살고 있었다. 분쟁의 발단은 반군 조직들이 바시르 정부에 반기를 들게 되고(정부의 친이슬람 정책 등이 원인) 정부가 이를 진압하기 위해 아랍 민병대 잔자위드(Janjaweed)를 조직하게 되면서이다. 반군과 정부 및 잔자위드 연합 사이의 내전은 약 10년간 지속되면서 대학살(genocide)과 인종청소, 여성과 아동에 대한 성폭력 등 인권 유린과 폭력이 발생했다. UN은 이 분쟁으로 인해 30만 명이 사망했고 250만 명의 난민이 발생했다고 분석했다. 정부의 무차별적 반군 진압 및 학살 등으로 2005년 수단은 국제사회의 제재를 받았다.[168] 다르푸르 분쟁은 끝났지만 수단에는 현재도 부족 간 유혈 충돌이 진행되는 등 갈등이 종식되지 않은 상태다.

이 분쟁은 인종, 민족, 종교, 경제사회적 요인 등 다양한 요인들이 복합적으로 작용해 발생했다. 그러나 기후변화 역시 사회집단 간의 갈등을 유발한 요인 중 하나이다. 다르푸르 지역에 가뭄과 사막화가 지속되자 아랍 유목민들이 대거 유입되면서 인구가 증가하고 이들과 토착민 사이에 자원의 경쟁이 촉발된 것이다.

이처럼 기후변화가 가뭄과 이상고온 등을 초래하고 물과 같은 희소 자원의 부족 현상을 유발하며 농업 및 목축업 등 경제활동에 영향을 미치면 이는 식량안보(food security)에 대한 위협의 증가로 이어지는 등 연쇄 반응(chain reaction)이 발생한다. 식량안보의 위협과 붕괴는 사회 다양한 집단 사이에 갈등을 유발하

[그림 6-2] 다르푸르 분쟁 경과

다르푸르 분쟁 일지

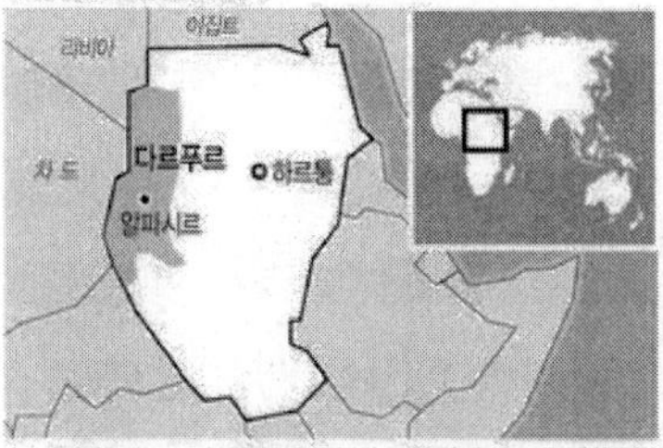

2003년 2월	다르푸르해방전선(DLF) 반군, 소도시 굴루 공격
4월	SLA·JEM 반군, 중심도시 알파시르 점령
6월	친정부 이슬람 민병대 잔자위드, 반군에 반격 시작
2004년 1월	정부군, 진압작전 개시. 주민 수만명 차드로 탈출
2005년 3월	유엔 안보리, 다르푸르 학살 책임물어 수단 제재 시작
2006년 5월	수단 정부-SLA 반군 평화협정 체결했으나 휴전 무산
11월	아프리카연합, 평화유지군 다르푸르 주둔 결정
2008년 1월	유엔 평화유지군(UNAMID) 2만6000명 배치
2009년 3월	국제형사재판소, 알 바시르 수단대통령 체포영장 발부
2010년 2월	수단 정부-JEM 반군, 차드 중재로 평화협정 체결

***출처**: 경향신문(2010.2.21.).

며 갈등이 심화되면 국가 내부의 다른 요인들과 결합하여 불안정을 낳고 이는 난민 사태 등을 유발하는 등 국제적 파장을 일으키기도 한다.

미국 스탠포드 대학의 연구진은 2019년 과학 전문지 *Nature*에 발표한 논문에서 기후변화 악화에 따라 폭력적인 분쟁 위험도 점가 증가할 것이라고 경고했다.[169] 본 논문은 빈곤과 같은 사회경제적 저발전 문제, 정치 불안정, 정부 통치 능력의 결핍 등이 조직화 된 무장 분쟁을 야기하는 더 중요한 원인일 수 있으나 기후변화로 인한 가뭄과 홍수, 또는 폭염의 증가로 분쟁이 더 확대될 수 있다고 경고했다. 이 논문은 전 세계 온실가스 배출이 줄지 않으면 기후와 관련된 폭력적인 분쟁이 다섯 배 증가할 수 있다고 경고했다.

[그림 6-3] 기후변화 그리고 국제분쟁의 양상

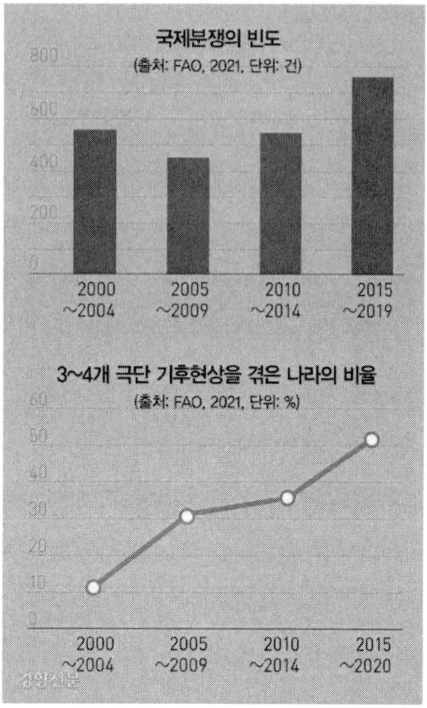

*출처: 경향신문(2021.11.28.).

유엔식량농업기구(Food and Agriculture Organization; FAO)는 국제분쟁의 양상이 지난 약 20년간 점차 증가해 왔음을 보여준다. 또한 그 사이 극단적 기후변화를 경험한 국가들 역시 늘었음을 알 수 있다. 이러한 자료가 기후변화가 국제분쟁의 직접적 원인임을 시사하는 것은 아니나 적어도 이러한 흐름이 동시에 부정적 방향으로 진행되고 있음을 주목할 필요는 있다.

그러나 기후변화와 내전, 분쟁, 국가 간 갈등의 연관성을 규명한 최근의 연구 동향에 대한 비판도 존재한다. 기후변화가 기존의 정치, 경제, 종교 등의 갈등과 위협요인들을 증폭시키는 소위

"threat multiplier"(위험 증폭 요인)라는 연구 결과에 대해 실제 데이터가 인과관계(causation)는 고사하고 상관관계(corelation) 역시 과학적으로 입증하기 어려우며 기후변화를 안보화(securitize), 정치화하려는 시도를 경계해야 한다는 비판적 시각도 존재한다.[170]

기후변화로인해 야기되는 가뭄, 물 부족, 농업 생산량 감소 등 환경적 요인의 악화와 불안정성은 비단 사회경제적 문제를 낳고 심화하는 것이 아닌, 정부와 다른 집단에 대한 불만과 갈등이라는 정치적 문제, 나아가 무력 충돌, 전쟁과 같은 경성(硬性) 안보 문제를 일으킬 수 있음을 보았다. 무력과 전쟁은 다시 삶의 터전인 환경을 파괴하여 그 문제의 원인을 강화하는 악순환을 낳는다.[171] 분쟁과 갈등의 발생은 또한 한 사회의 한정된 가용 자원이 환경, 경제, 교육, 복지 등 인간안보를 위한 건설적 부문에 투입되기보다 군축과 같은 전통 안보의 강화를 위해 전용되게 하는 결과를 낳는다. 또한 자원의 군사안보적 투입과 전용은 기후적응 역량 및 인프라의 구축 등을 통해 인간안보 및 기후 회복탄력성을 제고하는 일에 한 국가나 공동체가 투입할 수 있는 자원과 예산이 상대적으로 줄어들 수도 있음을 의미한다.

기후변화로 인해 자신의 삶의 터전으로부터 반강제적으로 이주를 선택하게 되는 기후난민의 수는 증가할 것으로 보인다. IPCC는 기후 위기로 작물 수확량이 이번 세기에 10년마다 2%씩 감소하는 데 반해 식량 수요는 2050년까지 10년마다 14%씩 증가하며, 기온이 1.5℃ 상승하면 식량 생산량의 변화로 고통받는 사람의 수가 3,500만 명, 2℃ 상승 시 3억 6,200만 명, 3℃ 상승 시 18억 1,700만 명이 될 것으로 전망했다.[172] 식량안보의 불안정은 그에 따른 대규모 이주를 유발할 수 있다.

그러나 국제사회는 아직 기후변화로 인한 실향민의 난민 인정에 있어 어떠한 합의도 도출해 내지 못한 상황이다. 난민은 현재 국제법상 인종, 종교, 국적, 정치적 의견 또는 특정 사회집단의 구성원 신분을 이유로 박해를 받을 충분한 위험이 있어 자신의 나라를 떠나 국경을 넘은 사람이나 분쟁 혹은 일반화된 폭력 사태로 인해 고국으로 돌아갈 수 없는 사람으로 정의된다. 이 정의에 기후변화로 인한 생명권 보존과 같은 이유는 들어있지 않다. 해수면 상승을 겪은 태평양 오세아니아의 섬나라 키리바시(Kiribati) 공화국의 한 남성이 뉴질랜드 정부에 기후난민 지위를 신청했지만 2015년 추방당한 사건이 있다. 본 남성은 자신의 생명권 침해를 이유로 유엔자유권규약위원회(United Nations Human Rights Committee; UNHRC)에 진정서를 제출했다. UNHRC는 2021년 1월 자연재해의 피해를 겪은 사람의 인권이 위협에 처했을 경우 그를 본래의 출신국으로 송환해서는 안된다(난민 강제송환금지의 원칙)고 하면서도 이 남성이 "임박한" 위험에 처해 있지 않다고 판단했다. 기후난민에 대한 정의는 아직 국제법상 확립되지 않아, 국제사회가 기후난민을 과연 난민으로 규정함에 있어 합의에 이를 것인지는 아직 더 지켜봐야 한다.[173] UN이 1951년 난민협약(Refugee Convention)을 채택한 이래 이들의 인권을 존중하고 보호하는 규범이 국제사회에 확산되어 왔지만 여전히 주권국의 국경은 이들에게 쉽게 열리지 않으며, 난민 유입은 국가 내에 새로운 사회적 분열을 낳고 심각한 경우 극우주의, 극단적 자민족중심주의의 확대로 이어지기도 한다. 따라서 기후난민을 난민의 정의 속에 포함시킬 것인가의 여부는 국제사회의 또 다른 논의와 협력을 요구하는 의제가 될 것이다.

2. 남북(North-South) 갈등과 협력으로 보는 기후변화의 국제 정치

기후변화는 전 지구적 현상이나 그 영향은 지역별, 국가별로 상이한 분포를 보인다. 한 국가 내에서도 기후변화가 미치는 영향은 지역, 경제적 계층, 인종 등에 따라 차이를 보인다. 가장 부유한 국가인 미국에서조차 기후변화는 특정 지역에 더 큰 피해를 미치며, 피해지역 내에서도 흑인과 원주민 등 소수인종, 고령자, 아동, 여성, 저소득층 등 사회적, 경제적 약자의 집단과 그에 속한 개개인에 더 큰 부정적 영향을 끼친다.

기후변화는 세대 간에도 불평등한 영향을 미친다. 어린이, 청년세대, 노인 등이 기후변화로 인한 재난 등에 더 큰 피해를 겪을 가능성이 크다. 벨기에 공공대학이 주도해 2021년 학술지 *Science*에 발표된 한 연구는 기후변화로 인한 극한 기온 등에의 노출(exposure)이 세대 간 불평등(intergenerational inequity)에 미치는 영향을 양적으로 분석했다.[174] 본 연구는 극한 기후 현상 등에 노출된 상황에서 세대별 영향을 분석한 결과, 2020년생 아동들은 1960년생에 비교해 평균 7배의 폭염, 2배의 산불, 3배 많은 가뭄, 홍수, 기근이 발생하는 지구에서 살 것으로 예측되었다. 본 연구는 기후변화 문제에서 세대 간 형평성, 다양한 집단 간 형평성을 고려할 필요성과 문제 해결을 위해 결국 세대와 집단을 초월한 연대(solidarity)의 필요성을 강조하였다.

기후변화는 국제사회에서 특히 국가 간 불평등의 문제를 유발하고 기존의 불평등을 강화한다. 기후변화라는 문제를 유발한 책임과 그로 인한 피해는 불일치의 간극을 보여 왔다. 세계 온실가스의 80%를 주요 20개 국가(G20)가 배출하는 반면, 기후피해의 75%는 개도국과 최빈국에서 발생한다.[175] 기후변화로 인한 불평등과 책임과 피해 사이의 간극은 국제사회에서 국가 간 갈등의 요소로 작용할 가능성이 크다.

Center for Global Development(CGD)라는 국제개발협력 부문 씽크탱크가 세계은행(World Bank) 데이터를 사용해 수행한 분석에 따르면, 2022년 미국 시민 1인이 하루에 배출한 온실가스는 저소득 국가들의 시민들이 1년 동안 배출하는 배출량보다 많았다. 예를 들어, 미국 시민 1인이 평균 배출한 이산화탄소 배출량은 우간다 시민 1인의 평균 배출량보다 100배 이상 많았다. CGD는 또한 미국 시민의 하루 배출량이 콩고 시민의 1년 배출량을 넘었고 미국 시민의 1주일 배출량은 23개 저소득 국가의 시민들이 1년간 배출한 양을 초과했음을 보여주었다.[176] 이는 온실가스 배출에 있어 선진국과 저소득 국가들의 극명한 차이를 보여준다.

기후변화는 또한 선진국과 개도국, 그리고 저소득 국가 간의 불평등을 심화하고 있다. 학술지 *PNAS*에 2019년 스탠포드 대학의 노아 디펜바우와 마샬 버크가 공동 발표한 "지구온난화가 국제경제 불평등을 증가시켰다"라는 제목의 연구를 보면 1960년~2010년 사이 지구온난화가 진행되는 과정에서 소득 하위 40%에 해당하는 국가들의 일 인당 GDP는 17~31% 감소했다.[177] 온난화가 비교적 서늘한 지역의 부를 증가시킨 반면 따뜻한 지역의 국가의 경제성장은 감소시켰으며, 그 결과 글로벌 북반구 국가들(대개 서늘한 곳에 분포)과 고온, 적도 지역에 분포한 남반구 국가 사이의 경제적 격차가 더 벌어지고 있다는 분석이다. 본 연구에 따르면, 지구온난화로 인해 북반구의 노르웨이는 1인당 GDP

가 무려 34% 증가했다. 반면, 온실가스 누적 배출량이 1인당 10톤 미만인 저소득 18개 국가의 GDP는 17~31% 감소한 결과를 보였다.

방글라데시의 사례는 기후변화가 경제성장 및 그 지속가능한 미래에 어떠한 영향을 미치는지 보여준다. 남아시아의 비옥한 삼각주에 위치한 방글라데시는 기후변화에 가장 취약한 국가 중 하나다. 방글라데시의 저지대에서는 특히 홍수, 하천 침식, 태풍과 같은 자연재해가 더 빈번히 발생하고 있다. 그러나 그 피해는 인구 1억 6천만 명 중 40%에 해당하는 아동에게 가장 크게 영향을 미치고 있다.[178] 유니세프(UNICEF)가 2022년 8월에 발표한 보고서에 따르면 방글라데시의 약 170만 아동이 노동자이며 이들 4명 중 1명은 11살 이하이다. 기후변화로 인해 삶의 터전을 잃은 아이들은 수도 다카의 주변부 슬럼에 거주하는 노동자로 전락하고 있으며 교육권과 같은 기본적 권리를 박탈당하고 있다. 방글라데시 당국도 2021년 홍수로 인해 500여 개의 교육기관이 물에 잠겼다고 인정했다. 기후변화와 자연재해는 코로나-19 발생으로 이미 피폐해진 교육의 기회를 앗아가고 있다. 방글라데시뿐만 아니라 아프가니스탄, 인도 등 남아시아 국가들도 기후변화로 인해 아주 높은(extremely high) 위협에 직면해 있다. UNICEF 보고서는 약 33개 국가에서 약 십억의 아동이 기후변화로 인한 위협에 처해 있다고 추정하였다. 이들 지역의 아동 수백만 명이 노숙자로 전락해 영양 공급, 건강관리, 교육 등 인간안보를 구성하는 기초적 요소를 누리지 못하고 있다.

이렇듯 어떠한 환경의 개발과 이용에 따른 편익과 비용이 다양한 주체 혹은 집단에게 사회적, 생물학적, 경제적 불평등 속에서 불공정하게 배분되는 것을 우리는 환경 부정의(environmental inequity, environmental injustice)라고 부를 수 있다. 예를 들어 경제적으로 취약한 계층이 분포한 지역에 대기, 수질, 토양 오염 등 환경 외부효과를 유발하는 공장 및 생산시설이 위치함으로써 환경 이용에 따른 피해를 유발하고, 그 피해가 지역민의 건강과 생산 활동에 부정적 영향을 미침으로써 기존의 경제 불평등이 더 악화되는 양상을 보일 때 우리는 환경 부정의가 발생했다고 할 수 있다. 환경 불평등, 환경 부정의는 비단 한 국가 내에서만 발생하는 것은 아니다.

환경 부정의의 문제는 기후변화와 선진국 대 개도국의 갈등에도 적용된다. 서론에서 논의한 바와 같이 오늘날 우리가 목도하고 있는 기후변화는 산업혁명 이후 선진국의 경제성장 및 발전, 그리고 최근 중국, 인도와 같은 소수 개발도상국의 경제발전, 산업화로 인해 발생한 것이다. 그러나 기후변화로 인해 유발되는 자연재해, 온난화, 해수면의 상승 등은 온실가스 축적에 기여도가 낮은 방글라데시와 같은 국가에 더 높은 수준의 위험과 피해를 초래한다. 즉 부유한 국가들이 만들어낸 기후변화 문제가 그 문제에 이바지한 정도가 아주 미미한 개도국 및 저개발 국가들에 더 막대한 손해를 끼치고 있다. 즉 선진국에서 개도국 및 저개발국으로 환경 이용에 따른 대가가 전이되는 것이다. 이러한 환경 부정의는 글로벌 기후변화 정치에서 선진국과 개도국 간 갈등의 도화선으로 작용한다. 이 때문에 선진국과 개도국 관계를 일컫는 남북관계(north-south relations)에서 기후변화는 협력의 의제가 되기도 하지만 종종 갈등의 소지로 작용한다.

개도국들은 기후변화에 있어 높은 취약성(vulnerability)을 보인다. 취약성은 이들이 기후변화 및 그로 인한 각종 재해 등에 노출도가 높다는 의미이다. 또한 해당 국가의 낮은 역량과 적응 능력 때문에 기후변화가 자연재해 등의 모습으로 개도국을 강타할 때 더욱 민감하게 부정적 영향을 받는다. 노출도, 민감도가 높고 인프라, 재원, 기술 등 대응 역량이 낮을 때 그 국가와 사회는 기후변화에 더욱 취약할 수밖에 없다. 특히 경제 수준이 낮은 개도국과 최빈국 등이 그러한 양상을 보인다.

개도국 중 기후변화에 대한 공동의 목소리를 내는 그룹 중 하나로 군소도서국가연합(Alliance of Small Island States; AOSIS)을 들 수 있다. 군소도서개발도상국(small island developing states)은 AOSIS에 속한 개도국의 집합체로 카리브해, 태평양, 대서양, 인도해, 지중해, 남중국해에 흩어져 분포하는 약 58개국으로 구성되며 이들 중 38개국이 유엔 회원국이다. 이들 국가는 좁은 영토, 한정된 자원, 국제 시장으로부터의 고립 등 유사한 성격을 공유한다.[179] 이들 섬나라는 지구온난화로 인한 해수면 상승이 진행되면서 국가 영토가 소실되는 실존적 위협에 처해 있다.

IPCC 제6차 보고서는 군소도서 국가들이 특히 해수면의 상승(sea level rise)과 열대 사이클론 등의 영향에 매우 취약하다고 진단했다. 기후변화가 가속화되면서 이들 국가가 해안선의 보호 설비 강화, 재해 예방 등 적응 비용에 투입하는 비용도 날로 증가하고 있으며 이는 해당 국가의 경제와 경제발전의 지속가능성에 부정적 영향을 미친다. 아주 작은 경제 규모, 자원 부족, 국제시장으로부터의 지리적 거리 등으로 이미 취약성과 대외 의존성이 높은 특징을 보이는 이들 국가의 경제는 기후변화로 인한 적응 비용의 증가와 피해의 증가로 상황이 더욱 악화되고 있다.

[그림 6-4] 투발루 외교장관의 COP26 화상연설

***출처**: 경향신문(2021.11.28.).

예를 들어 인구 12,000명의 해발고도 2미터에 불과한 남태평양의 섬나라 투발루(Tuvalu)와 같은 국가가 위에서 설명한 위기에 직면해 있다. COP26를 앞두고 투발루의 외교장관 사이먼 코페는 해수면 상승이 자국의 안보에 미치는 위협을 알리기 위해 허벅지까지 차오른 바닷물 속에서 화상 연설을 녹화했다. 투발루의 9개 섬 중에서 이미 2개가 침수되었고 매년 0.5cm씩 물이 차오르고 있다. 그는 국제사회가 기후변화로 인해 유발되는 이주 권리를 기후 정의의 차원에서 인정해야 한다고 강조하며 기후 이동성(climate mobility)을 촉구했다. 마셜군도, 키리바시, 몰디브와 같은 태평양 소도서 국가도 유사한 위협에 처해 있다.[180]

앞서 언급한 바와 같이 기후변화로 인해 직접적 피해를 경험하고 나아가 국가의 영토 보전 가능성에 위협을 느끼는 국가들이 전 세계 온실가스 배출량에서 차지하는 비중은 매우 작다. 태평양 섬나라들은 전 세계 온실가스 배출량의 0.03% 정도를 차지하고, 아프리카 대륙에 속한 54개국을 다 합쳐도 전 세계 배출량의 4% 미만을 차지한다.[181]

2022년 뉴요커(*New Yorker*) 잡지에 실린 기후변화 특집 기고는 이산화탄소 배출에 대한 역사적 책임이 국가별로 다음과 같은 분포를 보이고 있다고 설명했다(그림 6-5). 미국, 중국, 러시아, 독일 네 국가가 전 세계 절반 이상(50.8%)의 배출에 역사적 책임이 있음을 보여준다. 미국에서 우크라이나까지 상위 10개국의 배출 비중을 합치면 전체 배출의 68.6%에 달한다. 국가별 1인당(per capita) 배출량에 있어서도 우간다의 1인당 배출량이 0.1톤, 아르헨티나의 경우 4톤일 때 미국의 1인당 배출량은 16톤에 달하여 많은 차이를 보인다고 분석하고 있다.

최근 일련의 연구는 또한 지구온난화에 있어 한 국가가 다른 국가에 미치는 영향을 계량화하려는 시도를 보여준다.[182] 다트마우스 컬리지(Dartmouth College)의 연구진이 *Climate Change*라는 기후변화 관련 학술지에 게재한 연구는 다양한 복잡성을 내

[그림 6-5] 이산화탄소 배출의 국가별 분포

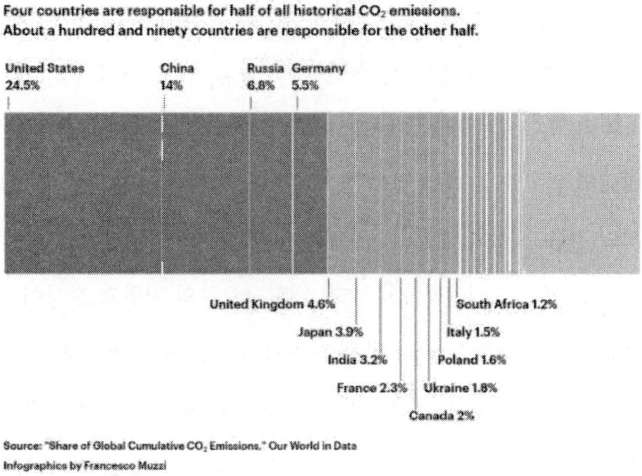

***출처**: 경향신문(2021).

포하는 기후 모델과 역사적 데이터를 결합해, 한 국가가 다른 국가의 온난화로 인한 소득 변화에 역사적으로 얼마나 책임이 있는가(culpability)를 분석하였다. 그 결과 미국, 중국, 러시아, 브라질, 인도 상위 5위 배출국은 1990년부터 2014년까지 매년 글로벌 GDP의 14%에 상당하는 미화 6조 달러 규모의 손실을 다른 국가의 소득에 끼친 것으로 분석되었다. 이 중 미국, 중국이 다른 국가들에 끼친 피해액과 손실액을 합치면 1.8조 달러가 넘는다. 이외에도 많은 국가가 수십억 달러의 피해를 다른 국가에 끼쳐 왔다. 주로 고소득의 고배출 국가는 이익을 봐 왔으며 이는 상대적으로 저소득, 저배출 국가들의 피해로 이어졌다. 배출 상위 10개국은 전체 손실의 67%를 담당했다. 물론 이들은 이익의 70%에 기여하기도 했다고 본 연구는 분석한다.

이처럼 한 국가의 온실가스 배출에 대한 역사적 책임 정도를 다른 국가에 대한 경제적 피해로 환산하는 연구는, 앞으로 국제사회에서 기후변화에 대한 국가 간 책임 소재를 가르고 그에 대한 보상 등 상응 조치를 논의하는 법정 공방에서 활용될 가능성이 있다.[183] 이러한 연구는 선진국 및 중국, 인도 등 소수의 개도국이 기후변화 문제에 기여한 바가 국제사회의 나머지 국가들과 비교해 월등히 많다는 것을 상기시킨다. 이러한 불균등한 역사적 책임(disproportional historical responsibility)과 관련해 소수 국가들로부터(특히 선진국으로부터) 개도국으로의 지원과 보상이 필요한가, 그렇다면 얼마나 많은 지원과 보상을 제공해야 하는가와 어떤 방식의 지원이 필요한가 등의 문제는 계속해서 국가 간 협력과 갈등의 요인으로 작용할 가능성이 크다.

기후변화의 국제정치에 내재된 원인제공과 피해의 불일치,

나아가 불평등한 분배 문제 때문에 UNFCCC는 선진국들이 공동의 그러나 차별화된 책임과 역량에 따라 형평성의 원칙 하에 개도국의 적응 부문에 대한 재정지원을 포함한 기후 조치를 취해야 한다고 규정하였다(제3조 1항, 제4조 3항, 8항 등). 파리협정 역시 개도국의 완화 뿐 아니라 적응 부문에 대한 지원이 균형 있게 이루어져야 한다는 점을 재확인하고 있으며 선진국으로부터 개도국으로의 재정지원을 위한 메커니즘으로 Global Environmental Facility(GEF)와 녹색기후기금(GCF)을 구축했다. 또한 2001년부터는 적응 기금(Adaptation Fund)이 발족되면서 개도국의 적응 부문에 특화된 지원이 이루어져 왔다. 이들은 해당 메커니즘의 절차와 기준에 의거해 개도국을 지원한다. 예를 들어 GCF는 1) 영향 잠재력, 2) 패러다임 전환 잠재력, 3) 지속가능발전 잠재력, 4) 수원국의 수요, 5) 국가 주인의식(ownership), 6) 효율성 및 효과성이라는 6대 기준에 근거해 재정 지원을 이행한다.

기후 재정(climate finance) 문제는 사실상 UNFCCC가 1994년 효력을 발휘하게 되고 COP가 해를 거듭해 개최되면서 늘 논의의 쟁점에 있었다. GEF의 역할 및 재정 집행의 절차, 적응 기금의 투입 범위, 재정지원 규모 등은 선진국과 개도국 간 논쟁과 갈등의 대상이 되어 왔다. 오늘날 500여 개에 달하는 이상의 양자, 지역, 다자 이니셔티브와 채널을 통해 공여, 양허성 차관 등 다양한 형태로 개도국에 대한 재정지원이 이루어지고 있다. 양적 분포로 보면 다자주의 협력체로부터의 지원이 가장 많고 그 뒤를 양자 지원이 잇는다. 재원은 감축 부문, 특히 에너지 및 운송 부문에 가장 많이 투입되며 적응 지원은 물 공급, 위생, 농업,

산림, 어업 부문에 투입된다.[184] 그러나 재정지원에서 개도국의 거시적 변수, GDP 성장, 거버넌스와 같은 정책 환경 등이 프로젝트 성과와 상관관계를 가진 것으로 나타나 많은 재정 프로그램이 경제 규모가 크고 경제성장률이 일정수준 이상의 개도국에 투입됨을 추측할 수 있다. 다양한 경로를 통해 재정지원이 이루어지고 있으나 여전히 개도국이 필요로 하는 수준의 일부분만 제공되는 현실이기 때문에 개도국의 선진국 및 국제 기후변화 레짐에 대한 불만도 높아지고 있다. 또한 기후변화 재정지원을 받기 위한 조건과 절차가 까다로워 행정적, 기술적 역량이 미흡한 국가들은 이마저도 받기 어려운 상황이다.

개도국들은 제2차 대전 이후 국제질서에서 자신들이 처한 구조적 불평등의 문제를 끊임없이 제기해 왔다. 예를 들면, 1970년대 서구 중심의 근대적 발전관이 세계로 확산하는 과정에서 라틴아메리카 등 지역의 개발도상국들은 과거 식민지 시절의 착취로 인한 저발전(under-development) 문제, 국제 경제질서에 내재된 구조적 불평등, 서구 자본주의의 개도국 자원 남용 등을 문제시하며 하나의 목소리를 내기 시작했다. 이들은 선진국 일변도의 기존 경제질서를 재편해 신국제경제질서(new international economic order; NIEO)를 수립하고자 하였다. 새로운 질서에서 이들은 선진 자본주의 세력으로부터 공평한 경제질서 수립을 위한 기술과 지식 이전, 자신들이 국제 시장에 공급하는 주요 상품인 1차 상품 및 원자재에 대한 가격 인상 등 공정한 처우를 요구하였다.

이렇듯 국제정치경제에 항시 존재해 왔던 남북갈등은 기후변화에 있어 "공동의, 그러나 차별화된 책임"(common but differentiated responsibilities) 규범과 그에 대한 논의가 확산되는 데 영향을 미쳤다. 개도국들은 기후변화 문제의 원인제공에서 선진국의 상대적으로 무거운 역사적 책임을 지적하고 문제해결을 위해 더 큰 역할을 할 것을 요구해 왔다. 그 책임 중 하나가 개도국에 대한 재정 및 기술지원이다. 나아가 개도국들은 글로벌 기후변화 이슈 해결을 위한 온실가스 감축 등 시스템 전환 노력이 자국의 경제성장 발전에 걸림돌이 될 수 있음에 우려를 표명하였다.

2021년 11월에 개최된 COP26에서도 기후변화를 둘러싼 남북갈등이 표출되었다. 기후변화를 둘러싼 역사적 책임 공방 및 문제에 대한 대응 및 해결에 드는 비용 부담의 문제, 재정의 문제가 선진국과 개도국을 나누는 쟁점으로 작용했다. 선진국은 상향 조정된 NDC를 제출하고 2050 탄소중립 목표를 선언하는 등 적극적인 태도를 보여왔으나 개도국의 지원 문제에 관한 한 더딘 속도로 일관했다.

개도국은 선진국의 재정지원에 대한 빠른 약속 이행을 촉구했고 자국의 경제발전 수준 및 국가 내부의 특수적 상황들을 고려한 탄력적 온실가스 감축을 요구했다. 선진국들은 개도국의 적응 등을 지원할 재정지원을 확대할 의지를 확인하였다. 그러나 인도의 모디 총리는 그보다 열 배 이상의 지원이 이루어져야 한다고 주장하는 등 양 집단 간 신경전은 계속되었다. COP26에서 기후변화로 인한 손실과 피해를 보상하는 문제가 의제로 채택된 것은 고무적이었으나 미국과 EU, 호주 등 선진국의 반발로 손실·피해 기금 설립은 무산됐다. 대신 빈곤국의 기후변화 대응 지원을 위해 2019년 200억 달러(약 23조 6,000억 원) 수준이던 기후변화 적

응 기금을 2025년까지 최소 두 배 증액하는 데 합의했다.[185]

개도국은 또한 유럽을 중심으로 무역과 기후변화를 연계함으로써 온실가스 배출을 줄이고 전 지구적 차원에서 탄소 누출(carbon leakage)를 줄인다는 명목 하에 채택된 일련의 정책에 대해 우려를 표명해 왔다. 유럽은 강화된 기후변화 조치로 인해 탄소 배출원이 개도국 등 환경 규제가 느슨한 곳으로 이전하는 탄소 누출을 막기 위하여 2026년부터 본격적으로 탄소국경조정제도(CBAM)을 도입하기로 하였다. CBAM은 EU 역내로 수입되는 제품이 역내 생산품보다 온실가스 배출량이 많은 경우 관세 등의 형태로 탄소 비용을 부과하는 제도이다. EU는 우선적으로 탄소배출이 많은 철강, 시멘트, 전기, 비료, 알루미늄 등 다섯 가지 분야에 이러한 규제를 적용한다.

특히 EU가 2019년 그린딜의 발표와 함께 CBAM의 구체적 내용을 채택함에 따라 탄소 함유량이 많은 제품을 EU에 수출하는 러시아, 카자흐스탄, 우크라이나, 중국, 인도, 브라질 등의 국가들은 우려를 표명해 왔다. 주요 반발 내용은 EU의 행보가 기후 의제를 이용한 보호무역 조치이며, 일방주의이고 새로운 형태의 녹색제국주의로 이는 파리협정 하에서 다자주의적으로 기후변화에 대응하고자 노력하고 있는 국가들의 감축 의지를 훼손할 것이라는 점이다. 이들은 CBAM과 같은 조치가 유럽 등 북반구가 자국과 지역의 기업을 보호하기 위한 것이라고 주장한다. EU의 경우 제품 제조 과정에서 엄격한 온실가스 등 환경 규제로 인해 기업은 규제 이행의 비용을 가격에 반영하게 되는데 이는 규제가 약해 제조 비용이 낮은 개도국의 동일상품에 비해 가격 경쟁력에서 불리해짐을 의미한다. 따라서 EU에 제품을 수출하는 외국 기업에 적용되는 CBAM과 같은 정책은 수출국 기업의 환경 비용을 EU의 수준으로 증가시켜 상대적으로 EU 기업들의 가격 경쟁력 등을 회복시키는 효과가 있을 것으로 기대된다는 것이다. 개도국들은 이러한 조치를 경제적 실리를 위한 보호무역주의 수단으로 본다. 개도국들은 누적 배출량 측면에서 선진국이 개도국보다 역사적 책임이 훨씬 과중함에도 CBAM과 같은 조치를 통해 책임과 비용을 개도국에 전가하는 것은 형평성과 정의에 어긋난다고 비난해 왔다.[186]

개도국들은 또한 기후변화가 가속화됨에 따라 자신들의 기후변화 취약성(vulnerability)은 증가하는 반면 그에 대한 국제적 관심과 지원 수준이 낮다는 것에 불만을 토로해 왔다. 기후변화로 인해 야기되는 재해, 재난 등은 개도국의 인명, 인프라, 사회 및 경제 전반에 영향을 미치며 이들의 적응(adaptation) 비용을 높인다.

2021년 1월 유엔환경계획(United National Environmental Programme: UNEP)이 발표한 2020년 적응격차보고서(Adaptation Gap Report 2020)는 개도국의 적응 계획 및 구현을 강화하고 기후피해를 제한하기 위해 추가적 재정지원이 절실히 요구된다고 강조한 바 있다. 본 보고서에 따르면 개도국 기후변화 적응에 필요한 연간 비용은 기후변화 악화에 따라 기하급수적으로 증가해 현재 연간 적응 비용은 약 700억 달러로 추산된다. UNEP은 이 비용이 지속 증가해, 2030년에 1,400억~3,000억 달러, 2050년에는 2,800억~5,000억 달러에 달할 것으로 예상한다.[187]

그러나 선진국들의 개도국 기후변화 적응 부문에 대한 관심 수준은 여전히 낮다. 일례로 2022년 9월 아프리카 국가들은 African Adaptation Summit(아프리카 적응 정상회의)을 의도적으로 로테르담에서 개최하면서 유럽 국가들의 참여를 기대하였으나 1명의 유럽 정상만이 본 회의에 참석했다. 회의의 의장인 세네갈 대통령 Macky Sall은 이집트에서 개최될 COP27을 앞두고 아프리카의 적응 정책을 논하는 자리에 다수의 유럽 국가 정상이 불참한 데 대하여 그들이 지구의 주요 오염자(polluter)들이며 적응 재원을 제공할 책임이 있다고 비난했다. 아프리카는 전 세계 인구의 15%를 차지하나 글로벌 탄소 배출량의 3% 미만을 차지한다.[188] 그러나 기후변화로 인한 가뭄, 홍수 등에 가장 취약한 지역이기도 하다. 기후변화로 인한 즉각적이고 직접적 피해에 대응하기 위해 적응 정책 및 재원 마련이 개도국의 우선순위라면, 적응 능력이 상대적으로 높은 선진국은 적응 부문보다는 완화 부문에 관심이 있다. 이러한 정책 우선순위에 있어서의 차이는 선진국 대 개도국으로 갈등이 확산하는 데 기여한다.

2022년 11월 이집트에서 열린 COP27에서는 선진국의 기후변화 적응 지원과 기후변화로 인한 손실과 피해(loss and damage)에 대한 배상 문제가 주요 화두로 떠올랐다. 손실과 피해에 대해서는 1991년부터 군소도서 국가를 중심으로 그 해결책을 요구하는 목소리가 높아져 왔지만 선진국들은 구체적 책임소재와 과학적 근거 부족을 이유로 보상 문제에 대한 논의를 회피해 왔다.

그러나 2022년 6월부터 9월까지 파키스탄 남서부에서 발생한 몬순 폭우와 같은 기후 재해는 이러한 논의가 급물살을 타는 계기가 되었다. 파키스탄의 홍수로 국토의 3분의 1이 잠겼고 이로 인해 1,100명 이상의 사망자, 3,300만 이상의 수재민이 발생했으며 막대한 경제적, 사회적 손실을 가져왔다. UN 사무총장 안토니오 구테흐스도 홍수 현장을 방문해 앞으로 국제사회가 손실과 피해 문제를 본격적으로 논의해야 한다고 밝혔다. 이처럼 기후변화로 인한 피해가 개도국과 최빈국에 집중되면서 COP27은 개도국이 선진국의 적응 지원 이행을 촉구하고 성토하는 장이 되었다. 파키스탄은 특히 개도국 134개국(G77)을 대표하는 의장국을 맡아 남반구 국가들을 대변하게 되었다.

COP26에서는 이미 언급한 바와 같이 선진국의 반대로 손실과 피해 관련 기금 조성 내용이 채택되지 않았다. 아프리카 이집트에서 개최되는 당사국총회인 만큼 COP27에서는 개도국의 손실과 피해 문제가 주요 의제로 대두되었고 이를 다룰 국제적 재정기구 설립에 대한 논의가 전개되었다. 러시아-우크라이나 전쟁으로 촉발된 에너지 가격 상승, 인플레이션, 코로나-19의 지속적 여파로 인한 경제 침체 등이 기후변화로 인한 타격과 결합되면서 개도국들에 대한 선진국의 미온적 지원에 대한 불만이 손실과 피해에 관한 논의의 활성화로 이어졌다. COP27의 폐막일이 다가오면서 개두국의 요구가 거세어지자 각국 협상자들은 향후 5년 이내에 손실과 피해 문제를 다루는 기금을 설립할 것에 합의하였으나 구체적 재정 확보 및 그 규모 등은 논의되지 않았다.

개도국이 선진국의 재정지원과 같은 책임 이행에 대해 비판해 왔다면 선진국 역시 개도국의 기후변화 대응이 소극적이고 나아가 무책임하다며 불만을 표해왔다. 2019년 프랑스 대통령 마크롱(Macron)과 브라질 보우소나루(Bolsonaro) 대통령 사이에 벌어졌던 설전은 이러한 남북갈등을 잘 보여준다.[189] 마크롱은 아마존 열대우림에서 벌어지는 벌목, 농지 개간, 석유 채굴 등 개발행위를 비난하며 이를 생태계에 대한 살인(ecocide)이라고 명명하면서 브라질 대통령이 전 지구를 상태로 범죄를 저지르고 있다고 비난했다. 보우소나루 대통령은 이에 프랑스가 브라질을 식민지 혹은 무인지대로 생각하는 착각을 하고 있다고 맞비난 했다. 브라질은 아마존에서의 개발 행위는 전적으로 주권의 문제라고 주장했다. 이에 마크롱은 모든 인류의 미래가 열대우림에 달려있기 때문에 아마존 개발에 관한 한 지구 전체가 이해당사자이며 따라서 브라질이 이처럼 귀중한 탄소흡수원이자 산소 배출원인 지구의 허파를 파괴하는 행동을 간과할 수 없다고 맞섰다. 이러한 설전은 지구환경의 소유권 혹은 관할권이 국경을 중심으로 한 주권 국가에 있다는 측과 국제사회가 공유한 것으로 보는 측의 논쟁을 보여준다. 2022년 10월 말 남미 좌파의 대부라 불리는 룰라(Lula da Silva)가 다시 정권을 잡게 되면서 브라질의 아마존 열대우림 정책이 개발주의에서 선회할 것이라는 전망도 있으나 지방정부 수준에서 여전히 아마존의 경제적 개발을 지지하는 세력과 대립이 예상된다.

보우소나루 정부에서 브라질이 자국 영토 안의 아마존 산림을 주권 문제로 보고 개발 행위를 지속해 왔다면 아마존을 공유하는 9개 국가 중 일부 국가는 산림의 보전을 대가로 국가 채무의 상당 부분을 탕감해 주는 채무-보전 스와프(debt for conservation swap)를 요구하고 있기도 하다. 남미 국가들의 IMF 및 선진국에 대한 부채가 전쟁, 인플레이션 등으로 증가하는 가운데 콜롬비아와 같은 국가는 2022년 8월 좌파 페트로(Petro) 정부가 들어서면서 자국의 친환경, 청정경제로의 전환 노력에 대하여 IMF 등에게 부채를 탕감해 달라고 요구하였다. 콜롬비아는 아마존 거주자들을 정글 관리인으로 지정해 산림을 보전할 것이며 국제사회가 이러한 노력에 대해 탄소세, 기후기금 등 복잡한 기제를 활용하는 대신

자국의 부채를 탕감해 줄 것을 제안하였다.[190]

그런가 하면 선진국이 개도국과 협력해 추진하는 다양한 기후변화 대응 노력에서 특히 개도국의 농민, 원주민, 노동자와 같은 취약층의 목소리에 더욱 귀를 기울여야 한다는 주장도 대두하고 있다. 예를 들어 COP26에서 미국은 아랍에미리트와 함께 기후조준(Aim for Climate; AIM4C)이라는 기후 스마트 농업 촉진을 위한 프로그램을 주창하였고 한국 등을 포함한 30여 개 국가가 본 협력 프로그램에 참여하였다. AIM4C는 기후 스마트 농업 및 식품 시스템 혁신을 위해 미국 투자분 10억 달러를 포함, 총 40억 달러를 확보했다고 밝혔다. 그러나 본 프로그램에는 30여 정부와 함께 바이엘-몬산토, 크롭라이프 인터내셔날·신젠타, 카길 등 전 세계 농업계를 지배해 온 농화학·식품 부문의 다국적기업이 다수 참여하였다. 이에 대해 국제 농민운동조직 비아캄페시나(Via Campesina)와 같은 비정부조직은 본 프로그램에서 주창하는 기후 스마트 농업은 기업 스마트 농업일 뿐이며, 이들 선진국의 다국적기업들은 유전자조작물질(GMO)의 확대 등을 통해 북반구의 대기업이 주도하는 농업체계를 조성하고 유지하려 한다고 비판했다. 남반구의 소규모 농민들과 그들을 대표하는 비정부조직은 COP26이 AIM4C와 같은 이니셔티브를 통해 정부와 대규모 기업만을 지속가능농업의 주체로 참여시키고 있으며 그 과정에서 농민들의 토지 이용에 대한 권리, 생계 보전 문제 등은 소홀히 다루어지고 있다고 주장한다. 나아가 이러한 협력 프로그램이 개도국을 위한 근본적 해결책으로 작용하기보다 선진국과 다국적기업의 이익을 대변, 강화하고 있다고 지적했다.[191]

위에서 살펴본 바와 같이 산업혁명 이후 기후변화 문제의 유발 및 그 대응과 관련해 누가 어떻게 책임을 져야 하는가의 문제는 국제사회의 북반구와 남반구를 가르는 논쟁의 중심에 있었다. "공동의 그러나 차별화된 책임" 원칙에서 선진국들은 선진국과 중국, 인도, 브라질 등 기후변화에 역사적 기여도가 큰 개도국들을 중심으로 공동의 책임을 기울일 것을 촉구하고 있다. 국제사회의 다수를 구성하는 개도국은 지역과 국가별로 다른 입장을 보인다. 그러나 전반적으로 글로벌 남반구 국가들은 차별화된 책임을 강조하며 경제성장과 근대화 과정에서 후발주자인 자국 및 지역의 경제성장과 삶의 질 향상이라는 목표가 기후변화에 대한 대응 노력으로 인해 저해되지 않기를 바란다. 이들은 기후변화에 책임이 상대적으로 큰 글로벌 북반구가 더 큰 감축 책임을 지고 개도국의 친환경, 저탄소 전환을 위해 기술 및 재원 지원을 확대해 줄 것을 요구한다. 또한 적응 부문에 대한 관심과 지원을 요구하고 있다. 이는 글로벌 기후변화 정치에서 선진국과 개도국 간 협력을 낳기도 하지만 갈등과 반목의 요소로 작용하고 있다. 특히 2019년 이후 코로나-19 팬데믹 확산, 경제 침체, 에너지 안보 악화 등 글로벌 악재가 지속되면서 선진국들도 자국의 경제 및 사회 위기 해결 수습을 우선순위에 두며 개도국의 기후변화 지원 약속 이행에 답보 상태를 보였다. 이러한 국제적 여건 속에서 선진국과 개도국 간의 기후변화를 둘러싼 갈등도 깊어지는 양상이다.

3. 기후변화를 둘러싼 미·중의 협력과 갈등

미국과 중국은 기후변화의 국제정치에서 협력, 갈등을 보여왔으나 트럼프 정부 이후 본격적으로 기후변화 부문에서 안보화(securitization)가 진행되면서 양국 간 기후변화 관련 기술 및 체제경쟁 등이 가속화하는 갈등의 양상으로 치닫는 모습을 보인다.

미국과 중국은 기후변화 문제에 있어 가장 큰 책임을 지닌 나라이다. 미국은 역사적 배출량 측면에서 여전히 1위이다. 1850년 이래 미국은 중국보다 거의 2배 많은 이산화탄소를 배출했다. 중국은 2006년 이산화탄소 최대 배출국이라는 지위를 미국으로부터 넘겨받았다. 2019년 코로나 확산 이전 중국의 온실가스 배출량은 미국의 2.5배에 달했고 이는 선진국 전부를 합친 배출량을 상회했다. 영국의 기후 에너지 정책 기관인 카본 브리프(Carbon Brief)에 따르면 1850년 이래 중국과 미국의 이산화탄소 배출량은 각각 2,840억 톤, 5,090억 톤이었다.[192] 따라서, 전 세계 1, 2위의 이들 배출국이 참여하지 않는 기후변화를 위한 노력은 실패할 가능성이 크다. 국제사회도 국제경제의 선두에 선 G2 국가가 자신들의 부, 영향력, 지위와 재원 등을 활용해 기후변화 문제의 해결을 주도할 것을 기대한다.

미국과 중국은 최근까지 자신들의 위상에 걸맞게 기후변화 문제에서 협력하는 모습을 보여왔다. 특히 교토의정서를 계승하는 파리협정이라는 신기후체제의 수립에 있어 양국의 협력은 결정적 역할을 수행했다. 2014년 11월 미국과 중국은 기후변화 정상회담을 개최하고 공동 선언문을 발표했으며 2015년 9월에도 정상회담을 개최하고 공동 선언문을 발표했다. 2014년 오바마 미 대통령의 중국 방문, 2015년 시진핑 주석의 미국 방문을 통해 양국 간 기후변화 문제를 의제로 한 정상회담이 이루어진 것이다. 그뿐만 아니라 2015년 9월에는 미국 도시와 지역을 대표하는 리더들이 미·중 기후 리더 정상회의(US-China Climate Leaders Summit)를 개최해 온실가스 감축과 기후변화 문제에 협력할 것을 선언했다. 이는 양국의 중앙정부뿐만 아니라 지방정부 및 도시 수준에서도 협력을 강화하겠다는 의지를 담은 최초의 선언문이기도 하다.

2014년 11월 양국이 채택한 공동 선언문(US-China Joint Announcement on Climate Change)은 양국 간 최초의 기후변화 정상회담의 결과물로 양국의 장기 온실가스 감축 목표와 협력의 의지를 담았다. 선진국의 대표 격인 미국과 개도국의 대표 격인 중국의 양자 협력 선언은 신기후 체제 수립을 위한 기후변화 협상에 돌파구로 작용하리란 기대감을 고조시켰다. 특히 양국은 그동안 국제레짐 및 과학계에서 수립된 기후변화 관련 분석과 결과를 인정하고 그를 토대로 한 국제사회의 공동 목표에 동의하였으며 협력 대응하기로 합의하였다. 구체적 내용으로는 기후변화 작업반(climate change working group)의 설치, 친환경 자동차, 스마트 그리드, 탄소 포집·활용·저장, 에너지 효율, 온실가스 데이터 관리, 건물 에너지 효율, 산업용 보일러, 온실가스이자 오존층 파괴물질인 수소불화탄소(HFCs)의 저감, 미·중 청정에너지연구소(Clean Energy Research Center) 개소 등이 논의되었다. 또한 기존의 미·중 전략 및 경제대화(Strategic and Economic Dialogue)를 활용해 기후협력 논의를 진일보시키기로 합의했다.[193] 본 정상회담과 공동 선언은 G2라 불리는 미, 중 양 강대국이 기후변화를 의제로 다룬 최초의 정상회담이자 선언문이라는 데 의미를 지닌다.

이어 제2차 양자 기후변화 정상회담은 2015년 미국에서 개최되었고 9월 25일 양국 정부는 17개 조항에 이르는 공동 선언문을 채택했다. 이 정상회담은 2015년 11월 말에서 12월까지 진행된 파리에서의 COP21을 앞두고 개최되었다. 이 정상회담은 기후변화 부문에서 두 강대국 사이에 협력 의지가 공고함을 국제사회에 보여주었고, 포스트 교토체제를 위한 대안 마련에 있어 지지부진하게 진행되고 있던 논의와 논쟁에 마침표를 찍고 마침내 2015년 COP21에서 파리협정이 도출되는데 긍정적 영향을 미쳤다. 또한 양국은 기후변화 적응 부문에서 협력의 필요성도 논의했다. 양국은 COP21의 성공적 개최, 기후변화 기금 조성, 기초연구를 위한 연구개발 투자 증대 등에 있어 협력 의사를 확인하고 기후변화작업반을 활용해 협력을 강화해 가기로 하였다. 1차 정상회의에서 논의된 친환경 차량, 스마트 그리드, 에너지 효율, 저탄소 기술개발 등 다양한 부문에서의 협력 의지를 재확인하고 기후변화 실행계획에 대한 정보 공유를 위한 국내정책대화(Domestic Policy Dialogue)를 설립하기도 하였다.

또한 양국은 최빈국, 군소도서국, 아프리카 등 개도국의 저탄소 전환과 기후변화 회복력 강화를 위해 재정지원을 강화하기로 하였는데, 미국은 GCF(녹색기후기금)에 30억 달러의 자금 지원 의지를 밝혔고 중국도 개도국의 GCF 접근성 강화를 포함해 개도국 기후변화 대응 지원을 위해 개도국협력기금(South-South Climate Cooperation Fund) 설립을 위한 200억 위안 제공에 합의하였다.[194] 이러한 두 차례의 미·중 기후변화 정상회담과 공동 선언은 국제사회의 다른 구성원들에게 지구 온도상승을 2 ℃ 이내로 억제한다는 기후변화 국제레짐의 공동 목표를 상기시키고 신기후체제의 발족 이전에 각국이 자국의 감축 목표를 상향조정하도록 하는 일종의 압력으로 작용하기도 하였다.

이러한 미·중의 기후변화 협력은 트럼프 정부가 들어서면서 소강상태에 들어갔다. 트럼프 정부의 기후변화 대응 의지는 미미했고 급기야 2017년 6월 1일 파리협정 탈퇴 의사를 발표했다. 트럼프는 대선 과정에서부터 기후변화 과학을 부정하고 나아가 기후변화 문제가 중국이 미국 기업들을 견제하기 위해 만들어낸 사기라고 표현하며 중국과의 대립각을 세우기 위해 기후변화를 이용하는 모습마저 보였다.

물론 오바마-시진핑 정부에서 수립된 기후변화 협력의 토대는 유지되었으나 경제 부문에서 양자 관계가 관세 전쟁으로까지 치닫게 되면서 기후변화가 협력의 우선순위로 유지되거나, 협력에 있어 유의미한 진전을 기대하기 어려웠다. 트럼프 정부에서의 중국과의 관계를 전략적 경쟁(strategic competition) 관계로 정의하고 보호무역 등의 수단을 통해 중국과 디커플링(decoupling)하려는 시도, 미국 일방주의(unilateralism) 및 민족주의적 성향의 강화, UN, World Bank, WTO 등 다자주의에 대한 경시는 미국과 동맹을 포함한 다른 국가들 사이를 멀어지게 했으며 미국의 소프트 파워와 리더십을 손상시켰다. 중국은 이러한 간극의 확대를 국제사회에서 자국의 외교력과 영향력 확대를 위한 기회라 인식했다.[195]

2021년 조 바이든 정부가 정권을 쥐게 되면서 이전 정부에서 실추된 미국의 영향력과 지위를 회복하고자 하였다. 기후변화에서도 자국이 상실했던 국제적 기후 리더십 회복을 위한 일련의 조치들이 취해졌다. 바이든은 취임 직후 파리협정에 복귀하는 행정명령에 서명했고 기후변화를 정부의 주요 의제로 선언했다. 2021년 4월 미국은 기후정상회의를 온라인으로 소집해 트럼프 정권 아래 미국의 실추된 기후 리더십과 외교력을 회복하고자 했다. 이 회의에는 미국과 중국의 정상을 포함, 40여 개국 정상이 참여해 기후변화에 대한 공동의 해법을 논의했다. 이 회의에서 바이든 정부는 2030년까지 온실가스 배출을 현재의 절반 수준으로 줄이고 2050년까지 탄소중립을 달성하겠다고 선언했다. 중국 역시 외교부의 성명을 통해 충돌과 대결이 아닌 상호존중과 윈윈(win-win)의 정신으로 협력과 안정에 기초한 미·중 관계 발전을 기대한다고 밝혔다.

그러나 탈(脫)트럼프를 선언한 바이든 정부 역시 중국을 체제 경쟁자(systemic rival)로 보고 중국의 국제정치 및 경제적 부상을 견제하기 위해 전략적 경쟁을 지속, 강화할 것을 밝혀 전체적 외교의 방향성에 있어서는 이전 정부와 큰 차이를 보이지 않았다. 미국의 반중 정서가 유례없이 고조된 국내 정치 환경에서 바이든 행정부는 초기부터 중국을 패권 도전자로 규정하며, 중국의 경제적 불공정 행위, 기술 탈취, 인권 문제 등을 문제 삼았다. 또한, 자유주의 국제정치경제를 표방하는 동맹국과의 관계 및 가치를 토대로 미·중 관계를 재편할 것을 밝혔다. 바이든 정부에서도 트럼프 정부에서 도입된 수출, 수입, 투자 제재 등이 유지되고 미국 국내 기업과 공급망을 보호하는 정책들이 도입되었다. 미국은 이와 같은 조치를 통해 국제적 통솔력을 회복하고 국내 산업 기반을 강화하고 반도체, 배터리, 5G 등 첨단 전략적 기술 영역에서 비교우위를 유지하고자 글로벌 가치 사슬(Global Value Chain)을 재편할 것을 시사했다.

미국의 바이든 정부가 이러한 큰 틀의 대중국 기조를 선언하면서 중국도 14차 5개년 규획(2021~2025) 및 <2035 중장기 발전전략>에서 쌍순환(雙循環) 발전전략과 기술혁신을 핵심 방안으로 발표했다. 국내 시장에서의 내순환과 국제 시장에서의 외순환을 유기적으로 운영하자는 의미의 쌍순환은, 대외적으로는 중국이 1978년 개혁·개방을 도입한 이래 유지되어 온 수출 및 개방경제 기조를 가져가면서, 국내 서비스업 육성과 가계 소득 증가, 첨단 및 녹색경제 투자, 제조업 핵심 장비와 부품의 자급자족 등을 통해 내수 시장을 활성화해 경제성장 동력을 뒷받침하는 양대 기둥으로 삼겠다는 정책이다. 여기에는 수출의존도를 줄이고 내수 시장을 활성화함으로써 미국 중심의 국제경제 질서와의 마찰과 위험(risk) 요소를 관리하기 위한 목적이 있다.

이처럼 특히 경제 부문에서 양국 간 대립 및 경쟁 구도가 형성됨에 따라 기후변화에서의 양자 협력은 큰 진전을 이루지 못했다. 2021년 11월에 열린 COP26 정상회담에는 러시아, 중국의 정상이 참여하지 않았다. 물론 코로나-19가 여전히 진행 중인 것이 이유이기도 했지만 시진핑의 불참으로 바이든과의 회담도 이루어지지 않았다. 미·중 양국은 대신 기후특사를 통해 11월 10일 공동선언문(U.S.-China Joint Glasgow Declaration on Enhancing Climate Action in the 2020s)을 발표했다. 이 공동 선언은 두 강대국이 경쟁 구도 속에서도 기후변화라는 글로벌 문제의 해결을 위해 친환경에너지 개발 분야 등 다양한 부문에서 협력할 것임을 재확인했다. 또한 양국은 기후변화 대응을 확대하기 위한 실무그룹을 2022년 상반기에 가동하기로 합의했다. 그러나 본 공동 선언은 기후 양자 협력이라는 원론적 입장의 반복에 그쳤고 세부 이견 방안들에 대해서는 격차를 좁히지 못했다는 평가도 있다.

공동 선언이 발표되는 한편 미국의 대중 규제 완화 움직임도 지속되었다. 일례로 미국은 오바마 정부에서부터 중국이 태양광 부문에서 보조금 지급과 모듈의 저가 수출 등 덤핑(dumping) 행위를 통해 태양광 시장을 장악하려는 행동을 규탄하고 긴급

[표 6-1] COP26 미중 공동 선언 내용

세부 목표	방안
계획된 협력	• 2020년대 온실가스 배출 감축을 위한 법적 제도 및 환경 기준 수립 • 청정에너지 전환을 통한 사회적 혜택 최대화 • 탄소중립 및 소비자 섹터 전기화(electrification) 촉진을 위한 정책 수립 • 녹색 설계, 자원순환 등 순환경제 촉진을 위한 정책 수립 • 탄소포집 등의 기술 도입 촉진을 위한 정책 수립
메탄 배출 감축	• 메탄 배출 측정을 위한 양국간 협력 강화 • 메탄 관리 정책 및 사업에 대한 정보 공유 • 메탄배출 감축 및 솔루션에 대한 공동 연구 촉진
탄소 배출 감축	• 저비용 재생에너지 지원을 위한 양국간 정책 협력 • 분산형 전원 정책을 통한 태양광, 에너지 저장장치 등의 청정 전력 솔루션 촉진 • 전자폐기물 감축을 위한 에너지효율성 정책 수립 • 미국: 2035년까지 전력 분야의 탄소중립 달성 • 중국: 제15차 5개년 규획(2025-30) 기간 동안 석탄 소비 단계적 폐지
자금 지원 약속 이행	• 2025년까지 양국이 매년 1000억달러 투자해 개도국 기후변화 대응 지원
공동 실무 그룹	• 2020년대 기후변화대응 촉진 실무그룹 설립해 주기적으로 다자협력 및 기후변화 대응 방안 논의 예정

***출처**: 임팩트온(2021).

수입제한조치(세이프가드, safeguard)와 관세정책을 채택해 왔다. 또한 풍력발전에 사용되는 중국산 철강 제품 및 희토류 영구자석에 고관세 정책을 적용하기도 하였다. 아울러 신장 위구르(Uyghur) 자치 지역 노동자의 인권 착취를 문제로 이들이 생산하는 태양광 패널에 관세를 부과하기도 하였다. 미중 간 대립과 갈등이 청정에너지 부문에서도 진행되었다는 뜻이다. 그러나 COP26 전후 미국은 대중국 규제를 다소 완화했다. 2021년 11월 10일 미 상무부는 중국 태양광 기업의 관세 회피를 조사해 달라는 익명 단체의 요청에 대해 중국이 비정상적으로 낮은 가격에 태양광 모듈을 판매한 증거가 보이지 않는다고 결론지었고, 16일에는 미국 국제무역법원(Court of International Trade·CIT)이 중국의 태양광 모듈 제품 양면 태양광 패널에 대한 관세를 철폐하기로 결정했다.[196]

이렇듯 당사국 총회에서 양국은 공동선언문 발표를 통해 기후변화에서 두 강대국이 가지는 책임과 리더십을 표명하였고 이전의 협력을 이어 나가는 모습을 보였다. 그러나 이러한 초보적 수준의 협력은 2022년 8월 2일 낸시 펠로시 하원의장이 대만을 방문하면서 다시 중단되었다. 중국 정부는 5일 보복 조치의 일환으로 미·중 사이 국방정책조정 대화, 군사해양안보협력 회의 등을 중단하고 불법 이민자 송환, 초국가적 범죄 및 마약 통제, 기후변화 부문 등 총 8개 분야에서의 협력을 중단한다고 통보했다. 이에 대해 토니 블링컨 국무장관은 기후협력의 중단은 미국이 아닌 전 세계 개도국들을 응징하는 행위라 비난했고 셰전화(解振華) 중국 기후변화 특별대표는 오히려 기후변화 대처에서 미국이 오락가락하는 모습을 보여왔다고 비난했다.

월스트리트 저널(WSJ)은 양국의 기후변화 협력 중단으로 두 나라가 대화를 통해 지구온난화라는 파국의 소용돌이를 피할 수 있게 해줄 것이란 국제사회의 희망을 사라지게 했다고 평가했다. 이는 양국 간 가장 첨예한 전통 안보 문제인 대만 문제가 신안보 문제인 기후변화에서의 협력에 어떤 악영향을 미칠 수 있는지를 여실히 보여주었다.

2022년 10월 22일 종료된 제20차 중국 공산당 전국대표회의(당대회)에서 시진핑의 3연임이 확정된 후 존 케리 미 대통령 기후특사는 중국과의 공식 양자 협상이 중단되었으나 셰전화 중국 기후변화 특사와 협상 재개를 희망하는 메시지 교환이 있었음을 밝혔다.[197] 존 케리는 전체 배출량의 20%를 차지하는 중국을 배제하고는 기후변화 대응 노력이 효율적으로 진행될 수 없으며 미국과 중국은 기후변화, 보건, 마약 방지, 핵 비확산과 같은 국제 이슈 부문에서 계속해서 협력해야 한다고 강조했다.

이같이 대화가 단절된 가운데 바이든 정부의 인플레이션감축법안(Inflation Reduction Act; IRA)은 기후변화 정책의 추진을 통해 미국의 국제적 경쟁력과 지위를 회복하고자 하였다. 본 법안의 내용은 부분적으로 중국을 견제하려는 의도를 담았다. 바이든은 집권 초기부터 기후변화를 국제사회의 실존적 위기로 규정하고 더 나은 재건(Build Back Better) 법안을 미국의 기후변화 대응을 위한 정책으로 추진했다. 그러나 민주당 내의 의견 대립과 상원에서의 통과 실패로 3조 5,000억에 달하던 법안은 1년이 넘게 표류했고 그 과정에서 예산도 대폭 조정되었다. IRA로 이름을 바꾸어 7,400억 원의 축소된 형태의 법안이 마침내 2022년 8월 상, 하원을 통과해 8월 16일 바이든의 서명과 함께 공식 발효되었다. 미국은 이 법안에서 국내 인플레이션 완화, 기후변화 대응, 의료비 지원, 법인세 인상 등을 골자로 다루었다.

이 중 기후변화 부문에서는 2030년까지 온실가스 40%의 감축을 위해 친환경에너지, 전기차, 에너지 저장 시스템 부문에 정부 예산을 3,690억 달러 투입하기로 하였다. 특히 전기차의 국내 확산을 위해 중저소득층이 전기차 구매 시 최대 4,000달러, 신형 전기차에는 7,000달러의 세액 공제를 적용하기로 발표했다. 그러나 세액 공제가 적용되는 대상을 최종 조립 공정이 미국에서 이루어진 전기차로 한정했다. 또한 자동차 배터리 광물 비중에 있어 2024년까지는 40%, 2027년까지는 80%가 미국이나 미국과 자유무역협정(FTA)을 맺은 국가에서 채굴 혹은 제련된 것이어야 한다는 규정을 도입했다. 또한 배터리에 장착되는 주요 부품 역시 북미 생산 비중을 2023년 50%, 2029년 100%까지 확대할 것이라 밝혔다. 이는 자국의 친환경 산업 관련 제조역량을 제고하고자 하는 미국의 의도를 나타냈다. 태양광, 풍력 등 재생에너지에서도 생산설비 및 공급망을 미국 내에서 확대함으로써 공급망의 안전성을 확보하고 자국 생산과 판매를 장려하는 모습을 보였다.

이러한 배경에는 중국이 전기차 생산에 가속도를 내면서 광물자원 확보를 위한 노력을 확대한 점도 부분적 요인으로 작용하였다. 중국은 코발트, 니켈, 리튬, 희토류 등의 광물 자산 확보를 위해 미국 광산 자산을 인수하기도 하고 희토류 인수 컨소시엄에 참가해 지분을 인수하기도 했다. 또한 중국 자동차 업체 완샹 그룹이 미국 리튬 배터리업체 A123을 인수하는 등의 행보가 이어지며 미국 내에서 전략자원의 유출에 대한 우려가 높아졌다. 백악관이 2021년 6월 발표한 공급망 보고서에서도 중국이 광물

공급망 독점을 무기로 미국의 산업계를 위협할 수 있다는 분석이 나오기도 했다.[198]

미국은 이렇듯 기후변화를 대의로 걸고 친환경에너지 및 전기차 같은 녹색기술 및 배터리 등 첨단기술 부문에서 자국 기업과 동맹국들을 중심으로 공급망을 재편해 왔다. 중국은 미국의 이러한 조치가 기후변화라는 명분 아래 중국의 경제적, 기술적 부상을 견제하고자 하는 것이라고 인식해 왔다.

미국의 중국 견제는 바이든 정부가 2021년 10월에 제안하고 2022년 5월 공식 발족시킨 인도 태평양 경제프레임워크(Indo-Pacific Economic Framework; IPEF)에서도 드러난다. 미국은 2021년 11월 동아시아정상회의(East Asia Summit)에서 아시아 회귀(Pivot to Asia)의 2.0 버전이라 할 수 있는 IPEF를 발표했다. IPEF는 디지털, 글로벌 무역, 공급망, 인프라, 청정에너지, 탈탄소, 조세, 반부패 등에서 세계무역의 규범을 선도한다는 목적을 가지고 출범하였고 중국을 제외한 아시아태평양 주요 13개 국가가 참여했다.

미국이 인도태평양 지역의 대안적 지역 경제통상 플랫폼을 제시하고 규칙에 기초한 국제질서를 만들겠다고 선언한 데는 증가하는 중국의 경제적 영향력에 대한 견제의 성격이 짙다. IPEF는 중국 주도로 아시아, 오세아니아 국가들이 참여하여 2019년 11월 타결되고 2022년 2월 발효된 메가 FTA인 역내포괄적경제동반자협정(Regional Comprehensive Economic Partnership; RCEP)에 대한 미국의 대안이라 할 수 있다. RCEP를 통해 중국이 자국을 중심으로 지역 공급망을 재편하는 것에 대한 우려가 미국의 IPEF 제안으로 이어진 것으로 볼 수 있다. 이 구상에서 미국은 노동, 환경, 디지털 규범과 같이 중국이 민감하게 반응할 수 있는 의제를 담았으며 이들 부문에서 통상규범과 기준을 강화할 것이라 표명했다. RCEP는 메가 FTA 기구로 서비스와 상품의 교역, 경제기술협력, 지적재산권, 원산지 규정 등 기존의 통상 문제들을 다루나, IPEF가 포함하는 노동, 환경, 국영기업 관련 규범은 결여되어 있다. 미국은 이들 영역에 중국의 취약성이 있다고 본다. 또한 IPEF 체제에서는 다수의 국가가 여러 부문을 망라해 일괄 타결하는 RCEP과 같은 메가 FTA 모델이 아닌 의제별로 모듈형으로 협상이 진행되고 타결된다.

IPEF 아래 미국, 일본, 한국, 호주, 인도, 브루나이, 인도네시아, 말레이시아, 뉴질랜드, 필리핀, 싱가포르, 태국, 베트남 13개국은 디지털 경제 전환을 위한 무역 활성화 및 기술 교류를 위해 협력하고 원자재, 가공품, 반도체, 광물 등에 대한 공동 비축을 통해 통합적 공급망을 구성하며 청정에너지 보급과 기술개발을 통해 탈탄소 노력을 함께 하기로 논의하였다.

이렇듯 미·중 양국 간 대립이 경제 전반에 걸쳐 일어나면서 그 결과 형성된 긴장과 대결의 양상은 기후변화 부문에서 막 싹트기 시작한 양자 협력의 미래를 암울하게 만들고 있다. 그러나 강대국 간의 경쟁이 기후변화 부문에서 선순환을 일으킬 가능성도 없지는 않다. 국제문제를 다루는 대표잡지인 *Foreign Policy*는 미·중의 기후변화 부문을 둘러싼 경쟁이 특히 개도국의 청정에너지 개발 등에 있어 긍정적 요인으로 작용할 수 있다고 논평했다.[199] 특히 양국이 기후변화와 저탄소 발전 부문에서 경쟁하면서 동맹국 등 친밀한 외교 관계의 국가들을 소위 자국의 진영으로 편입시키기 위해 친환경 부문의 투자와 협력을 확대한다면, 이는 국제사회의 다른 국가들에게는 미국과 중국으로부터 자국의 저탄소 전환과 기후변화 대응을 위한 기회 요인으로 작용할 수 있다. 또한 양국이 기후변화 부문에서 상대방보다 우위를 점하기 위해 경쟁을 펼침으로써 세계 온실가스 배출량의 40%를 담당하는 두 국가에서 감축 목표 달성과 친환경 혁신이 가속화 될 가능성도 있다.

제 7 장

무역과 글로벌 기업을 통해 본 기후변화의 정치경제

환경과 무역은 깊은 상관관계를 가진다. 국제무역으로 상징되는 자본주의의 외적 팽창은 지구환경의 끊임없는 개발과 사용을 담보로 이루어져 왔다. 산업화 이래 자연을 투입 요소(input)로 한 대량생산 활동은 더 넓은 시장과 교역의 필요성을 낳았고 그 결과 국제무역은 활기를 띠게 되었다. 상품과 서비스의 국경 없는 이동으로 정의되는 경제 세계화(globalization)의 시대로 접어들면서 국가 간 무역량은 지속적으로 증가했다. 자본주의의 이러한 팽창 과정에서 과거 미국과 유럽 등 소수 선진국이 지배하던 국제무역의 무대는 한국과 같은 아시아 신흥 경제국, 그리고 중국과 같은 개도국 후발주자들의 참여로 더욱 확대되었다. 그림 7-1은 1950년부터 2021년 사이 전 세계 무역량이 무려 43배 증가했음을 보여준다. 이러한 증가는 생산과 소비 증가를 의미한다. 이는 나아가 국제 생산과 무역을 지탱하기 위한 화석연료 중심의 에너지 및 경제구조와 자연과 지구를 자원으로 한 개발 행위가 지속되고 가속화되어 왔음을 의미한다.

본 장에서는 국제무역과 기후변화에 대한 국제사회의 대응이 어떻게 연계되는가를 고찰한다. 기후변화 국제레짐이 등장하고 다양한 국가 및 지역이 기후변화 대응 정책과 규범을 강화해 감에 따라 이러한 변화가 국제무역에 미치는 영향은 무엇이며 기후변화와 무역의 연계를 참여 주제인 다양한 국가들은 어떻게 인식하는지 논의한다. 특히 새롭게 등장하고 있는 기후변화 관련 정책, 규제, 규범 등이 국제무역에서 자유무역 질서를 유지해 온 세계무역기구(WTO)와 WTO가 대표하는 원칙과 양립, 발전해 갈 수 있는지도 논의하고자 한다.

이와 관련해 가장 최근 화두를 형성하는 사안은 EU가 도입해 2026년부터 정식 이행되는 탄소국경조정(CBAM)과 같은 탄소 균등화(carbon equalization) 정책이다. CBAM과 같이 강화된 기후변화 정책이 새로운 규범이자 국제무역에 있어 규제 요인으로 대

[그림 7-1] 세계 교역량(1950년~2021년)

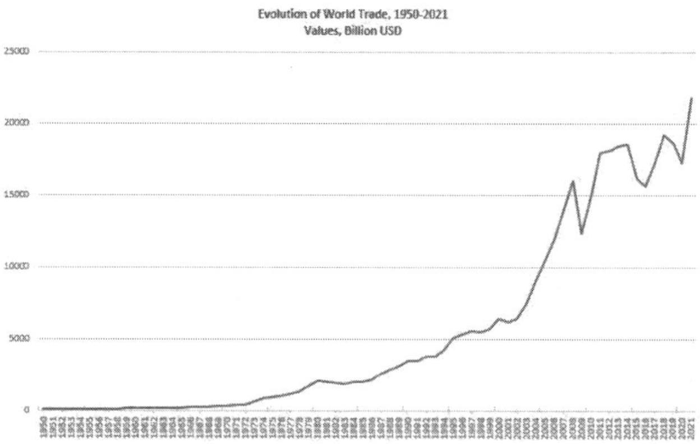

*출처: World Trade Organization(n. a.).

두함에 따라 선진국 그룹이 주도하는 기후 행동이 개도국 등 다른 주체들 사이에 어떠한 반응을 낳고 있으며 선진국 중심의 강화된 기후-무역 연계가 국제적으로 폭넓게 수용될 수 있을지도 논의하고자 한다.

본 장의 후반부에서는 기후변화가 국제무역에서 국가와 기업 등 행위 주체의 행동 규범이자 변수로 등장하고 있는 현 상황에서 상품과 서비스의 생산과 국제 교역의 주요 행위자로서 글로벌 다국적기업의 반응을 살펴본다. 특히 이들이 어떻게 기후변화 정치와 기후 행동에 점차 관여하고 있는지를 최근 2~3년 사이 유행처럼 번지고 있는 ESG 개념과 RE100 캠페인을 사례로 살펴본다.

1. 기후변화와 무역의 연계: CBAM을 중심으로

기후변화라는 글로벌 환경 문제에 대한 대응을 위해서는 농업, 산업, 에너지, 교통, 건축 등 다양한 부문에서 기후변화 완화를 위해 온실가스 배출 감축을 위한 대안, 정책과 규제 등이 도입될 필요가 있음을 의미한다. 이러한 환경 법제의 강화는 상품의 자유로운 이동과 교역에 제약 요인이 될 수 있으며 이로 인해 국제경제에서 자유무역을 표방하는 국제레짐 및 규범과 충돌할 가능성도 내포한다.

제2차 세계대전 종식 후 국제경제는 미국과 영국 등 전승국의 주도 아래 설립된 브레튼 우즈 체제(Bretton Woods system)에 의해 유지, 관리되어 왔다. 본 체제는 근린궁핍(beggar thy neighbor) 정책과 같이 과도한 경쟁적 보호무역주의(protectionism)나 통화 정책을 통해 타 국가의 경제적 안녕을 저해하는 행위를 근절하고 자유무역 체제를 구축함으로써 평화롭고 안정된 국제경제 질서를 세우고자 하였다. 이 브레튼 우즈 체제의 한 축을 이루는 요소로 국제무역을 주관하는 레짐인 관세 및 무역에 관한 일반 협정(General Agreement on Tariffs and Trade; GATT)이 1948년에 출범하였고, 이 협정은 1995년 국제 무역 기구인 세계무역기구(WTO)로 제도화되고 강화되었다. WTO의 웹사이트에 따르면 2016년 7월 29일을 기점으로 164개국이 회원국으로 가입해 있다. 이들 국제무역 레짐은 국가 간 관세 및 비관세 등 무역 장벽을 낮추어 자유무역 질서 구축에 기여해 왔다.

WTO 협정은 다양한 분야를 포괄하는 문서의 집합으로 방대하다. WTO는 상품뿐 아니라 서비스, 지적 재산권(intellectual property rights) 등을 포괄적으로 다루는 자유무역 레짐으로 확대, 발전해 오늘날에 이르렀다. 따라서 농업, 섬유, 금융, 통신, 정부 조달, 산업 표준, 생산물 안전, 식품, 지적 재산권 등 방대한 부문의 주제를 다루는 법적 문서들이 존재한다. 그러나 모든 WTO 문서의 기초가 되는 다음의 주요 원칙은 자유무역 체제의 주춧돌로 작용해 왔다.

가장 중요한 원칙 중 하나는 최혜국 대우(most favoured nation; MFN)이다. GATT의 제1원칙인 이 개념은 수입 또는 수출과 관련하여 한 회원국이 타국을 원산지로 하거나 행선지로 하는 상품에 대하여 부여하는 제반 편의, 호의, 특권 또는 면제는 다른 모든 회원국의 영토를 원산지로 하거나 행선지로 하는 동종 상품에 대해 즉시, 그리고 무조건적으로 부여되어야 한다고 규정한다. 즉 동종 상품에 있어서 한 회원국과 다른 회원국에 차별적 대우를 적용할 수 없다. 즉 A라는 국가가 회원국인 B에게 무역 상대국에 부여하는 유리한 대우(예를 들면 관세의 인하)를 적용했다면 다른 회원국에도 그와 동등한 대우를 적용해야 한다는 회원국 간 비차별(non-discrimination)의 원칙이다.

다른 규칙은 내국민 대우(national treatment) 원칙이다. 이는 한 국가 내부의 수량적 규정이 국내 생산을 보호하기 위한 목적으로 수입 상품에 적용되어서는 안 되며(GATT 제3조 1항), 국내 상품과 차별적인 내국세 혹은 과징금을 동종의 수입 상품에 적용할 수 없다(제3조 2항)는 내용이다. 즉, 동종의 상품인 경우, 수입 상품에 국내 조세를 초과하는 조세를 부과하는 등 국내 상품을 보호하기 위한 차별적 성격의 조치를 취해서는 안 된다는 것이다.

그러나 WTO는 GATT 제20조에 위 원칙들에 대한 예외 규정을 명시하였는데 인간과 동식물의 건강 보호를 위한 경우와 천연자원의 보존을 위해서는 예외가 인정될 수 있다. 그러나 WTO는 이러한 예외 규정이 다른 국가들에 대한 자의적이거나 정당화할 수 없는 차별 수단으로 사용되어서는 안 된다는 점을 전제로 한다고 밝힌다. 또한 환경과 보건 등을 명분으로 타국의 상품을 차별하는 등 위장된 제약을 가해서도 안 된다는 점을 명시한다.[200] 환경, 보건 등을 이유로 특정 상품의 수입을 제한하기 위해서는 해당 제품이 자국과 자국민에 어떠한 부정적 영향을 미치는지에 대하여 충분한 과학적 근거를 제시하여야 한다. 그리고 그 부정적 영향을 입증하는 부담(burden of proof)은 해당 수입 상품에 무역 제한 조치를 가하는 국가의 몫이다.[201]

제2차 대전 후 수립된 GATT 체제 아래 모든 국가가 자유무역 규범을 온전히 내재화한 것은 아니었다. 각국 정부는 다양한 관세 및 산업정책 등 비관세 정책을 이용해 자국의 기업과 국가의 경제적 이익을 추구해 왔다. 이는 국가 간 무역 분쟁을 낳았고 교역량이 확대될수록 증가하는 무역 분쟁을 조정하고 자유무역 질서 유지를 위해 WTO에는 새로운 기능이 만들어졌는데 분쟁조정 시스템(dispute settlement mechanism)이 그것이다. WTO는 분쟁조정 기능을 통해 최혜국 대우 등 자유무역의 원칙을 위배하여 다른 국가들에 경제적 피해를 끼치는 회원국에 그에 상응하는 강제력을 지닌 판결을 적용하는 권위를 지닌다. 이러한 기능과 권위를 통해 WTO는 일정부분 회원국의 원칙과 규범에 대한 순응(compliance)을 유도해 왔다.

기후변화 문제가 글로벌 이슈로 대두하면서 대응 방안으로 최근 논의되고 있는 조치들은 무역과 기후변화 문제를 연계해 국가들의 적극적 감축을 유도하도록 고안되었다. 그러나 이러한 방안은 WTO가 대표하는 자유무역의 원칙들과 충돌할 가능성도 있다. UNFCCC의 제3조 5항은 기후변화 완화를 위한 노력이 자의적으로 혹은 부당하게 다른 국가에 대한 차별의 수단을 구성하거나 국제무역에 있어서 위장된 형태의 보호무역 조치나 제약으로 작용해서는 안 된다고 명시한다. 그러나 기후변화가 가속화되고 관련 국제레짐이 점차 강화되는 방향으로 발전하면서 국제사회의 일원인 국가들도 점차 강화된 저탄소, 친환경 전환 요구에 직면하게 되었다. 몇몇 선진국들은 이미 과거보다 더 적극적인 온실가스 배출 저감 정책을 도입하고 국내 산업과 기업에 배출을 제한하는 규제 정책을 도입하기도 하였다. 또한 탄소 배출권거래제 등 시장 기제를 활용해 구성원들의 효율적 배출 감축을 유도하기도 한다.

그러나 온실가스 감축을 위한 국제적 수준의, 그리고 각국 정부 수준에서의 노력은 만일 한 국가나 지역에서 강화된 기후변화 관련 정책이나 규제를 피해 기업 등 행위자가 배출원을 다른 장소로 이전한다면 물거품이 될 수 있다. 이처럼 한 국가의 기업이 강화된 기후변화 조치나 규제를 회피하기 위해 공장 등 생산시설의 전부 혹은 일부를 규제가 낮은 개도국 등으로 옮기는 행위에서 탄소 누출(carbon leakage)이 발생한다. 탄소 누출은 탄소 집약적 상품의 생산이 배출 비용이 낮은 국가들로 이동하는 현상이다.[202] 탄소 누출은 배출원이 기후변화 정책을 시행하는 국가에서 그렇지 않은 다른 국가나 지역으로 이전해 가는 것이기 때문에 국제사회에 탄소 집약적 기업들을 유치하는 국가나 지역이 존재하는 한, 전 지구적 차원에서 실질적 온실가스 배출 감축으로 이어지지 않는다. 그러나 전 지구적 수준에서 온실가스 배출량을 줄이지 못 한다면 기후변화에 대한 대응은 비효과적이거나 아예 불가능할 수도 있다. 국제적으로 보면 탄소 누출 문제를 묵과하거나 이에 주도적으로 관여하는 국가들은 다른 국가의 감축행동을 통한 기후변화 대응 노력과 그 결과물에 무임승차(free-riding)하는 것이 되며 국제적 차원의 기후변화 대응 노력을 저해한다.[203]

EU를 필두로 한 선진국은 탄소 누출 문제와 그 확대 가능성에 주목해 왔다. 선진국의 시각에서 볼 때 탄소 누출은 자국 내의 강화된 기후변화 대응 노력을 무마, 상쇄하고 글로벌 차원의 기후변화 대응을 비효과적으로 만든다. 또한 탄소 누출 과정에서 자국, 혹은 지역의 기업 및 산업이 해외로 이전한다는 것은 일자리와 세수입의 감소를 의미하며 투자 이전이 발생할 수도 있음을 뜻한다. 이는 선진국의 국내 정치에서도 해당 사회나 그를 대표하는 정치인들이 받아들이기에 매우 민감한 사항들이다. 규제를 강화해 국가의 일자리가 사라지고 경제적 타격이 발생하면 그 결과는 선거 결과에 부정적으로 반영될 수 있다. 또한 선진국 정부는 이들이 탄소 집약적 사업을 단순히 해외 다른 국가로 옮겨가지 않고 자국과 지역에 남아 친환경, 녹색 전환을 통해 새로운 일자리를 창출하고 기술혁신을 통해 지속적인 경제성장의 원동력을 창출해 주기를 기대한다. 결국 기후변화를 위해 도입한 규제와 정책들이 기업 및 산업 활동에 제약으로 작용하고 이들이 시장에서 이탈하게 되면 국가와 지역의 산업 및 경제 경쟁력이 악화될 수 있다는 우려가 팽배해졌다.

이러한 이유로 인해 EU는 탄소국경조정(CBAM)이라는 방안을 고안했다. 탄소국경조정이란 목적지 시장에서 온실가스 배출 규제로 인해 발생하는 비용을 국제 교역을 통해 거래되는 상품의 가격에 반영하는 조치를 의미한다. 즉 한 국가가 제조 공정 등의 과정에서 온실가스를 배출해 생산된 제품을 다른 국가로 수출할 때 수입국의 탄소 가격 만큼에 상응하는 비용을 부담하도록 하는 제도라 할 수 있다.[204] 이는 탄소 배출에 대한 비용을 국내 상품과 수입 상품에 균등히 적용하는 탄소 균등화 정책의 한 방법이라 하겠다.

이 같은 제도는 2018년 노벨 경제학상을 수상한 윌리엄 노드하우스(William Nordhaus)가 주창한 기후 클럽(climate club)의 개념과도 맥락을 같이한다.[205] 노드하우스는 온실가스 누출을 방지한다거나 온실가스 배출에 적절한 비용을 부과하는 국가들이 기후 클럽을 형성하고 비가입국을 무임 승차자(free rider)로 간주해 무역 관세(tariffs)와 같은 불이익을 주어 클럽 회원국이 상대적으로 경쟁력을 확보할 수 있도록 하는 방안을 논의했다. 기후 클럽 참여국에게는 우호적 시장 접근(preferential market access) 혹은 새로운 회원 가입이 주는 다양한 혜택 등 클럽재(club goods)가 참여의 동기로 작용한다고 보았다. 징벌적 기후 클럽(punitive climate club)은 특히 비참여 국가에 관세 등을 부과하여 이들 경제에 부정적 영향을 줌으로써 참여의 유인으로 작용한다.[206]

기후 클럽의 주창자들은 기후변화에 대한 대응과 배출 감소에 적극적인 국가들이 안정된 연합(coalition)을 이루어 높은 수준의 감축 목표를 세우고 목표를 이행한다면, 이는 국제적 수준에서 UNFCCC 등 다자 국제레짐을 통해 기후변화에 대응하는 것에 비해 더 효과적이고 신속한 문제해결 방식이 될 수 있다고 주장한다.[207] UNFCCC, 당사국총회, 파리협정 등 국제 기후변화 레짐에는 손익에 대한 다양한 해석과 이해, 가치, 입장 등을 가진 다수의 주체가 참여하므로 문제의 정의나 해결 방안의 모색에서 합의를 도출하기까지 오랜 시간이 걸린다. 이는 종종 문제 해결 및 대응 과정에서 교착 상태를 야기하는 등 단점을 드러낸다.

기후 클럽은 높은 수준의 감축 목표를 가지고 주도적으로 참여할 의사를 지닌 몇몇 국가를 중심으로 결성되므로 전 지구적 수준에서의 기후변화 레짐보다 그 결성과 운용이 용이하다. 그러나 노드하우스 등이 제안한 기후 클럽 구상에 대해서는, 특히 구속력 있는 제재를 벌칙으로 가하는 기후 클럽에 대해서는, 학계에서도 급진적이며 실현 가능성이 크지 않다는 비판도 제기되었다.[208]

기후 클럽과 유사한 논리를 가진 CBAM에 대한 논의는 유럽과 미국에서 2007년부터 시작되었고 2009년 코펜하겐 COP에서도 논의된 바 있다. 그러나 유럽에서 CBAM 논의가 본격적으로 시작된 것은 2020년부터다.[209] 기후변화로 인한 잦은 이상 기후 현상과 코로나-19를 겪으며 유럽은 지역 경제의 시스템적 전환과 코로나-19로 인한 경제 위기 극복을 위해 그린 딜(Green Deal)이라는 녹색 회복(green recovery) 정책을 도입하였다. 2019년 12월에 발표된 EU 그린딜은 EU 블록의 온실가스 배출을 2030년까지 1990년 수준 대비 55% 감축하고 2050년까지는 탄소중립을 달성할 것을 목표로 설정하였다. 유럽은 이어 2021년 6월에 유럽기후법(European Climate Act)을 통해 이러한 기후변화 목표를 법제화하였고, 2021년 7월 14일에는 그린딜의 이행 사항과 탄소중립 목표를 위한 구체적 실천 방안을 담은 정책 패키지인 Fit for 55를 발표했다. 그 구체적 이행 방안 중 하나로 논의된 것이 바로 CBAM 조치이다.

EU는 CBAM을 이미 시행 중인 배출권거래제(ETS)와 연계해 시행하기로 결정하였다. 유럽은 2005년 배출권거래제를 도입하여 현재 가장 활성화된 시장을 보유하고 있다. ETS에서는 국가가 배출권을 할당하고 할당 배출량을 초과한 기업들은 여유분을 가진 기업으로부터 배출권을 구매하게 된다. 결국 배출권 초과 기업과 잉여 기업이 시장을 통해 배출권을 거래하게 된다. 국가가 기업에 할당하는 무상할당이 줄고 배출권의 가격이 상승할수록 기업의 입장에서는 비용 저감을 위해 온실가스 배출을 감축해야 할 유인을 갖게 된다. EU는 실제 CBAM이 효율적 결과를 낳도록 2021년 7월 배출권 무상 할당제를 2035년까지 점진 폐지하겠다고 밝혔다. 또한 2022년 4월에는 배출권거래제 위원회에서 그 무상 할당제 폐지 기간을 더 단축하고 규제를 강화하겠다고 밝혔다. 또한 배출권거래제가 적용되는 부문 역시 해운, 수송, 건물 등으로 확대하여 배출권 시장을 더욱 활성화하고자 한다.

CBAM이 배출권거래제에 연동된다는 것은 EU의 수입업자들이 EU 외부에 있는 국가(예를 들어 한국과 같은)로부터 상품을 수입해 들여올 때 해당 수입품에 내재된(embedded) 배출량 1톤 당 인증서(certificate) 1개를 의무적으로 구매해 제출하도록 한다는 것이다.[210] 즉, 탄소 배출량이 많은 제품을 수입하는 수입 업자들은 EU의 배출권거래제 아래서 배출권의 주간 평균 경매가격에 상응하는 비용을 치르고 EU 인증서를 구매하여야 한다. 이는 당연히 물건의 거래 비용 및 가격에 반영될 것이다. 수입업자는 배출권 구매에 따른 비용 만큼을 자신이 거래하는 수출업체에게 전가할 것이다. 이러한 방식을 통해 결국 유럽 무역 상대국의 제품 수출업자는 유럽이 정한 기준을 초과하는 탄소배출 만큼에 대하여 비용을 치르게 되는 것이다.

그러나 만약 수출업자가 원산지에서 이미 탄소 비용을 지불하고 제삼자의 공증을 통해 증명서를 제출한다면 EU 인증서 구매 비용에서 해당 비용만큼의 공제가 가능하다. 또한 현행 EU ETS에서 특정 업종에 배출권 무상할당이라는 혜택이 주어지고 있는 만큼, 이와 동일한 혜택을 같은 부문의 수입업자에게도 적용하기로 하였다. EU는 또한 2026년부터는 배출권의 무상할당 비율을 10%씩 줄여 2035년까지는 100% 유상 할당으로 전환되도록 법안을 고안하였다. 배출권거래제를 통해 인증서를 판매함으로써 발생한 수입은 EU 회원국이나 취약국에 배분 혹은 지원되는 것이 아닌 EU 예산으로 귀속되는 것으로 하였다.

EU는 CBAM의 우선 적용 대상 부문으로 철강, 시멘트, 전기,

비료, 알루미늄이라는 5대 부문을 선정했다. 또한 2023년부터 2025년까지는 이행 준비기간으로 지정하였는데 이 기간에 EU를 대상으로 하는 수출국의 기업과 EU의 수입업자들은 제도를 이해하고 적응하며 준비할 시간을 갖게 된다. 2026년 1월부터는 본격적으로 CBAM이 가동되고 그 적용 분야도 5대 부문을 넘어 점점 확대될 것으로 보인다. 본 제도는 아이슬란드, 리히텐슈타인, 노르웨이, 스위스 및 외부영토(세우타, 멜리야)를 제외한 대(對)유럽 수출국에는 모두 동등하게 적용된다.

미국의 경우 2022년 11월을 기준으로 아직 CBAM과 같은 조치를 본격 도입하지는 않았으나 유사한 제도의 도입을 고려하고 있으며 이 과정에서 EU와의 공조를 모색한다고 밝혀 왔다. 미국은 바이든 행정부 출범 이후 2050 탄소중립을 선언하는 등 적극적 기후변화 대응을 기조로 하고 있다. 국제사회에서 기후 의제를 주도해가는 EU의 CBAM 정책 등에 자극받아 미국도 다양한 정책들을 논의해 왔다. 예를 들어 민주당은 상원에서 2021년 7월 "Fair, Affordable, Innovative, and Resilient Transition and Competition Act" 법안을 공개했다. 미국의 일자리를 보호하고, 에너지 해외 의존도를 낮추며 기후혁신과 회복력 달성을 목표로 하는 본 법안은 국내기업에 대한 온실가스 배출관리를 통해 친환경 제품의 생산을 촉진하고, 수입에 내재된 탄소배출에 대해 수입세(import fee)를 부과하며, 국제 환경협력을 지지하는 내용 등을 담고 있다. 미국판 탄소국경조정법안에 따르면 2024년부터 알루미늄, 시멘트, 철, 철강, 천연가스, 석유 및 석탄 등에 대해 탄소 국경세를 부과할 방침이며 점차 품목이 확대된다.[211]

미국의 탄소국경조정 방안은 유럽과 다르게 설계될 수 있다.

탄소가격 메커니즘이 시행되고 있지 않기 때문에 수입세는 수입품에 내재된 배출량에 환경 비용이 곱해져 산정된다. 미국의 면제 기준은 CBAM에 비해 유연하여 최빈국, 미국 제품에 탄소국경조정을 부과하지 않는 국가, 미연방법률 수준의 온실가스 감축 정책을 시행하는 국가에 대해서는 면제가 적용된다.[212] 바이든 정부의 존 케리(John Kerry) 기후특사는 미국이 유럽 주도의 CBAM에 동참하지는 않을 것이나 탄소세 도입과 관련해 유럽과 긴밀히 공조할 것임을 밝힌 바 있다.[213] 미국은 탄소 규제를 통해 부분적으로는 중국을 견제하려는 의도도 가지고 있다.

이상과 같은 논의는 유럽과 미국 등 선진국을 중심으로 기후변화에 대한 대응이 점차 무역과의 연계를 통해 강화되어 가고 있음을 의미한다. 유럽은 탄소 누출 문제 및 지역 및 회원국의 경제적 경쟁력 상실에 대한 우려로 CBAM을 도입했다. CBAM에 대응하기 위하여 EU 밖의 국가는 탄소배출에 대한 비용을 EU ETS를 통해 치르는 방법도 있으나 또한 자국에서 EU의 기준치에 상응하는 배출에 대한 비용을 치를 수도 있다. 이러한 선택을 하는 국가는 EU가 CBAM을 통해 구축하고자 하는 기후 클럽에 편입한 것으로 볼 수 있다. 이와 같은 국가가 늘어 갈수록 EU의 CBAM은 스스로 확장해(self-expanding)가는 기후 클럽으로 점차 발전해 가게 된다. 기후 클럽의 긍정론자들은 이처럼 EU에서 시작된 탄소배출 규제 강화가 도미노 효과를 내며 확산해 다른 국가들의 기준과 규제도 함께 강화되는 긍정적 반응을 만들어 낼 것으로 기대한다.[214] 유럽은 이와 같은 조치를 통해 기후변화 대응을 강화하고 부분적으로는 스스로 모범을 보임으로써 긍정적 흐름을 주도하는(lead by example) 기후 행동을 통해 국제사

회에서 기후 리더십과 영향력을 확대하고자 한다.[215]

그러나 기후변화와 무역 간의 연계가 강화되면서 국제사회의 다른 성원, 특히 개도국은, 선진국을 중심으로 형성되는 이러한 정책과 규범이 녹색 산업정책(green industrial policy)의 일환으로 악용될 수도 있음을 우려한다.[216] 이들은 선진국들이 CBAM과 같은 제도 및 기타 기후변화와 관련된 환경 규제를 경쟁국 및 그들의 기업을 대상으로 한 차별적 산업정책으로 활용할 수 있다고 주장한다. 즉 이러한 새로운 제도는 선진국의 온실가스 배출 기준에 미달하는 외국 기업과 그들의 상품의 가격에 배출 비용을 반영해 가격을 의도적으로 비싸게 만듦으로써 선진국이 자국의 시장과 기업의 경쟁력을 보호하고 외국 기업과 상품을 차별하는 보호무역 정책이 될 수 있다는 것이다.

국제 시장 및 교역에서 가격 경쟁력을 비교우위로 제공해 왔던 개도국들의 경우 CBAM과 같은 조치는 이들이 EU에 수출하는 상품의 가격 인상으로 이어지며 결국 이들의 상품이 EU 시장 진입 시 부정적으로 작용할 수 있다. 또한 EU가 탄소배출에 대한 비용을 부과해 상품의 가격이 높아지면 외국 경쟁 기업의 가격 경쟁력은 상대적으로 하락하여 EU 기업 경쟁력이 제고될 수 있으며, 역외국가들은 이를 기후변화를 위한 대응이라기보다는 EU와 회원국의 경제적 이익을 위한 보호무역주의(protectionism)의 일환으로 볼 수 있다. 즉 개도국의 관점에서 CBAM의 강화 및 확산은 선진국들이 개도국의 수출 상품에 대하여 환경 기준을 강화해 이들 상품이 선진국 시장에 진입하는 것을 막는 무역 장벽(trade barrier)으로 인식될 수 있다. 개도국은 선진국 그룹이 자신들이 자의적으로 설정한 탄소배출 기준에 미달하는 개도국 등 무역 상대국의 기업을 징벌하는 차별적 정책을 만들어냈다고 본다.

EU의 CBAM은 탄소 집약적 제품을 EU에 수출하는 러시아, 카자흐스탄, 우크라이나, 중국, 인도, 브라질 등으로부터 이미 반발을 사고 있다. 인도는 2009년 코펜하겐 COP에서 CBAM 관련 논의가 막 시작될 당시부터 이 문제를 WTO의 분쟁해결기구로 가져갈 것이란 입장을 밝힌 바 있다. 2010년 칸쿤에서 열린 제16차 COP에서도 개도국 그룹은 기후변화를 이유로 하는 그 어떤 일방주의적 무역 조치나 보호주의도 채택되지 못하게 해야 한다고 강조한 바 있다.[217] 대 유럽 수출이 큰 러시아도 2021년 6월 알렉산드르 노박 부총리의 입을 통해 CBAM이 WTO 규정을 위배하고 에너지 공급의 안정성을 위협하는 조치라고 항의했으며 이는 EU 산업 보호를 위한 무역 장벽이라고 주장했다.[218]

개도국들은 EU의 CBAM 도입 등 행보가 기후변화 대응을 위장한 보호무역 조치이며, 일방주의이고 나아가 새로운 형태의 제국주의로, 파리협정 하에서 다자주의적 기후변화 대응 노력과 개도국을 포함한 많은 당사국들의 감축 의지를 훼손시킬 것이라고 주장한다. 또한 개도국은 역사적 누적 배출량 측면에서 책임이 훨씬 큰 EU와 같은 선진국 그룹이 CBAM과 같은 제도를 고안해 자신들의 감축에 대한 책임과 비용을 개도국에 전가하는 것은 형평성과 정의의 원칙에 어긋난다고 비난한다.[219]

UNFCCC는 선진국과 개도국의 공동의 그러나 차별화된 책임을 그 원칙으로 한다. 그러나 CBAM과 같은 제도는 유럽을 포함한 선진국들이 자국과 자국이 속한 지역의 탄소배출 관련 규제와 기준을 개도국과 개도국의 상품에 이들의 역량 및 기술과 상관없이 동등하게 적용하고자 하는 시도이다. 물론 CBAM의 도입 과정에서 영향 평가가 진행되었고 이러한 제도의 도입으로 영향을 입을 수 있는 몇몇 주요 무역 상대국과의 공론화의 과정이 있었다. 그러나 CBAM은 개도국이 처한 기술 여건, 감축 및 저탄소 전환 역량 등을 고려하지 않고 이들의 EU 시장 진입을 위해서 자신들이 만든 탄소 기준에 맞출 것을 요구한다. 이는 파리협정에서 주요한 규범인 모든 국가는 자국이 처한 여건에 따라 자발적으로 감축의무를 정하고 이행하여 기후변화 문제에 대한 책임을 공유해야 한다는 상향식 메커니즘과 충돌의 여지가 있다.[220] 이러한 선진국의 일방주의[221]는 기후변화-무역의 연계 과정에서 글로벌 남북(global north-south) 갈등을 심화할 수 있다. UNFCCC의 제3조 5항은 환경 보호와 무역 간 갈등이 최소화되도록 지향할 필요성을 강조한다.

CBAM은 온실가스라는 부정적 외부효과를 내재화(internalization of negative externalities)하기 위해 고안된 제도라고 볼 수 있다. 즉, 온실가스를 배출하는 주요 주체인 기업은 기후변화를 유발하는 배출이라는 부정적 외부 효과에 대하여 비용을 톤 당 그에 상응하는 시장 가치를 비용으로 지불하게 됨으로써 부정적 외부효과는 시장 참여자인 기업의 비용으로 내재화된다. 그러나 CBAM과 같은 제도 도입을 통해 외부효과를 내재화하는 접근법은 온실가스 배출에 대한 비용을 치른 재화와 그렇지 않은 재화를 차별하게 된다. 이는 기존 국제무역 질서에서 수립되어 온 비차별의 원칙과 충돌할 가능성도 있다.[222]

2022년 11월을 기준, CBAM과 관련된 세부 사항은 여전히 논의가 진행 중이다. 이와 같은 제도 수립에는 여러 난관이 따르다. CBAM은 EU가 수입품에 대해 직접적으로 탄소세를 부과하는 방식이 아닌 ETS와의 연동을 통해 명백한 보호무역이라는 비난을 우회하도록 설계되었다. 그러나 ETS의 운영에는 탄소배출 대상 업체의 취합, 탄소배출 허용 총량 산정, 배출권 할당 방식 결정, 이월·차입·상쇄 배출권 등의 세부 사항 등과 관련해 다양한 제도적 고려 사항이 산재해 있어 높은 행정적 비용과 관리 비용이 요구된다. 또한 EU ETS에서 현행 탄소누출목록을 개선하는 일도 필요하다. EU는 2026년부터 탄소누출목록 업종의 무상할당 비율을 10%씩 낮추어 2035년에는 전면 유상 전환할 계획이다. 또한 EU의 기업들에 적용되는 무상할당은 동종의 수입 제품에도 동일하게 적용하는 점 역시 재차 강조하고 있다. 그러나 무상할당의 비중 감축에 대해서는 EU 내부에서도 산업계로부터 반발이 예상된다. 전력, 철강 등 대상이 되는 제조업계를 중심으로 유럽 내 반발이 있었으며 지역에서 생산된 제품을 탄소세가 없는 곳에 수출 시 수출환급제(export rebate scheme)를 요구하는 목소리도 커졌다.[223] CBAM 적용 대상이 유기화학품, 플라스틱, 수소, 암모니아 등으로 확대될 것으로 논의가 진행됨에 따라 해당 업계로부터 반발이 커질 수 있으며 이러한 산업에 대한 EU 회원국 내의 입장도 각기 달라 제도의 안착까지는 시간이 걸릴 수 있다.

2. 글로벌 기업의 기후변화 대응 노력: RE100과 ESG 경영을 중심으로

기후변화에 대응하고자 하는 노력은 국제레짐과 각국 정부뿐만 아니라 기업들 가운데서도 점진적으로 강화되고 있다.[224] 기후변화에 대한 기업의 책임은 다른 부문에 비해 크다. 거대 다국적 기업은 전 세계 온실가스 배출량의 50% 이상을 차지한다.[225] 기업은 생산을 위해 환경을 자원으로 이용하고 오염물을 배출하는 등 부정적 영향을 미침으로써 발생한 비용을 외부화(externalize)함으로써 경제적 이익을 누려온 주체로 비난받기도 한다. 따라서 기업은 환경에 미치는 영향에 대응할 윤리적 책무를 지닌다.

기업은 현상 유지를 지지하고자 하는 연합체를 결성하여(일례로 Global Climate Coalition과 같은) 친환경 정책과 규제에 저항하여 저탄소 전환과 기후변화에 대한 국제적 대응 속도를 저지하고 늦출 수 있다. 그러나 또한 이들은 기술발전과 투자를 통해 친환경 전환을 이끌고 가속화 할 수도 있다. 기업은 정부와의 민관협력(public private partnership)을 통해 다양한 기후변화 기술을 개발하기도 한다. 정부는 또한 기후변화 부문에서의 관련 기술혁신을 위해 연구소, 대학 등을 통해 연구 및 개발을 촉진하는데 이들 주체는 기업과의 산학협력을 통해 긴밀히 공조한다. 기업은 다방면에서 이처럼 기후변화 문제의 해결에 기여하기도 한다.

모든 기업이 하나의 동질적 집단을 형성하는 것도 아니며 같은 가치와 이익을 추구하지 않으므로 기후변화에 대한 그들의 이해관계는 상이하게 나타날 수 있다.[226] 예를 들어 탄소 집약적 자산의 비중과 전환 비용이 높은 기업들은 현상 유지를 선호할 수 있고 저탄소로의 전환이 기회나 이익을 가져다주는 기업은 기후변화 정책에 대한 높은 선호도를 보일 것이다.[227] 석탄, 석유 등 화석연료 부문과 전통적 제조업과 자동차 부문 등은 국내외 기후변화 대응이 가속화될수록 자신들의 시장에서의 지위와 이익의 유지에 위협을 느낄 수 있지만, 재생에너지, 보험, 에너지 효율 부문 등 기후변화와 탄소중립 등과 관계가 깊은 부문의 기업은 새로운 기회를 포착하기도 한다.

기업은 다양한 방식으로 글로벌 기후변화 정치 및 거버넌스에 영향을 미친다.[228] 국가가 온실가스 감축 목표를 정하고 이행을 위한 정책을 결정하게 되면 결국 배출원이기도 한 기업은 생산 시설과 작업장 등에서 직접적으로 온실가스 배출 감축을 모니터링하고 저감하는 등 완화 활동에서 실천 주체가 된다. 따라서 이들은 기후변화 목표와 이행을 위한 절차나 정책 수단 등이 가급적 기업의 이익을 저해하지 않도록 정부에 영향력을 행사한다. 기업은 국제적 수준에서, 그리고 각국 정부 수준에서 기후변화 목표를 정하고 어떻게 이행할 것인가를 논의하는 입법 과정 및 정책 결정 과정에서 로비활동 및 이익집단 같은 연합체 결성 행위 등을 통해 자신들의 영향력을 발휘한다. 이들은 정부가 특정 기후변화 정책 수단을 선택함에도 영향을 미칠 수 있다. 예를 들어 기업은 탄소세와 같이 기업에 직접적으로 부과되는 세금 방식의 정책보다는 탄소시장과 같이 기업 간 거래를 통한 감축을 유도하는 보다 유연한 시장 기제의 도입을 선호하며 정부가 그러한 정책을 도입하도록 유도한다.

기업은 또한 기후변화 거버넌스에 직접 참여해 기후변화 대응을 주도하기도 한다. 그 예로 기관 투자자들을 중심으로 온실가스 배출을 보고하고 정보를 공개하는 시스템을 만들기 위해 결성된 이니셔티브인 Investor Network on Climate Risk, Carbon Disclosure Project 등이 있다. 이러한 프로그램에는 이미 수백 개의 글로벌 기업이 참여하여 배출 정보를 투명하게 공유한다.

이렇듯 기업이 기후변화 문제에 관여하는 방식은 다양하다. 전반적으로 기업이 기후변화에 대응하는 전략은 크게 세 차원의 요인에 따라 결정된다.[229] 우선 기업 외부적 요소들이 있는데 이는 기업의 위치에 따른 기후변화에의 취약성, 정부 관계 부문과의 관계, 사회관계와 사회적 압력 등의 요인이다. 산업과 직접적으로 관련된 요인들로는 해당 부문에서의 기업 간 경쟁 및 집중의 정도, 성장률 등이 있다. 마지막으로 기업에 특수한, 내재적 요인으로는 기업 문화, 관리 인식, 리스크 관리 역량, 기술적 혁신 및 다각화의 역사 등이 기업이 기후변화에 대한 전략을 형성하는 데 영향을 미칠 수 있다.

최근 글로벌 거대 기업들을 중심으로 특히 탄소배출 감축 노력이 강화되는 추세를 보인다. 기업이 기후변화 목표를 도입하고 감축을 하는 데는 다양한 이유가 있다. Dahlmann 등(2019)에 따르면 기업의 감축 목표 도입 의도에는 그린 워싱(greenwashing)을 통해 외부 주주들의 인식을 관리하고자 하려는 의도가 있을 수 있으며 또한 자신들이 환경에 미치는 부정적 영향을 실제 줄이고자 하는 실질적(substantive) 의도가 있을 수 있다.[230] Dahlmann 외(2019)의 연구는 기업이 야심찬 감축 목표를 설정하고 실천하려는 의지가 크고, 장기적 목표 이행 기간을 설정하고, 절대 감축량을 도입했을 때, 이는 기업의 실질적 의도를 반영하며 기업이 실제 감축을 달성할 가능성도 높아진다고 보았다. 결국 기업이 단순히 주주들의 친환경 요구에 피상적이고 한시적으로 부응해 비난을 모면하려고 하는지, 아니면 실제 기후변화 문제에 있어 헌신(commitment) 정도가 큰지에 따라 이들의 실질적 감축 성과와 실적도 달라짐을 알 수 있다.

Cadez 등의 연구(2019) 역시 온실가스 배출 감축을 요구하는 시장으로부터의 압력, 정부 당국 등의 배출 규제와 관련된 불확실성, 기업의 친환경 전략 등이 기업이 온실가스 감축 전략을 도입하는 데 영향을 미치는 중요한 요인이며, 이는 다시 기업의 온실가스 감축 관련 실천과 이행에도 영향을 미친다고 밝혔다.[231]

몇몇 연구는 이들 연구와 유사한 변수들을 유럽과 일본에 적용한다. Littlewood 등의 연구(2018)는 유럽의 온실가스 고배출 산업을 대상으로 기업이 기후변화에 대응하는 동기와 그 결과를 고찰하였다.[232] 이들은 크게는 사업적 목적, 지속가능성 목적, 주주 압력 등을 기후변화 관련 조치를 도입하는 주요 원인으로 보았고 설문을 통해 헌신(commitment)과 성취(performance) 사이의 관계를 살펴 보았다. 그 결과 유럽의 고배출 산업 부문의 경우에는 지속가능발전 동기가 아닌 사업적 목표와 주주(shareholder) 압력이 기업으로 하여금 기후변화에 대응하도록 하는 주요 동기였으며 실제 기후변화 관련 행동에 있어서도 개선되는 모습을 보였다.

일본의 경우 정부의 기후변화 대응 정책 아래 기업들도 과학에 기반한 목표치를 설정하고 도입하였다. Kuo와 Chang(2021)이 2016년에서 2019년 동안 총 1,994개 일본 기업을 대상으로 조사한 결과, 과학적 기반의 감축 목표를 도입한 기업이 더 높은 수준의 탄소 관리 평판(carbon management reputation)을 보였음을 밝혔다. 또한 국내외적으로 탄소 가격의 불확실성에 대비해 내부 탄소 가격제(internal carbon pricing) 등을 도입에 적용해 온 기업의 경우 역시 더 높은 수준의 탄소 관리 평판을 보였다.[233] 특히 고배출 산업의 경우에는 이러한 방법들이 더욱 효과적인 것으로 드러났다. 즉, 목표의 도입과 내부 정책 등을 통해 온실가스 감축 의지를 가지고 이행해 온 기업의 경우 기업의 온실가스 정책 이행에 대한 평판도 우수했다.

위의 연구들은 기업은 다양한 이유에서 기후변화에 대응하고 정책을 도입한다는 것을 보여준다. 온실가스 배출에 대한 기업의 윤리적 책임, 주주 및 사회로부터의 압력, 이윤 창출 등 사업상의 목적, 기후변화와 관련해 정부 및 국제사회의 환경 변화에 따른 불확실성과 리스크의 관리, 실제 기후변화 문제 해결에 대한 관심과 해결 의지 등이 주요한 동인임을 알 수 있다.

온실가스 감축을 통한 글로벌 기후변화 대응에의 기여, 이윤 창출 및 경쟁력 강화, 고객의 기업의 사회적 책임(corporate social responsibility; CSR)에 대한 요구에의 부응 등을 위해 글로벌 기업을 중심으로 친환경, 탈탄소 전환이 일어나고 있다. 기업의 이러한 행보는 환경, 사회, 지배구조(Environment, Society, and Governance; ESG)로 요약된다. 이는 기업이 경제적 이윤 창출과 재무적 지표 관리 뿐 아니라 환경의 지속가능성(E), 사회적 가치 창출(S), 거버넌스(G)라는 다층적이고 비재무적인 측면에서 다양한 변수들을 개선함으로써 기업을 둘러싼 더 큰 사회와 지구 전체의 발전에 기여해야 한다는 개념이다.

ESG 개념은 민간부문을 중심으로 유행과 같이 확산되어 점차 공공, 시민사회 등 다른 부문으로 확장되어 적용되고 있다. 이 개념은 기업의 사회적 책무(CSR) 관련 논의가 진화, 발전된 것으로 볼 수 있다. 기업의 사회적 책임은 이미 19세기 초반 미국에서 윤리적, 종교적 이유로 주류, 담배, 무기 제조 등 성서의 가치 규범에 반하는 특정 산업을 투자에서 배제하자는 운동이 일었던 것에서 그 연원을 찾을 수 있다. 이로부터 점차 정립되어온 CSR의 개념은 기업의 자선 행위나 생산과 서비스 등의 공정을 친환경적으로 개선하는 활동 등 개별 기업 차원에서의 개선 행동에 주로 초점을 맞추었다.

그러나 지난 몇 년간 추세로 자리잡은 ESG는 생산과 서비스 부문의 친환경적 전환을 지향하는 것을 넘어 자본시장에서 투자 결정에 영향을 미치는 준거로 작용하고 있다. 단순히 하나의 기업 차원에서의 책임을 강조하는 것이 아닌 거대한 자본시장이 ESG를 시장 운용의 규범이자 준거로 강조함에 따라 자본 투자에 의존하는 산업계와 기업 차원에서도 ESG를 기업 전체의 경영을 아우르는 원칙으로 점차 수용하게 되었다. 혹자는 시장, 공공, 시민사회를 가릴 것 없이 공적, 사적 영역에서 ESG 사회를 형성하는 흐름이 이미 시작되어 되돌릴 수 없는 형국에 접어들었다고 분석하기도 한다.[234]

ESG라는 용어는 2004년 말 UN 글로벌 콤팩트(UN Global Compact)의 "Who cares wins: Connecting financial markets to a changing world"(누가 승리에 관심이 있는가: 변화하는 세계와 금융 시장의 연계)라는 제목의 보고서에 본격 등장했다.[235] 당시 코피 아난(Kofi Annan) UN 사무총장이 자산운용, 증권 중개 서비스 등에서 환경, 사회, 지배구조 문제를 통합하는 방안에 대한 지침 및 권장 사항을 개발하기 위해 9개국 20개 금융 기관을 초청해 보고서 작성을 요청하였고 그 결과로 위 보고서가 도출되었다. 이를 기반으로 2006년 4월에는 전 세계 주요 금융기관들이 뉴욕증권거래소에 모여 6대 책임투자원칙(Principles for Responsible Investment; PRI)을 도입하고 이를 투자의 원칙으로 적용하기 시작했다. PRI의 제1원칙은 투자분석과 의사결정에 ESG 이슈를 통합할 것, 제2원칙은 ESG 이슈를 오너십 정책과 관행에 통합할 것, 제3원칙은 투자대상의 ESG 정보 공개 요구이다. PRI에는 전 세계 4,000개 이상의 기관이 가입하고 있으며 이들의 운용자산은 100조 달러 이상이다.[236]

ESG가 기업 경영 및 투자의 원칙으로 대두된 데 영향을 미친 가장 최근의 사건으로 2008년 글로벌 금융위기를 들 수 있다. 미국에서 시작되어 전 세계로 퍼진 금융위기는 월 가(Wall Street)로 대표되는 금융 시장의 탐욕과 기업의 도덕적 해이(moral hazard)를 드러냈다. 기업과 금융 시장에 대한 비판이 고조되면서 윤리적 투자의 중요성이 다시 강조되기 시작했다.

특히 2020년 초에는 세계 최대 자산운용사 블랙록(Black Rock)의 최고경영자 래리 핑크(Larry Fink)가 지속가능투자(sus-tainable investing)를 강조하면서 ESG 투자는 점차 공식화되었다. 래리 핑크는 2020년 CEO들에 보내는 연례 서한에서 ESG와 기후변화를 고려해 자신의 투자 포트폴리오를 변경할 것임을 강조하였다. 이는 전 세계적으로 ESG에 대한 관심을 촉발시켰다. 이어 2021년 발송한 연례 서한에서는 현재, 그리고 미래의 잠재적 투자대상이 될 기업에 2050년까지 넷제로 달성 목표에 부합하는 사업들을 공개할 것을 요구하기도 하였다. 또한 그는 기후변화에 대한 대응이 기업에 역사적 투자 기회로 작용할 것이라고 강조했다. 이처럼 자본시장에서 금융기업과 투자자들이 이러한 방향성과 요구를 제시하자 제조업 등 일반 기업들은 이에 주목할 수밖에 없다.

ESG를 다룬 기존 연구와 ESG를 기업 투자 및 경영 원칙으로 실제 내재화하는 기업들을 보면 기업 가치와 지속가능성이 비재무적 성과들과 밀접한 연관성을 지닌다는 점을 보여준다. ESG 개념의 확산은 자본주의가 주주자본주의(shareholder capitalism)에서 이해관계자 자본주의(stakeholder capitalism)로, 배제적 성장(exclusive growth)에서 포용적 성장(inclusive)으로 진화해 가는 과정으로도 볼 수도 있다. 후자는 주주, 채권자, 노동자, 공급자, 지역공동체, 환경, 글로벌 커뮤니티 등의 다양한 이해집단 및 이들 간의 균형있는 상호작용에 초점을 맞춘다. 따라서 단순히 주주의 이익을 최우선에 두고 이를 위해 이윤을 극대화하는 주주자본주의와 달리 후자의 경우 전 지구적 문제들로 기업의 관심이 확대된다. 이를 반영하듯 2021년 1월 다보스 아젠다 2021은 이해관계자 자본주의를 성장(progress), 사람(people), 지구(planet)라는 세 개의 축을 가진 개념이라고 정립하였다.

전 지구적 문제로 최근 가장 주목받는 화두 중 하나는 단연코 기후변화와 탄소중립 문제이다. 기업은 재생에너지로의 에너지 전환, 친환경 모빌리티 등 다양한 변화와 혁신을 통해 기후변화에 대응함으로써 기후변화가 기업에 미치는 불확실성과 리스크를 최소화하고 재무, 비재무 지표를 개선하고자 한다.[237]

전 세계적으로 10조 달러 규모의 자산을 운용하는 자산운용사 블랙록이 ESG에 관심을 기울이며 강조하기 시작하자 시장의

[그림 7-2] ESG 투자 규모

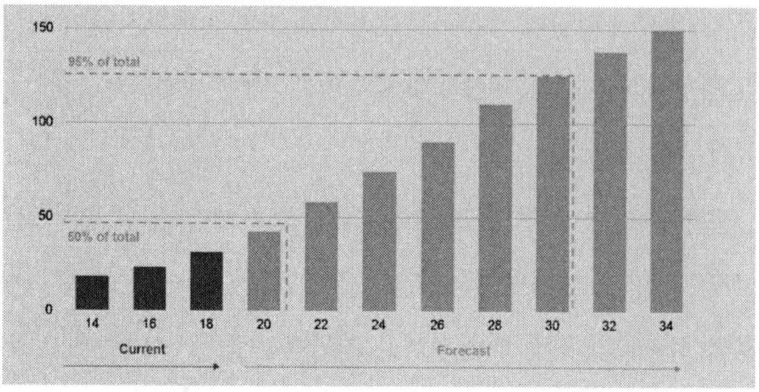

Source: Deutsche Bank, Global Sustainable Investment Alliance, zeb research

***출처**: Schlaffer, Cavalli, & Hobisch(2020).

다른 참여자들도 곧 반응을 보였다. 10조 달러는 1경이 넘는 규모이다. 2021년 한국의 국내 총생산(GDP)이 1조 8,000억 달러임을 상기하면 블랙록 하나의 투자기업이 운용하는 자산이 얼마나 거대한 규모인지 알 수 있다. 세계 최대의 자산운용사의 움직임은 곧 다른 거대 자산운용사와 신용평가사들의 ESG 투자 참여를 유도했다. ESG 투자 규모는 유럽, 미국, 일본 등 선진국을 중심으로 점차 성장하고 있다(그림 7-2).

2년마다 ESG 투자 동향을 조사해 발표하는 GSIA(Global Sustainable Investment Alliance)는 세계 ESG 투자 규모가 2020년 말 53조 3천억 달러이며, 도이치방크는 ESG 투자가 현재와 같은 추세로 유지되면 2035년에는 160조 달러 이상으로 성장한다는 전망을 한 바 있다. 블룸버그는 지속가능채권의 규모도 2019년 5,659억 달러에서 2020년 7,230억 달러로 급증하였다고 분석했다.[238]

블랙록 등의 투자회사들은 ESG를 국제경제에서 의제화하고 기업의 사회적 책무와 같은 기존의 단순한 개념과 차별화하며

ESG 투자를 활성화해 왔다. 특히 선진국의 다국적기업을 중심으로 ESG가 경영 및 투자의 지침으로 채택되면서 본 개념은 국제적으로 확산되는 추세다.

미국을 본사로 둔 다국적기업 중 가장 대표적인 애플 역시 ESG를 실천하고 있다. 2021년 애플의 시가총액의 가치는 미국, 중국, 일본, 독일, 영국, 인도 GDP 다음이었고 프랑스의 GDP보다 컸다. 이탈리아, 캐나다, 한국 등의 경제 규모를 상회하는 거대 규모의 이 글로벌 기업은 그러나 2007년 비정부단체인 그린피스(Greenpeace)로부터 환경 파괴적 기업이라는 오명을 얻었다. 2012년에는 방송사 ABC가 탐사보도에서 애플 폭스콘의 노동환경과 인권 문제를 폭로하면서 기업의 이미지가 실추되었고 이는 경영 실적에 반영되었다.

이러한 부정적 이미지를 회복하기 위해 팀 쿡(Tim Cook)의 리더십 아래 애플은 ESG를 적극적으로 표방하고 있다. 환경(E) 부문에서는 기후변화 문제 해결에 동참하여 재생에너지에 대한 투자 확대를 통해 2030년까지 애플 공급망의 탄소중립 달성을 계획하고 있다. 애플은 이를 위해 2014년부터 사용 전력의 100%를 재생에너지를 이용해 가동 중이다. 2018년 4월부터는 전 세계 애플의 시설 모두가 100% 재생에너지만으로 에너지 공급이 운용되고 있어 이미 기업 단위에서 탄소중립을 달성한 상태다.

애플은 자사의 탄소중립과 더불어 2030년까지는 글로벌 공급망(supply chain)을 포함하여 제품 주기(product cycle)를 아우르는 기업 전체의 탄소중립 달성을 목표로 하고 있다. 전 세계에 펼쳐져 있는 공급망에서 소재, 부품, 제품 조립 등을 담당하는 협력사들은 애플의 전체 탄소발자국(carbon footprint)의 77%

를 담당하고 있다. 애플은 글로벌 공급망을 통해 제품을 생산, 보급하고 서비스를 공급하는 다국적기업으로 공급망과 협력사의 탄소중립 없이 자사의 완전한 탄소중립 달성이 어렵다고 판단하여 공급망의 탄소중립을 위해 2015년부터 Supplier Clean Energy Program을 운영하고 있다. 2021년 10월을 기준으로 175개 애플의 협력업체가 재생에너지로 전환 예정임을 밝혔다.

또한 민간부문으로는 최대 규모의 그린 본드(친환경 프로젝트 파이낸싱을 위해 발행된 녹색 채권) 발행을 통해 자금을 모금해 이를 저탄소 설계 및 엔지니어링, 에너지 효율성, 재생가능에너지, 탄소 저감 등의 부문에 투자해 왔다. 예를 들어 애플은 2020년 9월부터 덴마크 에스비에르(Esbjerg) 지역의 육상 풍력 터빈을 통해 62GWh의 전기를 연간 생산해, 이를 비보르(Viborg) 지역 애플 데이터 센터에 공급하고 잉여 전력을 덴마크 전력망에 제공하고 있다.

ESG 중 특히 E(환경) 부문에서 애플은 이처럼 탄소중립 전환을 위해 기업 차원에서 많은 관심과 자원을 동원하고 있다. 또한 사회적(S) 측면에서는 공급망의 사회적 책임 기준을 강화하고 지속적으로 평가하고 거버넌스(G) 측면에서는 경영진의 평가보상에 ESG 경영 성과를 반영하고자 한다. 팀 쿡은 기업의 Force for Good(선의의 힘)을 강조, 인류 보편 가치와 사회적 이슈에 목소리를 내고 있다. 2017년 트럼프의 파리협정 탈퇴 선언 당시 월스트리트, 뉴욕타임즈 등에 광고를 게재하여 반대 성명을 발표하면서 기후변화에서 미국 기업의 선도적 영향력을 보여 주었다.[240]

애플이 참여하고 있는 재생에너지 100% 전환을 목표로 하는 글로벌 캠페인은 RE100이라 불리고 있다.[241] 기업이 소비 전력의

100%를 재생에너지로부터 충당한다는 약속이며 이러한 자발적 프로그램에는 2022년 11월을 기준으로 약 380개가 넘는 글로벌 기업이 참여하고 있다. RE100은 기후변화 분야의 국제적 비영리 단체인 더 클라이밋 그룹(the Climate Group)의 주도로 시작되었다. 더 클라이밋 그룹은 다국적기업과 정부를 회원으로 두며 기업의 기후변화 관련 행동이 글로벌 환경 문제의 해결에 기여하고 경제적, 재무적 이익을 가져온다는 믿음에 기초하고 있다. 특히 RE100의 목표에 동의하는 기업들이 연합체를 형성하고 그 규모가 커짐에 따라 기업 사이에는 일종의 사회적 압력이 형성되어 더 많은 참여를 낳고 있다. 또한 RE100 참여 기업들은 글로벌 공급망을 통해 자신들의 협력사에게도 유사한 수준의 기후 행동을 요구하고 있다.[242]

RE100은 기업이 자발적으로 참여하는 프로그램이나 회원 가입을 위해서는 여러 조건을 충족해야 한다. 국내외에서 신뢰받는 브랜드이면서 매출액이 포춘(Fortune)지 1,000대 기업 혹은 그에 상응하는 규모여야 한다. 또한 전력 사용량이 0.1TWh를 초과하고 그 외에도 RE100의 목표를 위해 국제적, 지역적으로 기여할 수 있는 영향력이 입증되어야 한다.

또한 이러한 자격을 갖추고 회원이 되는 것으로 충분한 것이 아니라 이들 참여 기업은 2030년까지 최소 60%, 2050년까지 100% 재생에너지로의 전환을 선언하고 목표를 이행해야 한다. 이 과정에서 전력 사용 데이터 및 목표 달성 과정을 주기적으로 RE100 운영 측에 보고하고 공개해야 하는 의무가 있다.

현재 참여 기업은 미국, 영국, 일본 등의 순으로 많다. 이들 국가의 기업이 대부분 다국적기업이고 이들이 영향력을 미치는 글로벌 공급망을 고려하면 실제 이들 기업의 RE100 참여는 자사 및 본사가 속한 국가뿐만 아니라 그 이상의 기업들과 국가에서 영향력을 발휘한다.[243] 참여 기업 중 애플, 마이크로소프트 등은 이미 재생에너지 100%의 목표를 달성했다. 2022년 집계에 따르면 RE100 참여 기업들은 현재 약 45%의 전력을 재생에너지에서 얻은 것으로 분석된다.[244]

기후변화에 대응하기 위한 기업의 RE100 운동은 크게 탈석탄 운동인 석탄투자회수(divestment) 운동과도 방향성을 공유한다. 이는 화석연료의 채굴이나 그를 통한 에너지 생산 등으로 인해 환경에 부정적 영향을 미치는 행위로부터 투자를 회수하고 배제하자는 운동을 말한다. ESG 투자 방법 중 하나로 친환경적이지 않으며 기후변화에 악영향을 미칠 수 있는 산업, 기업을 투자 포트폴리오나 펀드의 구성에서 배제하는 네거티브 스크리닝(negative screening)이 있다. 투자자들은 국제 규범 등을 기준으로 수립된 ESG 기준에 비추어 부정적으로 평가되는 기업, 섹터, 산업을 투자에서 배제함으로써 잠재적 위험을 관리하는 책임투자 전략을 구사하고 있다.[245]

금융과 투자의 네거티브 스크리닝 중 석탄투자회수 및 배제는 현재 세계적으로 가장 활발히 진행되고 있다. 지구온난화의 주요 원인이 화석연료의 연소이므로 석탄화력발전 부문에서 투자와 발전 시설의 건설을 멈추고 저탄소, 탈탄소 에너지 시스템으로의 전환을 요구하는 탈석탄 운동은 시민사회를 중심으로 이미 퍼진 바 있다.[247]

환경운동과 시민사회로부터 촉발된 탈석탄 운동은 점차 금융기관, 기업, 국제기구가 석탄화력발전 사업에 대한 투자, 금융지원, 사업 참여 등의 활동과 거리를 두거나 이러한 행동을 철회하도록 하는 사회적 압력을 형성하였다. 예를 들어 미국의 뱅크오브어메리카(Bank of America)는 비정부조직인 Rainforest Action Network가 조직한 "Move Your Money" 캠페인에서 은행의 석탄 채굴에 대한 지속적 금융지원을 반대하는 60,000명의 고객을 잃기도 했다.[248] 선진국의 공적 재정 기관(예를 들어 노르웨이 국부펀드, 스웨덴 공적연금 등)도 투자에서 석탄화력발전에 대한 기준을 점차 강화해 왔으며 민간 은행인 ABL, AXA 등도 석탄 기업과 관련 사업들에 대한 투자철회 결정을 내리는 등 금융권을 중심으로 석탄 투자철회 움직임이 점차 확산하고 있다.

글로벌 금융산업의 탈석탄 추세는 선진국을 중심으로 점차 규범화되어가는 추세다. G20 및 경제협력개발기구(OECD) 총 41개국 중 영국, 미국, 독일, 프랑스 등 11개국이 이미 해외 석탄 발전에 대한 공적 금융지원 중단을 선언했다. 세계은행, 유럽투자은행, 아시아개발은행 등 국제 금융기구들도 석탄발전에 대한 투자를 중단한다고 발표했다.[249]

이러한 추세는 기업의 ESG 중 특히 E에 대한 점증하는 관심을 반영한다. 그러나 RE100과 같은 기업의 ESG 이니셔티브에는 기대와 우려가 공존한다. 이들은 RE100과 같은 캠페인을 통한 친환경 행동과 이미지를 다른 국가들이나 국제사회에서 투사하여 자사뿐만 아니라 자신이 속한 국가가 환경의 선도자이며 리더라는 이미지를 만들어 낼 수 있다. 그러나 참여 기업들은 전력의 100%를 직접 재생에너지로 생산하여 사용할 수도 있지만 전력구매계약(PPA), 인증서(Renewable Energy Certificate; REC 재생에너지 생산 시 1MW당 1개의 REC를 공급받는 증서) 구매, 녹색요금제 등 다양한 방식으로 RE100의 목표를 달성할 수도 있다. 즉 참여 기업들이 재생에너지에 대한 직접 생산과 투자를 확대하는 등 적극적으로 에너지 전환 조치를 취하여 RE100의 목표를 달성하기보다는 REC를 구매하는 등의 행동으로 비교적 손쉽게 친환경 이미지를 구축할 수도 있다. 이 역시 기업에게는 비용을 치르는 행동이지만 직접적 재생에너지 생산보다는 용이한 이행 방식이라 할 수 있다. 따라서 혹자는 이를 기업의 온실가스 감축과 완화를 위한 진정성 있는 행동이라기보다 비용지불을 통해 자신들이 야기한 문제에 대한 책임을 무마하려는 행동으로 보기도 한다.

또한 글로벌 기업과 투자, 금융권 등을 중심으로 퍼지고 있는 RE100, ESG 등의 움직임이 기업이 자신을 친환경, 녹색으로 포장해 환경에 미치는 부정적 영향을 가리기 위한 위장 환경주의(greenwashing)라는 비판도 존재한다. 기업들은 실제 배출 데이터를 투명하고 정직하게 공개하지 않으면서 기후 행동을 하는 것처럼 위장하거나 신뢰성이 결여된 ESG 데이터나 보고서를 감수 없이 공표하고 실제 ESG의 수행에 있어 미흡함을 보이기도 한다.[250]

씽크탱크인 InfluenceMap이 300여 개의 기업을 대상으로 약 200,000개의 증거자료(CEO의 담화, 미디어 보도, 홍보, 기업연합의 링크 등)를 분석한 결과 굴지의 글로벌 기업들이 전 세계적으로 기후변화에 대한 대응을 저지하기 위해 영향력을 행사하고 있다고 분석했다.[251] 미국의 쉐브론(Chevron), 엑손모빌(ExxonMobil) 등이 특히 국제적 수준의 기후변화 노력에 가장 큰 부정적 영향을 미치는 것으로 나타났다. 이 외에도 화학, 석유, 철강, 전력, 항공, 자동차 등 운송 부문을 대표하는 선진국 기업들이 기후변화에 대한 대응을 저지하는 기업 25개에 포함되었다. 뉴요커(New Yorker) 역시 2021년에만 미국의 석유 및 가스 산업이 워싱턴에서 로비활동에 12억 달러(120 million)를 사용했으며 프론트 그룹(front group, 전위그룹)을 통해서는 그보다 훨씬 더 많은 예산이 동원되었을 것이라 주장한다. 이는 화석연료 산업이 탄소 감축 목표를 성실히 이행할 것이라 기대하기 어려운 증거이다.[252]

제 8 장

기후변화와 글로벌 시민사회

냉전 종식 이후 국제정치는 국가 외의 다양한 비정부 주체들의 참여로 더욱 활발하고 복잡한 상호작용의 양상을 보여 왔다. 비정부조직(non-governmental organizations; NGOs), 사회운동(social movement), 초국가 옹호 네트워크(transnational advocacy networks), 그리고 앞 장에서 언급한 민간 주체 등은 국제정치에서 자신들의 역할과 영향력을 확대해 왔다. 1970년 이전 UN에 공식 등록된 NGO의 수가 400개 미만이었다면 20세기 말에는 그 수가 1,700개 이상에 달할 만큼 국제정치에서 이들 비정부 행위자는 양적 성장을 보였다. 오늘날 국제 NGO의 수를 정확히 집계할 수는 없겠으나 수만 개 이상일 것으로 추정된다.[253]

글로벌 환경정치에서도 1990년대에 들어 다양한 비정부 행위자의 중요성과 역할이 강조되었다. 1992년 리우데자네이루에서 열린 지구 정상회의(Earth Summit)에서는 지구의 지속가능한 발전을 위해 여성, 아동과 청년, 원주민, 농부, 기업 및 산업, 노동과 노동조합, 과학과 기술, 지방정부, 그리고 NGO 등 총 9개 집단의 역할이 특히 중요하다고 보았다. 기후변화의 국제정치에서도 비정부 행위자의 참여가 미치는 영향에 대한 논의가 심화되었다.[254] 기후변화 문제에 있어 국제레짐, 정부와 함께 특히 주요한 행위자를 구성해 온 주체는 시민사회 및 시민사회 조직이다. 시민사회는 공적영역과 민간영역에 속하지 않는 시민들로 구성된 독립된 공간이라 할 수 있다. 시민사회를 구성하는 개인들은 자발적인 행동을 통해, 혹은 운동이나 조직화된 기관의 형태로 기후변화의 정치에 관여하며 다른 주체와 상호작용하며 문제 해결을 위한 과정에 참여한다.

본 장에서는 비정부 행위자가 어떻게 기후변화의 국제정치에서 점차 비중 있는 주체로 부상했는지를 간단히 논의한다. 기후변화의 국제정치에 참여하는 시민들이 주체가 되어 형성된 아래로부터의 사회운동을 먼저 살펴보고, 사회운동보다는 더 조직화 되고 제도화된 양상을 보여주는 주체로서 환경비정부조직(environmental NGOs; ENGOs)을 논한다. 특히 본 장에서는 사례를 통해 기후변화 운동과 ENGO 활동이 기후변화의 국제정치에서 어떠한 역할을 하며 문제 해결에 기여하는지, 그리고 이들이 지닌 제약과 한계는 무엇인지 조망한다.

1. 기후변화 국제정치와 비정부 주체(non-state actors)

기후변화 부문에서 국제레짐의 형성과 발전은 비정부 행위자들에게 참여의 기회를 제공하고 정책결정 과정에의 접근성을 향상시켜 주었다. 1992년 리우데자네이루에서 UNFCCC가 서명된 이래 다양한 비정부 주체들은 이를 중심으로 자신들의 기후 행동과 전략을 구사하고 조정해 왔다.[255] 당사국총회는 특히 각국 정부의 대표단뿐만 아니라 점차 비정부 주체들이 참여하여 기후변화 대응에 대한 다양한 의제들을 다루는 열띤 논의의 장이 되어 왔다. 파리협정을 도출한 COP21의 경우 총 참가자 수가 28,000명에 달했으며 이 중 8,000명은 옵서버(observer) 자격으로 참석한 비정부 행위자 수이다.[256]

기후변화에 대한 효율적인 문제 해결을 위해서는 각국 정부의 참여만이 아닌 다양한 행위자의 폭넓은 참여 및 자원 동원이 필요하다는 인식이 확대되면서 기후변화 국제레짐 하에서 정부 당국도 비정부 주체들의 참여를 독려해 왔다. 1995년 COP1에서 비정부 옵서버 수는 175개에 그쳤으나 이는 2015년 파리 COP21에서 1,949개로 무려 11배 이상 증가했다.[257] 2009년 코펜하겐에서 개최된 COP15에는 국가보다 더 많은 수의 비정부 주체가 참여했다. 또한 본 회의에서 교토의정서 이후의 체제가 하향식 체제에서 벗어나 국가의 자발적 목표 설정과 이행이 중심이 되는 것으로 방향이 설정되면서, 이러한 체제에서 각국의 기후변화 대응을 촉진하고 보완할 주체들로 비정부 주체 및 이들 주체를 중심으로 자발적으로 형성되는 다양한 네트워크, 이니셔티브의 중요성이 강조되기 시작했다.[258]

2016년 마라케시(Marrakesh)에서 개최된 COP22에서는 15개 도시, 22개 국가, 200개의 기업이 참여해 공동으로 2050 Pathway Platform이라는 이니셔티브를 발족해 장기적 넷 제로의 이행을 위한 발전 방안을 모색하기도 했다. 오늘날 파리협정에서는 공식적으로 모든 층위에서의 정부 및 다양한 행위자들의 참여의 중요성("importance of the engagement of all levels of government, and various actors")을 인정하고 있다.[259]

이처럼 코펜하겐 이후 비정부 주체들과 기후변화 레짐이 긴밀히 상호작용하면서 기후변화 국제정치에서의 이들의 역할과 권위에 대한 논의가 증가했다.[260] 물론 이들 비정부 주체는 다양성을 그 특징으로 하므로 이들을 하나의 동질성을 가진 집단으로 간주해서는 안 된다. ENGO 중에도 기후변화에 회의적인 집단부터 현상 유지 및 점진적 변화를 주창하는 집단이 있는가 하면 시스템 전체의 개혁을 촉구하는 보다 급진적 조직들도 있다. 기술적 접근법을 주창하는 집단이 있는가 하면 생태적 접근법을 강조하는 ENGO도 있다. 이들 간에는 종종 갈등이 일어나기도 한다. 이처럼 우리가 비정부 주체라 칭하는 하나의 범주 내부는 다양한 가치와 이해관계, 문제 해결에 대한 다양한 대안을 가진 주체들로 분절화(fragmented)된 양상을 보인다.

비정부 주체들은 오늘날 COP과 같은 국제 기후변화 다자회의에서 진행 상황을 관찰하는 단순한 참관인에 머무는 것이 아니다. 이들은 자신들이 가진 우수한 정보력, 과학적 전문지식, 기술, 그리고 인적, 재정적 재원 등을 지렛대로 활용하면서 정부와 기업 등의 행동을 변화시키고자 한다. 이들은 또한 풀뿌리 조직으로부터의 지지, 초국가적 네트워크 등을 통해 자신의 행위의 정당성을 확보, 확대하고 이를 자신들의 영향력을 위해 활용한다.

기후변화에 있어 이들 비정부 주체들은 기후변화 대응을 위한 특정 대안에 대한 옹호자, 지지자로서 정부 및 민간 주체와 상호작용함으로써 후자가 자신들의 대안을 채택하도록 유도한다.

이들은 지역, 국가, 그리고 초국가 단위에서 행동하며 기후변화 완화 및 적응 정책의 아이디어를 생산하여 제공하고 또한 스스로 실천하는 역할을 해 왔다.

비정부 주체의 또 다른 중요한 기능은 기후변화 정치에서 각국 정부의 약속 준수(compliance) 상황을 감시하는 역할이다. UNFCCC의 외부에서 각국 정부의 기후변화 대응과 NDC 이행을 모니터링하고 자국의 약속을 미이행하는 국가들을 명명해 망신주기(naming and shaming)함으로써 국제사회에서 국가의 평판과 소프트 파워에도 영향을 미친다.[261] 특히 현 파리협정 체제는 국가들의 자발적 목표 설정과 그 성실한 이행을 통해 지구적 수준의 감축을 유도하는 상향식 체제이므로 비정부 조직은 국가의 목표 이행 감시에서 중요한 역할을 수행한다.[262] 이러한 역할들을 통해 국가, 국제레짐과 함께 이들은 기후변화의 국제정치에 참여해 왔으며 몇몇 학자는 이를 하이브리드 다자주의(hybrid multilateralism)라는 용어로 묘사하였다.[263]

비정부 주체들은 역량과 사적인 권위(private authority)를 통해 정부의 역량이 불충분할 때 이를 보충하는 역할을 한다.[264] 이들은 자신들이 가진 아이디어, 자원, 전문지식 등을 기후변화 대응을 위한 국제적인 방안 모색에 있어 투입 요소(input)로 활용한다. 파리협정 아래서 국가들의 NDC 이행이 적절하게 진행되고 있는지를 watchdog로서 감시하고 평가하는 역할을 수행하여 국가들의 책임성(accountability)을 높인다. 이러한 역할과 기여를 통해 비정부 주체들은 기후변화 국제정치에서 자신들의 행위에 대한 정당성(legitimacy)을 획득하게 된다.[265]

2. 사회운동(social movement)으로서의 기후변화 운동(climate movement)

기후변화 문제에서 지난 몇 년 사이 발생한 대표적인 사회운동은 스웨덴 출신의 십대 기후운동가 그레타 툰베리(Greta Thunberg)의 미래를 위한 금요일(Fridays for Future)이 촉발한 등교 거부 운동(school strike)과 청년세대의 기후 행동일 것이다.

1992년 지구정상회의에서 아동과 청소년이 지속가능발전을 위해 중요한 9개 집단 중 하나로 논의된 것과 함께 또 하나의 사건은 당시 12세이던 캐나다의 세번 컬리스-스주키(Severn Cullis-Suzuki)의 연설이었다. 부모의 환경운동에 영향을 받아 본인도 Environmental Children's Organization을 창립한 이 아동은 당시 총 6분의 연설을 통해 국제회의에 모인 정부 대표와 국제기구의 관료들에게 일침을 주었다. 컬리스-스주키는 지구의 미래와 미래세대의 운명이 이전 세대(그녀가 old men이라 부른)의 결정에 좌우되어 왔음을 이야기하고 양심에 따라 행동하기로 했다고 선언했다. 물론 이는 글로벌 환경 문제에 대한 청소년 세대의 우려를 대표했으나 국제정치에서 큰 파장을 낳지는 못했다.

기후 문제에 대한 미래세대의 우려와 각성이 국제적 수준의 사회운동을 촉발한 것은 2018년 8월 스웨덴의 2003년생 청소년 그레타 툰베리가 스웨덴 의회 의사당 앞에서 기후를 위한 등교 거부(School Strike for Climate)라는 1인 시위를 시작한 것이 발단이 되었다. 이를 보고 스웨덴과 유럽의 청소년들도 하나둘 거리로 나서기 시작했다. 특히 이들 청소년은 인스타그램, 트위터, 페이스북, 유튜브 등의 소셜미디어를 활용해 자신들의 활동과 메시지를 공유했다.

툰베리의 운동이 관심을 받기 시작하고 다른 청소년들의 행동으로 이어지면서 툰베리는 2018년 11월 TED 이벤트에서 연설을 하게 된다. 그리고 12월에는 UN의 기후변화 회의에서, 그리고 이어서 폴란드에서 개최된 COP24에서 연설하게 된다. 툰베리가 이렇듯 스웨덴의 한 명의 청소년에서 기후변화 활동가로 변모하는 사이 청년들을 중심으로 기후변화 운동은 점차 확대되었다. 2018년 12월에 이미 유럽의 270개 도시와 마을에서 약 20,000명의 청소년이 등교 거부 운동에 참여하였다.[266]

2019년 청소년 기후변화 운동은 유럽을 넘어 국제적으로 폭넓게 확산되에 이르렀다. 2019년 3월 15일 1,700개 도시에서 140만 명이 각국 지도자와 기업들의 조속한 기후변화 대응을 촉구하는 운동에 참여하였다. 이러한 이벤트를 주관한 Fridays for Future 웹사이트에 따르면 행사 일주일 전 참여를 위해 등록한 모임은 359건이었으나 3월 15일 전 지구적 운동이 일어난 당일에는 총 2,700건의 집결 행사가 있었다고 보고되었다.[267]

청소년을 중심으로 일어난 기후 운동에 대한 반응으로 UN은 2019년 9월 21일 최초의 Youth Climate Summit(청년 기후정상회의)을 개최하였다. 행사가 예정된 하루 전 9월 20일 툰베리와 수백만 청소년들은 약 117개국에서 시위를 벌였다. 9월 21일 청년 기후정상회의 당일에는 총 140개 국가와 영토로부터 18세에서 30세 사이의 기후변화 청년세대 운동가 500명 이상이 참석했다.[268] 이 행사에서 청년 운동가들은 각국 정부가 파리협정을 조속히 이행할 것을 촉구하였고 다른 청년 운동가들과 다양한 아이디어를 공유하였다. 그레타 툰베리는 스웨덴에서 태양광 패널이 부착된 배를 타고 8월 말 뉴욕에 도착해 FFF 회원들과 백악관 앞에서 행진을 했고 9월 23일 UN Climate Action Summit에서 연설했다.

이러한 운동과 동시에 툰베리와 14명의 청소년(마셜제도, 아르헨티나, 프랑스, 독일, 미국 등의)들은 유엔아동권리협약(UN Convention on the Rights of Child)에 공식적 소원(complaint)을 제기하였다. 이들은 각국 정부의 기후 위기에 대한 대응 실패는 본 협약이 추구하는 아동 권리에 대한 위반이라고 주장하였다.

이렇듯 공식적 채널을 통해 자신들의 요구를 전개하고 정부에 압력을 행사하는 전략은 2019년 4월 유럽에서도 진행되었다. 유럽의 청소년 기후 활동가들은 EU의 의회에 압력을 넣기 위해 European Citizens' Initiative(ECI, 유럽 시민 이니셔티브)를 그 창구로 활용하였다. ECI는 유럽의 시민들이 유럽집행위원회(European Commission; EC)로 하여금 자신들의 구체적 요구 사항을 입법에 반영하도록 요구할 수 있는 창구이다. FFF 멤버들은 백만 명의 서명을 받아 유럽의회로 하여금 기후위기를 의제화하고 조속한 정책들을 도입하도록 압력을 가하고자 하였고 2019년 4월에 결성된 ECI팀에 곧 150명 정도의 활동가가 모였다. 이들은 함께 제안서 초안을 마련하고 최종본을 7월 EC에 제출하였으며 이에 대한 서명운동이 9월 23일 시작되었다. 이들이 EC에 요구한 사항에는 EU가 2035년까지 넷 제로를 달성하기 위해 2030년까지 온실가스 감축 목표를 80%로 상향 조정하여 이를 입법에 반영할 것과, EU 탄소국경제도를 도입할 것, 1.5℃ 기후변화 목표를 따르지 않는 국가들과는 자유무역협정에 서명하지 말 것, 그리고 EU의 모든 회원국이 기후변화에 대해 알 수

있도록 무료 교육 자료들을 배포할 것 등의 구체적 목표가 포함되었다.[269]

이렇듯 그레타 툰베리라는 한 청소년의 행동은 2018년, 그리고 2019년에 이어 국제적인 기후변화 운동으로 이어졌다. 2019년 말 Covid-19 발생 이전까지 약 600만 명 이상이 거리로 나가 FFF 집회에 참여한 것으로 추산된다. 이들 참가자들은 정부와 기업이 온실가스 배출량을 신속히 줄여 기후변화에 대응해야 한다고 주장했다.[270] 이들의 광범위한 참여는 기후 위기에 대한 대중의 경각심 고조에 성공하였고 청년들의 다양한 기후변화 활동을 파생하였다. 그러나 실제 각국 정부와 기업의 빠른 반응 등으로는 이어지지 않았다고 판단하여 이들은 정부와 기업의 주요 기관을 직접적인 대상으로 하는 접근법으로 점차 선회하고 있다.[271]

FFF로 대표되는 청소년과 청년 기후변화 운동은 여러 전략을 구사하였다. 이들은 아동과 청소년이 기후변화 문제에 대하여 전문지식이 결여되어 있다는 편견과 인식에 대응하기 위해, 자신들의 공식적 입장표명 등에서 과학적 지식과 정보를 적극적으로 이용해 자신들의 주장을 뒷받침하는 전략을 구사하였다. 예를 들어 그레타 툰베리는 2019년 7월 프랑스 국회에서 다음과 같이 연설했다.[272]

> "많은 사람들, 정치인, 기업의 총수들, 그리고 저널리스트들은 우리가 말하는 것에 동의하지 않습니다. 그들은 우리 어린이들이 과장하고 불필요한 우려를 만들어 내는자(alarmist)라고 이야기합니다. 이에 대응하기 위해 저는 최근 IPCC 보고서 제2장의 108쪽을 언급하고자 합니다. 그 페이지를 보시면 여러분은 남아

있는 탄소 예산을 보실 수 있는데 그것이 우리가 말한 모두를 요약해 줍니다. 해당 페이지는 우리가 16%의 가능성을 가지고 전 지구의 기온상승을 1.5도 이하로 제한하려면 2018년 1월을 기준으로 우리에게 주어진 이산화탄소 예산은 420기가톤이 남았음을 보여줍니다. 물론 오늘 이 수치는 훨씬 낮지요. 우리는 매년 42기가 톤의 이산화탄소를 방출하니까요. 이 말은 현재 배출 수준으로는 우리의 남은 예산은 대략 8년 반이 지나면 없어진다는 것을 의미합니다."

또한 그레타 툰베리와 다른 청소년들은 그들의 서사(narrative)에서 소수의 국가와 기업들이 어떻게 미래세대의 꿈과 희망을 앗아가는지를 생생히 비난하였다. 그레타 툰베리는 소수의 부유한 국가와 기업이 자신들의 이윤을 창출하고 사치를 향유하면서 공허한 말로 기후변화에 대응할 뿐 실제 감축을 위한 행동을 하고 있지 않음을 비난했다.[273]

툰베리와 마찬가지로 UN Climate Youth Summit에 참가한 피지 기후변화 활동가 Komal Kumar는 청소년 세대가 기후변화로 인해 지속적인 두려움과 기후 불안을 겪고 있다고 이야기했고, 영국의 17세 Anna Taylor라는 학생 기후 연합(Student Climate Network) 대표도 "권력자들은 우리를 배신할 뿐 아니라 우리에게서 미래를 앗아갑니다. 또한 그들은 전 세계적으로 일어나는 기후 위기에 책임이 있습니다"라고 비난하였다.[274] 이렇듯 청소년 기후변화 운동가들은 정부, 기업, 그리고 언론 등을 기성세대, 권력을 가진 집단으로 묘사하면서 이들의 기후변화 대응 의지 및 실천의 부족을 문제화하였다. 이를 통해 이들의 법적, 도덕적 책임의 부재를 일깨우고 그들과 대치된 주체로서 자신들의 도덕적 우위를 보여 준 것이라 할 수 있다.

이렇듯 정부와 기업 등에 대한 비판과 저항은 FFF로 대표되는 청소년 기후변화 운동의 주요 내용이었다. 그러나 청소년들은 단순히 기성세대와 권력자들을 비판하는 데 그치지 않고 스스로를 변화의 주역(agent of change)으로 자리매김하고자 하였다. 2019년 9월 27일 몬트리올에서의 글로벌 기후 스트라이크에서 툰베리는 다음과 같이 연설했다.[275]

> "현 상황이 위기이므로, 우리는 구경꾼이 되지 않을 것입니다. 몇몇은 우리가 수업을 빼먹고 시간을 낭비하고 있다고 하지만 우리는 세상을 바꾸고 있습니다. 우리가 나이가 들게 되었을 때 우리는 우리 아이들의 눈을 똑바로 보면서 우리가 할 수 있는 일을 다 했다고 말할 수 있을 것입니다. 이것이 우리의 윤리적 의무이므로 우리는 멈추지 않을 것입니다...(생략)... 역사를 통해 보면 대부분의 가장 큰 사회적 변화는 아래로부터, 풀뿌리로부터 시작되었습니다...(생략)... 이것은(FFF 운동 지칭) 역사에서 가장 큰 운동 중 하나입니다. 사람들이 말하기 시작했고 우리는 우리의 지도자들이 듣고 행동할 때까지 계속 말할 것입니다. 우리가 변화이고 변화는 오고 있습니다."

그렇다면 툰베리로부터 촉발된 청소년 기후변화 운동이 미친 영향은 어떠한가? 사회운동의 효과나 영향을 정확히 측정하는 것은 불가능하나 크게 정치적, 문화적, 전기적(biographical) 측면에서 논의할 수 있다.[276] 우선 정치적 부문에서 사회운동은 정부 정책, 입안의 변화, 정치적 제도의 변화, 정당의 조치 등으로 그 영향을 가늠할 수 있다. 문화적 측면에서 사회운동은 문화적 규범과 실천의 변화, 그리고 집단적 정체성과 하부문화(subculture)의 형성을 통해 그 영향을 알 수 있다. 전기적 측면에서는 사회운동이 운동 참가자 및 지지자 등 행위 주체 자신에 미치는 영향을 살펴보는데 사회운동이 이들 참가자의 삶에 어떠한 긍정적 변화를 가져왔는가가 주요 질문이 될 수 있다.

전기적 측면에서 보면 참여 주체인 청소년과 청년 등 미래세대는 자신들의 삶을 둘러싼 더 큰 사회와 지구환경에 대한 관심과 참여를 통해 문제 해결을 하고자 하는 적극적 의지를 보여주었고 이는 참여자의 역량 강화(empowerment)에 긍정적 영향을 미쳤다. 기후변화의 국제정치에서 스스로를 주변부의 힘없는 존재로, 또한 기후변화의 피해자로 묘사하는 것을 넘어 기후 위기라는 문제 해결과 사회변화를 위한 존재로 인식하게 되면서 이는 자신들과 또래 집단에 대한 긍정적 인식과 효능감(efficacy)으로 이어졌을 가능성이 높다.

이들 사이에는 특히 소셜미디어를 통한 교류와 소통, 오프라인 집회를 통한 상호작용 등을 통해 상당한 수준의 유대감이 형성되었다. 미디어 모니터링기업인 Meltwater는 2019년 9월 20일부터 26일 사이 툰베리를 청년 운동의 아이콘으로 긍정적으로 묘사하는 소셜미디어 언급(mention) 회수가 750만 건 이상이었고, 2019년 9월 20일 UN Climate Action Summit 이전 글로벌 기후 파업에 대해서만 358만 건의 소셜미디어 언급이 있었다고 분석했다.[277] 이러한 수치들을 고려할 때 참여자들 사이에도 수많은 소통이 있었음을 짐작할 수 있다.

문화적 측면에서는 본 운동을 통해 국제사회 전반에 기후변화 문제에 대한 경각심이 다시금 고취되었고 기후변화가 단순한 국제문제가 아닌 신속한 대응을 요구하는 인류의 "위기"라는 인식 창출에 기여했다. 본 기후변화 운동으로 "기후 파업(climate strike)"이 콜린스 사전의 2019년 올해의 단어로 선정되었다. 사전은 본 용어를 "form of protest in which people absent themselves from education or work in order to join demonstrations demanding action to counter climate change(기후위기에 대한 대응을 요구하는 집회에 참여하기 위해 학업이나 직장을 가지 않는 저항의 형태)라고 정의하였다.[278] 또한 옥스퍼드 사전도 기후 위기(climate emergency)를 2019년 올해의 단어로 꼽았다. 청소년 기후운동을 통해 기후변화를 문제이자 위기로 인식하는 저변이 더욱 광범위하게 확대되었고 기후변화에 적극 대응을 해야한다는 인식이 규범이자 윤리로 점차 자리잡게 되었음을 의미한다.

청소년 기후변화 운동은 단순히 청소년들의 참여로 그친 것이 아니라 운동이 진행되며 다른 시민사회 조직들의 연대를 낳았다. 노동자, 교사, 환경 NGO 등 다양한 시민사회 조직들이 청소년 기후 운동에 동참했다. 172개 국가의 401개의 조직, 3,000만 명을 대표하는 교육기관인 Educational International은 청소년 기후 운동에 대한 지지를 표명했다. 이들은 이러한 운동이 민주주의를 활성화할 것이라고 진술하였고 학생, 노동자 등 시민사회의 주체들의 지속적 참여가 기후 정의의 실현에 초석이 될 것이기 때문에 학생들의 옆에 서겠다는 성명을 발표했다.[279]

정치적인 측면에서 본 기후 운동은 정부나 국제기구로 하여금 정책이나 법안의 도출에 영향을 미쳤다. 툰베리의 FFF와 영국 환경 NGO인 Extinct Rebellion이 공동으로 시위를 전개한 후 영국 정부는 탄소발자국을 줄이는 법안을 통과시켰다.[280] 또한

2019년 UN Climate Action Summit에서 각국 정상들이 탄소 감축의지를 표명하는 데도 일정 부분 기여하였다. 메르켈 당시 독일 총리는 2038년까지 독일의 석탄 산업 종식을 선언했고, 마크롱 프랑스 대통령은 EU의 감축에 속도를 높여야 한다고 선언하면서 정부가 아무런 조치를 취하지 않음으로써 청소년들이 금요일마다 기후변화 집회에 나가도록 해서는 안 된다라고 밝히기도 했다.[281] 또한 스웨덴, 칠레, 스페인 등 10개 국가는 2019년 12월 마드리드에서 열린 COP25에서 아동, 청년 그리고 기후변화 대응에 대한 선언(Declaration on Children, Youth, and Climate Action)에 서명하여 기후변화에 대한 대응을 통해 청소년들의 인권을 신장하기로 선언했다.[282]

그레타 툰베리로부터 촉발된 아동 및 청소년의 기후 운동은 몇 가지 면에서 의미를 지닌다. 첫째 기후변화의 국제정치의 현실과 연구에서 이들 집단은 소홀히 다루어져 왔다. 소위 밀레니얼(Millenials) 세대라 불리는 1982년 이후 출생한 청년의 경우 커뮤니티와 소속감보다는 물질과 명예를 추구하기 때문에 시민사회에 참여하지 않는다는 부정적 연구도 있었다.[283] 그러나 아동 및 청소년으로 대표되는 미래세대는 기후변화로 인한 지구환경의 변화로부터 가장 큰 부정적 영향에 노출되어 있으며 실제 기후변화가 젊은 세대, 특히 아동의 신체 및 정신건강에 상당한 피해를 가한다는 연구들이 최근 증가하였다.[284] 개도국에서 청년 및 아동은 농업 등 경제활동에 종사하기도 하며 기후변화로 인한 환경의 변화는 이들의 수입에 직접적 타격을 주며 이들을 다른 집단과의 분쟁으로 몰고 가기도 한다.[285] 2018년 이후 청년세대의 기후 행동은 이들 아동과 청년들이 기후 위기로 인한 피해에 소극적으로 반응하는 행위자가 아닌 문제 해결을 적극적으로 모색하는 집단임을 상기시켜 준 계기가 되었다.

청소년, 청년의 기후변화 운동이 기후변화 국제정치에 어떻게 직접적 영향을 미쳤는지에 대해 정확한 인과관계와 양적인 영향을 산정하는 일은 어렵다. 그러나 미래의 유권자이자 소비자인 이들의 운동은 기후변화 문제의 시급성을 정부와 기업에 각성시키는 계기가 되었고 세대 간 기후 정의(intergenerational climate justice)의 담론의 확산에 기여하였다. 또한 이러한 기후변화 사회운동은 청년세대의 리더십을 고취하고 사회적 참여에 대한 관심을 촉발시켜 주인 의식을 신장하는 역할을 했다고 볼 수 있다.[286] 특히 기후 정의와 윤리에 대한 인식을 고취시킴으로써 이들 청소년 참가자들이 기후변화 대응의 주체가 되는 데 기여했다.[287]

UNFCCC와 같은 국제 다자주의 무대에서 아동과 청소년을 대표해 문제를 의제화함에 있어 전통적으로 YOUNGO(youth NGO)라는 청년 NGO가 중심이 되어 왔다. UNFCCC는 청년 집단을 공식적으로는 2011년에 비정부 참여 주체로 인정하기 시작했고 이후 이들은 당사국총회 등에 참석해 아동 및 청소년의 입장을 대표하고 있다. 그러나 여전히 이들 YOUNGO의 제도적 경험의 부족, 참가자의 이직 등으로 인한 연속성의 단절, 대표단과 정부나 기업 참가자들 간의 권력 불균형(power asymmetry) 등으로 인해 UNFCCC나 COP 등 기후변화 레짐 하에서 이들의 역할은 제한적이었다.[288] 그러나 툰베리로부터 촉발된 기후변화 운동은 청소년의 아래로부터의 자발적 참여가 어떻게 조직이나 제도에 대한 의존 없이도 확산하면서 영향력을 발휘하는지를 보여주는 사례이다. 이 과정에서 소셜미디어가 어떻게 청소년들의 네트워크 형성과 발전을 위한 수단으로 사용되었는지도 주목할 만하다.

아동과 청소년의 참여자들은 특히 기후변화에 대한 대응은 현재를 위한 일일 뿐만 아니라 자신과 자신들이 살아갈 미래의 문제이자 위협에 대한 대응이라고 프레이밍함으로써, 기후변화 문제에 있어 세대 간 정의 및 형평성의 문제와 시간성(temporality)의 문제를 제기하였다.[289] 세대 간 형평성과 정의의 문제는 이미 몇몇 국가에서는 아동 및 청소년의 정부, 기업 등에 대한 소송, 헌법소원 등으로 이어지는 등 부정의를 바로잡기 위한 행동으로 표출되고 있다.

예를 들어 FFF는 독일의 환경단체 분트(BUND), 국제환경 NGO 그린피스 등과 함께 위헌 소송을 제기했고 2021년 4월 독일 연방헌법재판소는 독일의 기후변화법이 일부 위헌이라고 판결하였다. 국가가 기후변화로부터 국민의 생명과 건강, 미래세대의 자유를 보호할 의무가 있으나 온실가스 배출량 감축 목표가 2030년까지로 제한되어 있으며, 현행 기후보호법이 미래세대의 탄소 예산 사용 권리를 불평등하게 분배하여 이들의 자유권을 제한함으로써 위헌 소지가 있음을 인정했다.[290] 이러한 기후 소송은 이미 여러 국가들로 확산하고 있다. 이는 아동과 청소년이 거리에서의 결집으로 대표되는 운동을 넘어 법적 수단을 통해 직접적으로 정부에 압력을 가하고 문제 해결을 촉구하는 방식으로도 확대해 가고 있음을 시사한다. 기후변화 운동과 법적인 접근 모두 기후변화의 국제정치에서 아동과 청소년 등 미래 세대의 목소리가 더욱 확대될 것임을 의미한다.

3. 비정부조직과 기후변화 대응

앞에서 살펴본 FFF와 같은 청소년 기후 운동이 사회운동이라면 이에 비해 제도화된 비정부조직 역시 기후변화의 국제정치에서 점차 중요한 주체로 역할과 기능을 하고 있다. 폭넓게는 재단(foundation), 종교단체, 이익집단(interest group) 등도 비정부 주체에 포함되나 이 장에서는 NGO, 즉 조직과 그 구성원의 특수하거나 사적인 이익보다는 공적인(public) 목적을 위해 자발적으로 결성된 조직들에 국한해 논의한다.

환경정치에서 비정부조직의 역할에 대해서는 이미 많은 논의가 이루어져 왔다. 선진국에서 ENGO는 이미 19세기 중반 이래 자연 보호조직 등의 형태로 결성되면서 등장해 야생, 생태계 등의 보호에 관여해 왔다 그러나 국제적 수준에서 ENGO가 본격 등장하면서 활동하기 시작한 것은 1970년대이며 이는 스톡홀름 회의 등을 통해 각국 정부들이 국제적 수준에서 환경 문제를 논의하기 시작한 때와 일치한다고 볼 수 있다. 1970년대와 1980년대를 통틀어 선진국을 중심으로 ENGO의 수가 급속히 증가하기 시작했고, 1990년대 이들은 공고화되고 제도화되는 과정을 거쳐 20세기 말에 이미 국제사회에는 Friends of the Earth(지구의 벗), Greenpeace(그린피스) World Wide Fund for Nature(세계자연기금) 등 굴지의 ENGO가 성장, 발전하여 북반부 뿐 아니라 남반구 국가들에서도 지부설립 혹은 로컬 NGO와의 협력 등을 통해 활발한 활동을 펼치게 되었다.[291]

이들의 역할은 정부와의 협력, 정책이나 행동 변화를 위한 옹호(advocacy) 행동, 커뮤니티 지원, 정책 이행 등에 이르기까지 다양하다.[292] 첫째, 대중에게 특정 환경 문제에 대한 정보와 지식을 제공하여 국제정치에서 환경 문제를 중요한 의제이자 이슈로 만드는 역할을 한다. ENGO는 캠페인과 교육 및 홍보활동, 미디어 보도 등을 통해 다양한 환경 문제에 대한 정보를 환기하고 확산함으로써 사회 구성원들 사이에 여론을 조성하여 문제에 대한 인식이 제고되도록 한다. 이는 정치인 등 정책결정자의 정책 결정 과정에서 중요한 투입(input) 요소이자 행동의 동기로 작용한다. 이를 위해 때로는 이슈를 전략적으로 프레이밍하여 자신들의 영향력을 확대하고 지지자들을 결집하기도 한다. ENGO는 기후변화 문제를 과학적, 기술적으로 프레이밍 하기보다는 도덕과 정의의 문제로 프레이밍함으로써 미디어 보도량과 여론을 확대하여 더 폭넓은 정부와 글로벌 시민사회로부터 지지를 얻기도 한다.[293]

또한 ENGO는 정부와 기업으로부터 독립된 공간에서 활동하며 이들의 환경 법규나 조약 등의 이행을 감시함으로써 이들에 대한 견제를 제공할 수 있다. 이들은 국제회의의 장에서나 혹은 미디어를 통해 이름을 명명해 창피주기(naming and shaming)와 같이 평판과 명성에 흠집을 내는 전략을 사용해, 환경을 파괴하고 기후변화에 부정적 영향을 미치는 국가나 기업을 비난하여 이들의 행동 변화를 유도하기도 한다. 또한 정부나 기업을 상대로 소송을 제기하기도 하는 등 법률적 접근법을 통해 이들의 책임을 추궁하고 적절한 조치가 이루어지도록 한다. 이런 전략의 구사에 있어 ENGO는 설득적 권위를 발휘하기도 하지만 정부와 기업으로부터 원하는 행동을 강압적(coercive) 방식으로 끌어내기도 한다.

이들은 또한 환경과 관련된 규범을 확산하고 정책적 대안을 촉진하기도 한다. 다양한 NGO는 가치나 신념, 전문지식 등에서 다양성을 보이며 그러한 이유로 이들이 환경 문제 해결에 있어 지지하는 접근법과 전략 역시 상이할 수 있다. 어떤 ENGO는 시장 중심적 접근법을 선호하는가 하면 또 어떤 ENGO는 과학적 지식에 기반하여 공학적으로 문제 해결에 접근하는 방식을 선호할 수 있다. 또 다른 ENGO는 대중을 동원하는 캠페인과 교육 등을 강조할 수도 있다. 그들이 어떠한 접근법을 지지하든지 간에 ENGO는 자신들이 주창하는 접근법과 방법론이 정책결정자와 대중의 주의를 끌어 정책으로 채택되거나 사회의 더 많은 구성원의 지지를 모으는 데 일차적으로 관심이 있다.

이런 의미에서 ENGO는 정책기업가(policy enterpreneur)이다.[294] 이들은 특정한 국내외 정치적, 사회적, 경제적 배경 속에서 환경 문제의 심각성과 중요성을 알리고 해결 방안과 대안을 제시하며 적당한 기회의 창이 열리면 이를 포착해 자신들의 대안과 방안이 채택되도록 자원과 역량을 동원한다.[295] 이들은 또한 자신들의 전략과 대안, 환경 규범과 아이디어 등이 한 국가를 넘어 국제적으로 확산하도록 하는 데도 관심이 있다.[296]

ENGO는 또한 글로벌 환경정치에서 주변부에 위치한 개도국과 약자들을 대변하는 역할을 하기도 한다.[297] 기후변화 문제를 둘러싼 국제회의나 협상장에서 이들 집단의 힘은 경제력, 외교력을 바탕으로 강력한 협상력을 가진 정부나 혹은 기업들에 못 미친다. ENGO는 이러한 약소국가 등의 목소리와 우려를 대변하기도 하고 개도국의 NGO와 활동가들에 교육과 훈련을 제공하여 이들의 역량 강화에 기여하기도 한다. 파리협정 8.1항에는 손실과 피해(loss and damage)에 대한 조항이 들어있는데 기후변화가 이상 기후 등으로 인해 미치는 손실과 피해를 줄이거나 최소화할 필요가 있으며 이를 위해 지속가능발전의 역할이 중요함을 인정하고 있다. 파리협정이 도입되기 전 군소도서와 같은 개도국들은 손실과 피해 조항을 강력히 주장했지만 선진국은 기후변화 적응에 대한 조항으로 충분하며 이러한 조항이 손실과 피해에 대한 보상 제공에 대한 압력으로 작용할 것을 우려해 반대해왔다. 그러나 많은 ENGO가 기후변화 취약국가들을 대변해 이를 도덕, 윤리적 책임의 문제로 프레이밍하면서 결국 파리협정에 본 사항이 포함되는 데 영향을 미치기도 하였다.[298]

기후변화가 국제적 이슈로 부상하면서 이를 다루는 ENGO의 수도 점증했다. 기존의 ENGO가 기후변화를 자신들의 활동 범주에 추가하기도 하고 기후변화만을 특화해 다루는 NGO도 생겨났다. 오늘날 무수히 많은 ENGO들이 기후변화 부문에서 활동한다. 파리협정으로 이어진 COP21은 특히 비정부, 지방정부 주체들을 비당사국 이해당사자(non-Party stakeholers)라고 지칭하면서 이들의 역할을 주목했고 당사국들로 하여금 이들과 협력을 통해 기후변화 문제에 적극 대응하도록 권장했다. ENGO 등 비정부 주체들은 UNFCCC의 Non-state Actor Zone for Climate Action Program이라는 플랫폼을 통해 당사국 정부 행위자들과 정보를 공유하도록 권장되었다. 이는 기후변화의 거버넌스에서 비정부, 정부의 경계가 흐려졌음을 의미하는 것이기도 하다.[299]

대표적인 ENGO의 사례를 소개하면 개개인들의 자발적 행동에서 출발해 조직화된 형태로 발전한 기후변화 NGO로 350.org이 있다. 본 NGO는 2008년 8명의 버몬트(Vermont) 대학생들과 빌 매키번(Bill McKibben)에 의해 결성되었다. 빌 매키번은 환경

운동가로 지구온난화를 다룬 대중서를 처음 집필한 작가 중 한 명으로 기후변화에 대한 문제의식이 폭넓게 형성되는 데 기여하였다. 350.org의 설립 목적은 국제적 수준의 기후변화 운동을 촉발하는 것이었다.

2008년 설립된 이래 약 일여 년 만에 본 ENGO는 국제적 규모의 행사를 개최하였다. 2009년 코펜하겐에서 열린 COP15를 앞두고 총 181개국의 시민을 동원해 글로벌 리더들에게 더 공정하고, 과감하며 구속력있는 기후변화 협정의 필요성을 촉구했으며 CNN은 이를 우리 지구의 역사상 가장 폭넓게 확산된 정치적 행동이라고 묘사하였다.[300]

2010년 10월 10일에는 10/10/10 Global Work Party라는 행사를 조직하였다. 전 세계적으로 188개 국가에서 7,000개 이상의 환경 행사가 풀뿌리 조직, 학교, ENGO 등 다양한 주체들에 의해 결성되었다. 그림 8-1은 부탄(Bhutan)의 붐땅(Bhumthang)이라는 도시에서도 350.org 환경 운동이 진행되었음을 볼 수 있다. 이 행사에서 청소년들은 하천을 청소한 후 350이라 쓰인 퀼트를 들고 글로벌 지도자들에게 친환경 에너지 정책을 도입하도록 촉구하였다.

2011년 350.org는 또한 미국 워싱턴 D.C. 백악관 앞에서 10,000명이 결집해 전 세계적인 화석연료 인프라의 확대에 항의하는 운동을 전개하였다. 특히 본 운동의 표적이 된 것은 북미의 송유관 사업인 키스톤 XL(Keystone XL) 사업이었다. 본 사업은 캐나다 거대 에너지 기업인 TC Energy가 2008년 제안한 것으로 캐나다 앨버타주의 원유를 미국의 몬태나, 네브라스카 주 등을 거쳐 텍사스주의 멕시코 만까지 총 3,200km에 거쳐 하루 83만 배럴

[그림 8-1] 350.org의 활동

*출처: Huffpost(2010).

씩 운송할 수 있는 대형 송유관을 건설하는 프로젝트로 추진되었다. 당시 높은 국제 유가로 인해 미국 정부는 송유관 건설을 적극적으로 추진했으나 350.org를 포함한 환경단체는 환경 파괴 및 화석연료의 지속적 개발과 이용이 기후변화와 지역 환경에 미칠 영향을 이유로 프로젝트를 반대했다. 또한 몬태나 주 등 원주민 자치구역을 보유한 주의 원주민 커뮤니티는 송유관이 여러 지역 하천에 거쳐 설치됨에 따라 식수원에 미칠 위협과 파이프라인의 단절 등이 발생 시 석유 유출이 보호구역과 주민의 안전에 미칠 부정적 영향을 고려해야 한다며 반대 목소리를 높였다.[301]

350.org를 비롯한 ENGO를 필두로 몇 년에 걸친 반대의 결과 2015년 오바마 대통령은 키스톤 XL사업의 불허 결정을 내렸다. 그러나 트럼프가 집권하게 되면서 사업은 2017년 재개되었다. 이어 조 바이든은 대선 공약에서 본 송유관 사업의 중단을 내걸

었고 집권 후 바로 행정명령에 서명해 사업 취소 결정을 내렸다. 바이든 정부는 캐나다 원유의 상당 부분이 모래와 섞인 오일샌드이기 때문에 추출 과정에서 이산화탄소가 과다하게 배출된다는 점에 우려를 표했다.[302]

물론 미국 정부의 이러한 결정을 이끌어 낸 데는 350.org 외에도 미국과 캐나다 양국의 원주민 환경 네트워크를 포함하여 수천 명의 기후 운동가의 참여가 있었고, 또한 송유관이 지나는 장소의 토지 소유주들이 정부를 상대로 소송을 제기한 것도 요인으로 작용하였다. 그러나 350.org의 경우 수년간에 걸친 싸움을 지속해왔으며 이 과정에서 다수의 활동가가 체포되기도 하는 등 미국 정부의 석유 송유관 사업 추진을 강하게 저지해 왔다.

350.org는 이렇듯 전 세계적으로 다양한 사회운동 및 시민사회 활동가들, 특히 풀뿌리 조직들과의 네트워크 형성을 통해 글로벌 기후 운동을 확대해 왔다. 또한 "keep it in the ground"(땅속

[그림 8-2] 키스톤 송유관 반대 시위

*출처: NBCNews(2021).

에 묻어 두라)라는 구호로 대표되는 석유, 석탄 등 화석연료의 개발과 이용에 대한 반대와 저항운동을 통해 탈석탄 운동을 대표하는 NGO가 되었다. 본 ENGO는 온라인 캠페인, 풀뿌리 조직, 대중 활동 등의 전략과 활동을 통해 정부와 기업의 책임을 묻는다. 구체적으로 본 조직은 조금 더 공정한 저탄소 경제구조로의 전환을 위해 정부에게 배출량을 줄이도록 압력을 가하고 화석연료 산업들의 친환경 전환을 꾀한다.

현재 188개 국가에서 350.org의 지부나 네트워크가 활동할 만큼 본 조직은 빠르게 성장했다. 해를 거듭하며 조직화, 제도화되면서 신규 활동가들에 대한 교육과 훈련 등을 통해 청년 활동가들의 수도 빠르게 증가했다. 개도국 참가자들은 연대 및 상호작용과 350.org로부터의 교육 및 지원을 통해 자국의 탈석탄 운동 등 저탄소 전환 운동을 이끌어 가는 활동가로 성장했다.

350.org와 같은 ENGO가 시민들과 풀뿌리 조직의 동원 및 이들과의 네트워킹을 비롯한 협력을 통해 기후변화 문제에 대응하는 활동 방식을 취한다면, 또한 많은 기후변화 NGO가 과학과 데이터에 기반한 연구를 통해 국가와 기업 등 행위 주체들의 탄소저감 활동에 대한 정보를 공개함으로써 행동을 촉구하는 활동을 진행하고 있다.

자선 단체(charity organization)로 등록되어 있는 탄소정보공개프로젝트(Carbon Disclosure Project; CDP)가 대표적이다. CDP는 2000년 영국에서 설립된 국제 비영리 기구로 세계 기업과 도시의 환경정보를 측정, 공개, 공유하는 플랫폼을 제공하고 있다. 이 단체는 투명성, 책임성을 주요 가치로 추구하며 기후변화와 환경 문제의 신속한 해결에 기여하는 것을 목표로 한다. 현재 50여 개 국가에 지역 사무소와 협력 파트너가 있으며 전 세계 약 90개 국가의 기업, 도시, 정부, 지역이 매년 CDP의 프로젝트에 참여한다.[303] 영국의 또 다른 비영리단체 기후그룹(The Climate Group)과 함께 RE100을 처음 제안한 것도 CDP이다.

CDP는 전 세계 기업을 대상으로 이들의 기후변화 대응, 물관리, 산림 관리 전략 등 환경 경영에 대한 질문지를 발송한 후 그 결과를 토대로 내용의 종합성과 충실성, 기후변화에 대한 인식, 경영 방법, 리더십, 기후변화에 대한 대응 이행 상황 등을 평가하는 프로젝트를 진행하는 등 기업의 기후변화 대응에 대한 정보를 수집한다. 기후변화 대응 관련 정보를 요청하는 CDP Climate이 2002년 시작되었고, 2010년 2013년 각각 물과 산림 부문에도 같은 전략이 사용되고 있다. CDP는 자신들의 자체 집계를 통해 점수를 매겨 기업과 도시의 점수(A에서 D까지)와 순위를 공개함으로써 이들로 하여금 환경적 투명성을 제고하고 기후변화 대응 활동을 개선하도록 동기부여 하는 유인책을 제공한다. 2021 CDP 평가에서 기후변화, 산림, 수자원 세 부문에 걸쳐 모두 A를 받은 기업은 평가에 참여한 총 13,000개 기업 중 단 14개에 불과했다.[304]

전 세계에서 가장 큰 규모의 탄소 정보 공개 플랫폼이라 할 수 있는 CDP는 매년 보고서를 발간해 이를 금융 기관에 제공함으로써 이들이 ESG 투자를 위한 참고서이자 정보원으로 사용하도록 한다. 기관 투자자들은 CDP 보고서를 자신들의 리스크 분석 및 투자 결정에 참고한다. 기업의 입장에서 직접적 이해관계자인 투자자들이 CDP의 가치를 발견하고 활용함에 따라 CDP의 탄소공개 프로젝트에 자발적으로 참여하는 기업의 수도 증가해 왔다.[305] 2003년 200여 곳에 불과하던 기업 참여자는 2019년 8,400개 이상으로 증가했고 이들이 대표하는 시가총액은 세계 50% 이상을 차지한다.

2022년 11월 CDP의 공식 홈페이지에 따르면 18,700개 이상의 기업이 CDP를 통해 기후변화, 물 안전, 산림에 대한 정보를 공개하고 있으며 1,100개의 도시와 국가, 지역이 자신의 환경정보를 공개하고 있다. 680개 이상의 투자자가 기업으로 하여금 기후변화, 물관리, 산림 관련 정보를 CDP를 통해 공개하도록 요청하고 있는데 이들이 관리하는 자산은 총 미화 130조 달러가 넘는다. 280여 개의 주요 구매자(구매력 약 6.4조 달러)가 그들의 공급자(suppliers)들로 하여금 CDP를 통해 정보를 공개할 것을 요구한다.

CDP는 기업뿐 아니라 세계 도시들의 기후변화 대응도 평가한다. 평가 내용으로는 온실가스 배출 감소 실적, 재생에너지 목표, 기후 행동 계획의 수립과 추진 등이 포함된다. 참여 도시들은 이러한 내용과 더불어 위험 요소 및 취약성 평가를 완료하고 기후 적응 계획에 기후재난 대응 방안도 포함해야 한다. 2022년 발표된 1,002개 도시를 대상으로 한 평가 결과에서 서울, 파리, 샌프란시스코, 리우데자네이루, 멜버른, 런던 등 122개 도시만이 A 등급을 받았다.

또한 국가의 NDC 이행을 감시하여 평가하고 순위를 부여하는 유사한 프로젝트로 Climate Action Tracker(CAT)가 있다. 이는 Ecofys(2009년부터 2019년까지 창립 파트너로 참여)와 Climate Analytics라는 연구기관의 컨소시엄으로 만들어졌다. 현재는 Climate Analytics와 NewClimate Institute가 컨소시엄으로 운영하며 에너지와 환경 부문의 다른 연구소 등이 참여해 협력하고 있다. 이들은 기후과학과 지식을 기반으로 정책적 대안을 제공하는 비영리 단체로 Climate Analytics의 경우 베를린, 뉴욕, 토고, 호주 등에 사무소를 두고 있다. CAT는 현재 전 세계 배출량의 85%를 차지하고 인구의 70%를 구성하는 39개 국가와 EU의 NDC를 추적하여 점검하여 이러한 노력이 국제적 차원에서의 파리협정 감축 목표 달성을 위해 충분한지, 또한 바람직한 방향으로 나아가고 있는지를 분석한다.[306] 또한 국가들이 다른 국가들에 비해 자국에 적절한 수준의 감축 노력을 기울이고 있는지도 분석하고 추적한다.

CAT에 따르면 2022년 11월을 기준으로 전 세계 140개 국가가 탄소중립 목표를 도입하였는데 이는 전 세계 배출량의 90%에 해당한다. 2021년 5월 기준으로 130개 국가(배출량의 70%)가 탄소중립 목표를 선언했음을 볼 때 이에 참여하는 국가 수가 증가하는 추세임을 보여준다. 그러나 74%에 달하는 국가의 탄소중립 계획이 CAT의 투명성, 종합성 등의 평가 기준에 비추어 부적절하게 설계되어 있다고 주장한다. CAT에 따르면 많은 국가가 상향 조정된 목표를 담은 갱신된 NDC를 제출하지 않았고 제출하였더라도 그들의 탄소 감축 목표가 파리협정에서의 전 지구적 기후변화 목표를 달성하는데 불충분하다는 것이다.

CAT는 국가별로 해당 국가의 NDC 목표 및 이행 수준을 파리협정의 목표에 비추어 평가하는데, 예를 들어 한국의 경우 감축 및 에너지 부문에서 목표 설정 등에 있어 진전을 보이고 있기는 하나 파리협정의 1.5°C 목표 달성을 위해 충분한 속도와 강도로 이행하고 있지는 않다고 평가하고 있다. 한국이 가장 최근 도입한 NDC는 2030년까지 2018년 대비 40%의 감축을 목표로 하고 있고, 이는 물론 이전 목표보다 상향 조정된 것이지만 산림과 국외 감축 부문을 제외하면 2030년까지 실제 2018년 대비 32% 감축을 의미하는 것이므로 CAT는 이를 "highly insufficient(매우 불충분)하다고 평가하고 있다. CAT는 국내 감축이 적어도 59%가 되어야 파리협정의 1.5°C 목표 달성이 가능하다고 분석한다.

또한 CAT는 한국의 2050 탄소중립 목표의 선언은 국제적으로 평균(average)에 가깝고 석탄화력발전의 비중이 2020년 43%에서 39%로 낮아지고, 지난 5년간 재생에너지의 비중이 두 배가 증가하는 등 발전 부문에서 저탄소 전환이 점진적으로 일어나고는 있으나, 화석연료가 여전히 67%로 매우 높은 비중을 차지하고 있고 재생에너지의 비중은 6%에 불과해 EU, 일본, 미국과 비교해 현저히 낮다고 평가했다. CAT는 만약 다른 나라들이 한국과 유사한 수준의 기후변화 정책과 NDC 등을 따른다면 전 지구적으로 3~4°C의 온도상승이라는 결과에 이를 것이라고 분석했다.[307]

CAT의 데이터에 기반한 분석은 감축 목표와 이행 상황에 대한 국가별 비교를 가능케 함으로써 노력이 "불충분한" 것으로 평가되는 국가를 대상으로 국제적 비난 여론과 감축을 위한 압력이 형성되는 데 사용된다. 이렇듯 CAT는 과학적 분석과 평가, 정부의 감축 목표 이행 데이터 구축 및 플랫폼을 통한 정보의 공유 등을 통해 각국 정부로 하여금 기후변화 문제에 대한 자국의 노력이 국제적 노력에 수렴하여 기후변화 문제에 대한 전 지구적 대응에 기여하고 있는지의 여부를 알 수 있게 도와준다. 자국의 목표와 이행 상황이 낮고 불충분한 것으로 평가받는 국가들은 이러한 평가에 민감하게 반응할 수도 있고 이러한 NGO의 분석을 무시할 수도 있을 것이다. 그러나 기후변화에 대한 대응을 위해 더 높은 수준의 감축 목표를 설정하고 목표를 이행하는 데서 오는 국제적 리더십, 명성, 평판 등 소프트 파워에 대한 고려는 때때로 국가들로 하여금 이러한 NGO의 평가에 신속히 반응해 자국의 행동을 개선하도록 유도하는 유인책으로 작용하기도 한다.

4. 시민사회의 역할과 제약

사회운동과 ENGO의 활동은 이 장에서 살펴본 바와 같이 기후변화의 국제정치에 다양성과 아이디어를 제공해 논의와 대응을 풍성하게 하며 기후 위기라는 문제에 대한 해법의 모색과 이행에 기여하고 있다. 그러나 이들에게도 도전과제와 딜레마가 있다. 첫째, 이들의 정당성은 문제 해결을 위한 아이디어와 대안, 자극 등 투입(input)의 단계에서 높은 수준을 보인다. 기후변화를 문제로 정의하고 엄중함을 경고하여 대중과 정부의 관심을 최대치로 끌어올리는 등 문제화하고 의제화함에 있어 중요한 역할을 한다. 다만, 실질적 기후변화문제의 해결 과정과 이행 결과의 도출 단계에서 정부나 기업보다 구체적 공헌과 기여를 가시화함으로써 throughput legitimacy(개입 정당성)를 창출해야 한다.[308] 개입 정당성은 법과 제도의 수립 과정에서 참여의 질을 의미하는 투입 정당성과 문제 해결의 결과물과 규모를 의미하는 산출 정당성(output legitimacy)과 비교해 정책결정 과정에서의 거버넌스의 질

(quality)과 효능감, 참여 과정과 방법, 정보의 투명성, 참여자의 책임성, 시민사회의 개방성과 포용성 등을 의미하는 개념이다.[309]

NGO에게 있어 또 다른 도전과제는 제도화와 운동을 중심으로 한 제도 밖의 활동 간의 갈등이다.[310] ENGO가 성장할수록 이들이 영향력 등을 모색하는 과정에서 제도화되고 법률적, 절차적 수단을 강구하여 정부와 기업에 압력을 가할 수 있는데, 이렇듯 정부나 기업을 대상으로 제도적 차원의 승리를 집중적으로 추구하다 보면 장기적인 목표와 비전이 퇴색될 수 있다. 제도화되고 전문화되는 과정에서 관료화되기도 한다. 한편 운동과 동원에 집중하는 것은 환경 문제를 공론화하고 문제화하여 미디어와 대중의 관심을 받을 수 있지만 자칫 운동 전략의 선택에서 법과 제도를 소홀히 할 수도 있다. 따라서 제도권 안팎에서 어떠한 목표와 우선순위 및 전략을 추구할 것인가에 대한 갈등이 끊임없이 제기된다.

ENGO는 단독으로 행동하기도 하지만 풀뿌리 조직, 사회운동가, 기업, 정부 등 다양한 주체와 연합(coalition)을 형성하며 이러한 연합은 점차 초국가적(transnational) 수준에서 결성되고 활동한다. 이러한 네트워크의 형성을 통해 문제해결을 위한 자원동원 등에서 효율적일 수 있으나 때로 연합에 참여하는 주체 간 갈등이 발생하기도 한다. 협력을 통한 영향력 확대는 특히 규모가 작은 ENGO에게는 매력적이나 이로 인해 자신들의 목표가 희석되거나 충돌이 발생하기도 한다.[311]

또한 1990년대 이후 환경 의제 중에서 기후변화에 대한 국제사회의 관심은 선진국에서조차 ENGO의 활동에 제약으로 작용하기도 한다.[312] 최근 기후변화에 대한 관심이 폭증하고 이 분야로 재정지원이 집중되면서 오염, 생물 종의 다양성 및 생태 보존 등 ENGO들이 다루어 온 기존 주제들에 대한 관심과 지원이 희석되기도 한다. 또한 복잡한 기후변화 문제에 있어 높은 수준의 전문성을 발휘하여 정부나 기업을 상대하는 것은 비교적 경험과 재원이 풍부한 북반구의 ENGO에게도 여전히 도전적 과제로 남아 있다.

제 9 장

나가며

본서에서 우리는 기후변화를 정의하고 기후변화가 국제사회에 미치는 영향을 총체적으로 논의하였다. 또한 기후변화의 국제정치의 주체인 국제레짐, 정부, 기업 및 산업, 시민사회의 기후변화 대응 양상과 상호작용을 살펴보았다. 아울러 기후변화라는 글로벌 이슈가 국가 간 협력과 갈등의 양상, 국제무역과 어떻게 연계되는지도 논의하였다.

그러나 총 8장에 걸쳐 이루어진 논의가 기후변화의 국제정치와 관련된 양상을 모두 다 다루었다고는 할 수 없다. 또한 기후변화의 국제정치 속에서 다양한 주체들의 기대, 가치, 이익은 고정된 것이 아니며 진화하고 수시로 변하며 주체 간 상호작용의 양상 역시 부단하게 변화하고 다양한 방식으로 전개될 수 있다. 따라서 본서에서 저자가 제공한 설명과 주장, 해석은 기후변화의 국제정치가 어떻게 전개되는가에 따라 지속적 업데이트를 필요로 한다. 이는 저자를 포함하여 기후변화의 국제정치를 총체적으로 파악하고자 하는 이들에게 도전과제이나 또한 부단한 정보습득과 학습의 동기로 작용할 것이다.

따라서 본 저서의 마지막 장에서는 기후변화의 국제정치를 일반화하고 체계화할 수 있는 거대 담론이나 대안을 제시하기보다 오늘날 기후변화의 국제정치를 특징짓는 개념으로 다층적 거버넌스를 소개하고 이러한 특징이 미치는 영향을 논의하는 것으로 갈음하고자 한다. 또한 기후변화의 국제정치라는 현상 속에 포함되는 다양한 주체, 제도, 아이디어 및 그들의 상호작용이 지구가 직면한 기후변화 문제의 해결에 어떻게 기여할 것인가를 고찰한다.

1990년대 기후변화의 국제정치에 대한 관심이 본격적으로 대두하면서 각국 정부 및 정부 간 합의와 협력을 통해 형성되는 UNFCCC 등 국제레짐, 그리고 정부와 국제레짐이 기후변화 문제의 해결에서 어떠한 역할을 수행하며 어떤 영향을 미치는가에 대한 관심도 증가했다. 그러나 국제정치의 행위자는 정부와 국제레짐 뿐만 아니라 기업, 시민사회, 개인 등으로 다변화되었고 이들 주체의 참여도 점차 확대되어 왔다. 이에 오늘날 학계와 정책커뮤니티의 관심은 기후변화 문제의 논의와 대응에 있어 다양한 공공, 민간, 그리고 시민사회 영역으로부터의 주체들 사이에 어떠한 상호작용이 일어나고 있으며 이 상호작용에 영향을 미치는 변수들은 무엇인가로 옮겨 왔다.[313]

이들 다양한 주체는 개별적으로 행동하기도 하나 종종 국제적, 초국가적 네트워크를 구성해 협력, 보완의 관계를 맺기도 하며 또한 갈등과 대립의 관계를 맺기도 하는 등 상호작용하며 기후변화라는 글로벌 이슈 해결 과정에 참여한다. 이렇게 복잡다단한 기후변화의 국제정치는 종종 다층적 거버넌스(multi-scale governance), 다중심성(polycentricity) 등으로 표현되기도 한다. 과거 국제문제의 해결을 위한 일련의 논의 및 결정 과정에서 정부(government)가 권위를 지닌 핵심 주체로 주도적 역할을 했다면 거버넌스라 일컬어지는 통치행위 하에서 정부는 여러 행위자 중 하나의 행위자이다. 물론 중앙정부는 여전히 기후변화의 국제정치에서 가장 핵심적 주체이나 국제레짐, 기업, 시민사회, 이들 주체들로 형성되는 초국가적 연합체 등은 정부의 역할을 보완하기도 하고 정부의 권위와 결정에 도전하기도 하는 등 중요한 역할을 수행한다. 이로 인해 오늘날 기후변화의 국제정치의 성격은 매우 복잡하고(complex) 분절적(fragmented)인 특징을 띄고 있다.[314] 기후변화 문제가 복합적 요인들이 작용해서 발생하는 매우 해결하기 어려운(wicked) 문제인 것처럼 해당 문제의 해결에 참여하는 주체와 이들의 상호작용의 과정과 방식 역시 복잡성을 보인다.

이러한 체제는 정부와 같이 권위있는 주체의 하향식(top-down) 목표 설정과 이행을 통한 글로벌 문제의 해결에 그치는 것이 아니라 그와 더불어 아래로부터의(bottom-up) 실험과 참여가 국제적 수준, 국가 수준, 지방과 도시 수준, 기업과 사업장, 개개인의 공간 등 다양한 층위(level 혹은 scale)에서 동시다발적으로 진행되는 특징을 보인다. 다층적 거버넌스에서는 규제와 명령의 이행 등이 수직적으로 일어나기도 하나, 또한 다양한 행위자가 정부나 기존의 제도 및 문제 해결 과정의 외부에서 참여하며 정보와 아이디어의 창발에 기여하는 등 수평적인 양상이 펼쳐진다. 거버넌스에서 문제 해결의 과정은 일련의 정해진

선형적(linear) 과정을 따르기보다 비선형적(non-linear)이며 실험적(experimental)이고 학습(learning), 적응(adaptation)과 환류(feedback)가 여러 층위에서 여러 행위자에 의해 발현된다.[315] 이러한 특징으로 인해 기존의 정부 주도의 문제 해결에 비해 더 창의적이고 혁신적이며 융통성 있는 문제 해결이 가능하다는 것이 거버넌스의 장점이다.

다만 이러한 복잡한 거버넌스 체제는 몇 가지 약점을 지니기도 한다. 명령과 통제(command and control) 등을 통한 전통적 문제 해결의 방식에서는 책임성(accountability)의 소재가 명확하다. 그러나 거버넌스라는 다중심성 체제에서는 책임의 소재를 어디에 두어야 할지가 불명확해진다. 기후변화 위기의 해결에 있어 얼마나 효과적이며 합법성을 가진 기후 거버넌스 체제를 구축할 수 있으며, 그러한 체제 구축 노력이 제대로 이행되지 못할 때 누구에게 그 책임 소재가 있는가의 문제가 발생한다. 또한 종종 다중심성 체제는 다양한 행위자의 참여로 공정하고 평등할 것이라 기대하기 쉽다. 그러나 다중심성 체제에서도 주체 간 힘(power)의 격차는 존재하며 국제사회의 남북 격차와 같은 불평등한 관계가 오히려 고착될 수도 있다.[316]

이와 같은 특징을 지니는 다층적 거버넌스가 오늘날 기후변화 국제정치를 특징짓는다. 이러한 노력은 문제의 대응과 해결에 어느 정도 기여해 왔을까? 국제사회는 2100년 전까지 지구 평균 온도의 상승 정도가 산업혁명 시기 이전과 비교해 2°C, 혹은 더 이상적으로는 1.5°C, 이하에서 멈추도록 해야 한다는 전 지구적 목표를 달성할 수 있을 것인가? 학술지 *Nature*에 2021년 8월 게재된 연구에 따르면 전문가 집단의 전망은 그리 밝지 않다. 본 연구는 IPCC 제6차 평가보고서 작성에 참여한 233명의 기후변화 전문가를 대상으로 COP26을 앞두고 설문을 진행하였는데 총 92명이 응답해 40%의 응답률을 보였다.[317] 이들 응답자의 88%가 지구온난화가 위기(crisis) 상황임에 동의했고 82%는 자신들의 일생에서 기후변화로 인해 파국적 영향(catastrophic impact)을 경험할 것이라는 데 동의했다. 또한 응답자는 각각 41%, 17%, 21%의 비중으로 기후변화가 주거, 출산 계획, 라이프 스타일의 선택 등 개인적 결정에 영향을 미친다고 답했다. 60% 이상의 응답자가 기후변화로 인해 불안, 침울 등의 스트레스를 자주 혹은 때때로 경험한다고 대답했다.

그러나 이렇듯 엄중한 위기인 기후변화 문제 해결의 전망에 대한 전문가들의 응답은 다소 부정적이다. 응답자의 10명 중 6명 이상이 이번 세기말까지 3°C나 그 이상의 온도상승을 예측한다고 밝혀, 파리협정 하에서 국가들의 약속(pledge)에도 불구하고 국제사회가 지구의 온도 상승을 2°C 혹은 1.5°C 아래 선에서 유지하고자 하는 목표 달성은 어려울 것으로 판단하였다. 파리협정이 목표로 하는 온도 상승분이 2100년 기온 상승분이 될 것이라는 낙관적 전망을 표한 전문가 비율은 합쳐서 20%가 조금 넘었을 뿐이다.

위 연구와는 별개로 UNEP이 2021년 발표한 <탄소배출 격차 보고서 2021>에 따르면 분석 시기 이전 UNFCCC에 제출된 국가들의 NDC가 모두 다 달성된다고 가정하더라도 이번 세기말 2.7°C의 온도상승이 예상된다고 분석했다.[318] 또한 이전 장에서 언급한 Climate Action Tracker는 파리협정에 제출된 각국의 가장 업데이트된 NDC를 다 종합하여 이들이 모두 이행될 것이라고

[그림 9-1] 기후 전문가의 2100년까지 기온상승 예측(단위:%)

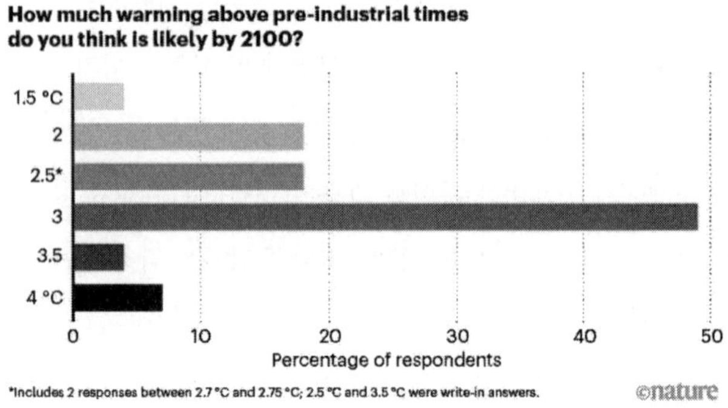

*출처: Tollefson(2021).

가정해도 이 세기말 지구는 산업혁명 이전에 비해 2.4°C 더 뜨거워질 것이라고 분석했다.

이러한 비관적 전망에 비해 과학 잡지 *Science*는 각국 정부가 2015년 제출한 NDC에 비해 COP26 이전에 제출된 NDC는 더 상향 조정된 감축 목표 및 계획들을 담고 있으며 이를 통해 파리협정의 장기적 목표 달성을 위한 기반이 강화되었고 최악의 온도상승 가능성은 낮아졌다고 분석했다.[319]

물론 이러한 조사와 연구들이 기후변화에 대한 국제적 대응 노력이 얼마나 실제 효과를 발휘해 왔는가에 대한 대답이 될 수는 없다. 그러나 적어도 현재까지의 진전과 2030년까지의 각국 정부의 계획을 토대로 판단할 때 비관적 전망이 우세하다는 것은 기후변화 문제에 있어 인류 공동의 목표 달성을 위해 국제사회가 빠른 속도와 대응으로 나아가고 있지 못함을 의미한다. 이들을 종합해 보면 국제사회의 여러 노력에도 불구하고 지구온난화를 늦추고 기후변화 문제에 대응하며 그 근본적 원인을 밝혀 개선, 해결하는 일이 쉬운 과제가 아님을 알 수 있다. 이번 세기 말까지 국제사회가 파리협정에서 설정한 목표를 달성하는 일은 어쩌면 성공보다는 실패할 확률이 더 높은 도전과제로 보인다.

이와 같은 비관적 전망에도 불구하고 기후변화의 국제정치는 현재의 다층적 거버넌스의 형태를 유지하면서 문제의 해결을 위해 진전할 것이라는 조심스러운 낙관적 전망을 펼쳐 보고자 한다. 첫째, 파리협정 하의 신기후체제는 국가들의 자발적 감축 목표의 설정과 이행으로 운영되나 당사국들은 기후변화 관련 목표들을 지속적으로 상향 조정하도록 압력을 받는다. 또한 파리협정은 목표의 이행 과정을 투명하게 공유하도록 하고 있으며 검증의 절차를 통해 국가들의 행동을 규율한다. 교토의정서 체제와 비교할 때 파리협정이 지니는 장점과 단점은 국제레짐의 설계와 운영에는 여러 목표와 가치 사이에 트레이드 오프(trade-off), 즉 일종의 교환관계가 수반됨을 상기시킨다. 파리협정의 장점은 모든 국가가 기후변화 완화와 적응 노력에 참여한다는 데 있으며 공동의 목표 달성을 위한 절차와 과정에 대한 주의와 관심을 강화했다는 데 있을 것이다. 물론 이런 체제 아래 과연 국가들이 얼마나 자국의 정치적, 행정적 수준에 적합한 신뢰할 만한(credible) 감축 목표를 설정하겠느냐가 늘 의문시 되어 왔다. 그러나 학술지 *Nature Climate Change*에 발표된 최근 연구에 따르면 높은 수준의 목표를 설정한 국가들의 NDC, 특히 유럽 등 선진국의 NDC는 신뢰할 만하다(credible)고 분석했다. 정부 제도의 질(quality)은 특히 NDC의 신뢰도와 상관관계를 보였다. 민주주의 국가들이나 경제 수준이 높은 국가들이라고 해서 NDC가 더 믿을 만한 것은 아니며 배출을 통제, 감축하는 데서 오는 손실과 이익 등 경제적 요인이나 국가 경제에서 배출산업이 차지하는 규모 등도 한 국가의 NDC가 얼마나 신뢰할 만한 것인가를 설명함에 있어 통계학적으로 중요하지 않음을 보여주었다. 기후변화라는 글로벌 환경 문제는 전형적인 집단행동의 문제(collective action problem) 양상을 띠며 이러한 상황에서 공동의 목표 인식과 다른 행위자의 commitment에 대한 신뢰는 매우 중요하다. 따라서 *Nature Climate Change*의 본 연구는 비관적 전망에도 불구하고 특히 NDC를 점진적으로 상향 조정해가고 있는 국가들의 감축 공약이 신뢰할 만한 것임을 보여준다. 파리협정 체제 하에서 거의 모든 당사국이 자국의 현실과 요구(개도국의 경우 특히 적응 부문에서의 요구)를 반영해 NDC를 수정, 보완하고 있다. 현재의 NDC가 2030년까지를 상정하고 있으나 UNFCCC와 선진국을 중심으로 당사국들로 하여금 NDC와 감축 목표를 지속해서 상향 조정하도록 독려하는 사회적 압력이 형성되어가고 있다. 또한 현재 비록 불충분한 상태이기는 하나 선진국들로부터 개도국의 완화와 적응 노력에 대한 재정적, 기술적 지원이 강화되어가고 있으며 기후변화에 대한 적극적 대응을 요구하는 규범과 규제도 기후-무역의 연계에서 논의한 바와 같이 강화되어 가는 추세다.

기후변화 국제레짐은 1992년 UNFCCC 이래 국제적 환경의 변화와 당사국들의 요구를 반영해 부단히 진화해 왔고 현 체제인 파리협정 체제는 막 발걸음을 뗀 상황이다. 파리협정은 국제사회 각국 정부들이 공유하고 참여하는 단 하나의 포괄적 기후변화 국제레짐이라고 해도 관건이 아니다. 국제적 수준에서 이에 대한 대체재가 부재한 상황에서 정부와 비정부 행위 주체는 파리협정과 당사국총회 등을 상호작용의 플랫폼이자 주춧돌로 활용해 공동의 목표를 향한 실천 방안과 제도의 효율적, 효과적 운영에 대한 정교한 방법론을 지속적으로 논의해 갈 것이다. 국제레짐의 존재와 참여자들의 지속적 관여 및 참여는 기후변화 문제에 대한 국제사회의 공동 노력이 결실을 보기 위해 충분조건은 아니지만 필요한 요소이며 기후변화 국제레짐의 진화와 발전은 글로벌 기후변화 대응에 일말의 긍정적 측면이다.

둘째, 앞서 논의한 바와 같이 글로벌 기후변화의 거버넌스는 다양한 행위 주체의 참여로 인해 매우 복잡한 양상을 보인다. 중앙정부와 레짐을 넘어서 기업, ENGO, 그리고 이 책에서는 다루지 않았으나 도시와 지역사회 등 다양한 행위자는 정부와 정부간 국제조직(intergovernmental organization)을 중심으로 이루어지는 국제적 기후변화 대응 노력을 보완하는 역할을 한다. UN이 지지하는 Climate Initiative Platform 데이터베이스에 따르면 이들 주체와 그들의 다채로운 조합으로 결성되는 초국가 기후 이니셔티브의 수는 2012년에 약 60개였으나 오늘날 287개로 급속히 증가했다.[320] 이러한 증가는 더 많은, 그리고 더 다양한, 행위 주체가 기후 문제를 글로벌 이슈로 인식하고 있으며 개별적 차원의 조치와 행동을 넘어 초국가적 공동 노력에 동참해 왔음을 의미한다. 이들은 대안적 법과 제도, 혁신과 실험, 기술, 지역 특색을 반영한 지식(local knowledge) 등을 제안하고 촉진함으로써 특히 중앙정부와 국제 레짐이 소홀히 하거나 충분히 다루지 못하는 기후변화 완화 및 적응 프로그램을 고안하고, 이행한다. 과거 오존 문제에 대한 대응으로 수립된 몬트리올 협정, 전기 자동차의 발명, 유럽의 수자원 관리 거버넌스 등 환경 문제에 대한 대응은 특히 로컬 수준에서 문제 해결을 위한 실험적 접근 등을 통해 더 효과적으로 진행된 바 있다.[321] 마찬가지로 다양한 주체와 이들이 형성하는 네트워크의 그물망은 문제에 관한 공동의 인식과 민첩한(agile) 대응을 통해 인류가 기후 위기의 돌파구를 모색하는 데 기여해 왔다. 이러한 다층적 거버넌스의 양상은 가까운 미래에 기후변화 문제가 현상 유지를 지속하거나 악화될수록 그에 대한 반응(reaction)으로 강화될 가능성이 있으며 그에 따라 문제의 해결 노력 역시 배가될 것이다.

기후변화에 대한 정보와 지식을 획득하고 각종 대응 노력에 참여하는 글로벌 기후변화 거버넌스 참여자들은 문제 해결 과정에 참여하고 기여하는 데서 의미를 발견하며 주체로서의 정당성을 획득한다. 예를 들어 기후변화 위기가 모든 국가에 영향을 미치고 있는 현 상황에서 국가를 대표하는 정부 및 정치인들은 기후변화에 대한 대응 강화를 통해 통치의 정당성을 확대한다. 나아가 점차 더 많은 국가들은 다양한 형태의 관여 및 참여를 통한 기후변화 대응이 국제사회의 일원으로 영향력과 리더십을 발휘하기 위해 필요한 기초적 역량 내지는 소양이라 인식하고 있다. 이는 정부뿐만 아니라 글로벌기업, ENGO, 기후운동가 등 거버넌스의 모든 참여 주체에도 동일하게 적용된다.

과거와 같이 탄소 집약적 성격의 발전 모형, 경영 모형, 행동 방식에 의존해 GDP의 확대와 양적 성장, 부의 축적을 힘, 경쟁력, 리더십의 원천으로 추구하는 국가나 정부, 개인을 혁신적이고 선도적이라고 간주하던 시대는 지났다. 기후 위기에 대한 인식과 강화된 대응은 이제 삶의 방식과 투자, 생산 및 경영, 권위의 행사와 통치 등에 이르기까지 주체들의 행동에 영향을 미치는 보다 강력한 규범이자 행동 준거로 점진적으로 확산하고 있다. 이러한 규범 및 기후 행동(climate action)의 확산은 현재는 점진적으로 진행되고 있으나 점차 가속화되는 흐름을 보일 것이다.

미국 항공우주국(NASA)에 따르면 지구의 온도는 1880년 이래 최소 1.1°C 높아졌다. 이러한 온도상승의 대부분은 1975년 이래 대략 십 년마다 0.15°C에서 0.2°C의 비율로 일어났다.[322] 45억 년이 넘는 지구의 나이에 비해 불과 찰나의 순간에 일어난 이 변화는 인류와 생태계 그리고 인류가 이룩해 낸 문명과 발전을 위협하고 있다. 국제사회의 모든 일원은 상상력과 가용 자원을 결집하고 동원해 단기간에 이러한 변화의 물결을 되돌려야 할 책무를 진다. 역사적으로 경제 위기, 빈곤, 질병 등 여러 위협과 도전과제에 맞서 국제사회는 해법을 모색해 왔으며 위기를 기회로 전환해 왔다. 기후변화는 이러한 모든 위협 요소와 연계된 글로벌 이슈이며 어쩌면 더 큰 규모의 복합적 도전과제를 제기한다.

사회철학자 칼 폴라니(Karl Polanyi)는 1944년 발표한 저서 거대한 전환(The Great Transformation)에서 19세기부터 20세기 전반까지의 거시적 정치경제적 변화를 서술하면서, 산업혁명 이후 형성된 자기 통제적(self-regulating) 성격의 자유로운 시장에 대한 믿음은 환상에 불과하며, 그러한 믿음에 기초한 자본주의 경제체제는 인간과 자연을 투입물이자 상품으로 전락시켰다고 주장하였다.[323] 시장경제의 위협은 사회의 자기 보호 운동으로 이어지면서 대공황, 세계대전 등 일련의 사건을 거치며 자본주의와 국제정치경제 질서의 대전환을 낳았다고 분석하였다. 그는 시장의 자기방어 및 보호를 위한 운동과 시장경제의 폐해로부터 사회가 스스로를 보호하려는 운동을 이중 운동(double movement)이라 칭하며 이들 사이의 가변적 역학관계를 설명하였다. 이 저서에서 폴라니는 자본주의 경제체제가 사회와 정치 시스템의 밖에 이들과 분리되어 독립적으로 존재하는 주체가 아닌 그 일부로 배태된(embedded), 즉 이들과 상호작용하며 변하는 것으로 보았다.

폴라니의 주장은 오늘날 인류가 초래한, 그리고 우리에게 닥친, 기후변화 문제에 있어서도 영감을 제공한다. 산업혁명 이래 자본주의의 양적 팽창과 인류의 더 나은 삶을 위한 경제적 발전은 기후변화라는 글로벌 위기이자 부작용을 낳았고 자연과 그 일부인 인간은 그 결과 기후변화의 부정적 피해에 점차 노출되었다. 칼 폴라니의 이중 운동을 차용하면 기후변화는 어쩌면 우리가 속한 지구가 인간의 경제발전을 위한 파괴적 행위로부터 자신을 보호하기 위한 운동, 혹은 반작용이라 해석될 수 있다. 그러나 이러한 지구의 반작용으로 인해 그 지구 시스템에 배태되어 삶을 영위해 온 다양한 주체, 특히 개도국과 최빈국, 그리고 사회적 약자의 경제적, 사회적 고통이 가중되고 있다. 또한 본 저서에서 다루지 않았으나 기후변화는 생태계와 그를 구성하는 동, 식물 등 비인간 생명체의 삶과 터전에 실존적 위협(existential threat)을 가하고 있다. 기후 위기가 악화할수록 약자들의 스스로를 보호하기 위한 저항과 운동도 더 거세게 표출될 것이다. 결국 이러한 이중 운동에서 지구와 인류가 자신의 삶을 구하는 방식은 자기 방어와 보호, 지속가능한 삶을 위한 의식적 연대와 운동일 것이다.

지금까지 인류가 유지해 왔던 삶의 방식과 국제정치경제 질서를 답습하면서 과학과 기술의 진보, 시장의 자기 정화 기능이 기후변화 위기를 해결해 주리라 기대하는 것은 지나친 낙관주의적 사고이며 기술과 자본주의에 대한 맹신일 수 있다. 기후 위기가 가속화될수록 국제사회의 구성원들은 이러한 낙관주의에 안주하기보다 새로운 사회적 합의를 토대로 인류문명 발전사의 거대한 전환을 모색해야 할 것이다. 거대한 전환을 위해서는 기존의 질서와 현상 유지 세력에 도전하고 이를 변화시킬 주체들의 인식, 의지와 참여를 극대화하는 것이 중요하다.

기후변화의 국제정치는 현재까지 매우 느린 속도로 그리고 기대에 못 미치는 결과물을 내며 천천히 진화해 왔다. 이제 다층적 차원에서 가치와 발상의 다양성에 기반한 모든 구성원이 인류의 공동 과제인 기후변화 대응을 위한 대전환과 지구환경을 복구하는 일에 참여해야 한다. 이를 위해 제도적, 인적, 재정적 자원과 과학적 기술과 지식 등 가용 자원을 동원하고 이들의 투입에 대한 효과를 지속적으로 개선해 나갈 필요가 있다. 나아가 전환의 시대를 구체화하기 위한 대안적 담론과 상상력, 그리고 탄소 집약적 체제의 근본적 변화를 요구하고 이행을 지지할 광범위한 사회적 합의가 그 어느 때 보다 절실하다.[324]

미주

1) 김영철, 코로나19 시대, 인수공통감염병 종간 전파 현황 및 대응, 2020.
2) 동아사이언스, 인간의 토지 사용 변화가 코로나 확산 불렀다, 2020.
3) WMO, United in Science 2020, 2020.
4) NOAA, It's official, 2021.
5) IPCC, Summary for Policymakers, 2021.
6) 한국무역신문, 다보스가 뽑은 2021 세계 경제 리스크는?, 2021.
7) NASA, World of Change, n. a.
8) Lasswell, Politics: Who Gets What, When and How, 2007.
9) 이유진 역, 글로벌 환경정치와 정책, 명인문화사, 2017, p. 19.
10) Young, Regime dynamics: the rise and fall of international regimes, 1982.
11) 기상청, 기후변화과학 용어 설명집, 2020.
12) 기상청, 기후변화과학 용어 설명집, 2020.
13) 조천호, 파란하늘, 빨간지구, 도서출판 동아시아, 2019, p. 62.
14) Maslin, Three reasons why climate change models are our best hope for understanding the future, 2022.
15) CarbonBrief, Q&A: How do climate models work?, 2018.
16) 조천호, 파란하늘, 빨간지구, 도서출판 동아시아, 2019, p. 30.
17) 조천호, 파란하늘, 빨간지구, 도서출판 동아시아, 2019, p. 26.
18) Crutzen and Schwägerl, Living with the Anthropocene, 2011, 또한 인류세에 대한 리뷰 논문으로 김지성, 남욱혁, 임현수, 인류세(Anthropocene)의 시점과 의미, 2016 참조.
19) 기상청, 기후변화과학 용어 설명집, 2020, p. 15.

20) 조천호 2019, p. 66.

21) 기상청 2020, p. 7.

22) 조천호, 파란하늘, 빨간지구, 도서출판 동아시아, 2019, pp. 67-68.

23) 이성규, 기후변화를 최초로 예언한 과학자, 2019.

24) Haas, Introduction: Epistemic Communities and International Policy Coordination, 1992.

25) 정진영, 서론: 기후변화와 인류의 미래, 2019, p. 15.

26) 신범식, 기후변화의 도전과 그 대응에 관한 주요 논점, 2022, pp. 14-15.

27) Tilly, Coercion, Capital, and European States, AD 990–1990, 2017.

28) Duit et al, Greening Leviathan: The Rise of the Environmental State?, 2016.

29) Chen and Lees, Greening the Chinese Leviathan, 2022.

30) Chasek, et al. (이유진 옮김), 글로벌 환경정치와 정책, 명인문화사, 2017, p. 19.

31) Underdal, Climate Change and International Relations, 2017.

32) Bodansky and Rajamani, The Evolution and Governance Architecture of the United Nations Climate Change Regime, 2018, p. 18.

33) UN Climate Change. n. a.

34) https://www.khnp.co.kr/content/121/main.do.

35) 환경부, 교토의정서 이후 신 기후체제 파리협정 길라잡이, 2016.

36) 정서용, 파리 기후변화 협정 상 국제시장메커니즘에 대한 검토, 2018, p. 126.

37) Gilpin, The Origin and Prevention of Major Wars, 1988.

38) 환경부, 교토의정서 이후 신 기후체제 파리협정 길라잡이, 2016, p. 12.

39) 신상범, 지구환경정치, 명인문화사, 2022.

40) 신상범, 지구환경정치, 명인문화사, 2022, p. 208.

41) 최인호, 리기후변화협약체제와 온실가스 감축목표의 이행, 2021.

42) Zahar, A Bottom-up Compliance Mechanism for the Paris Agreement, 2017; Rayner, How to eat an elephant, 2010.

43) Bodansky and Rajamani, The Evolution and Governance Architecture of the United Nations Climate Change Regime, 2018, p. 29.

44) Schonhardt, A pledge inked in Glasgow is already in doubt, 2022.

45) Underdal, The Politics of International Fisheries Management, 1980.

46) Bang, Hovi, and Skodvin, The Paris Agreement: Short-term and Long-term Effectiveness, 2016.
47) 김호홍, 김경숙, 영국 COP26 회의 결산: 더 나은 녹색 미래를 위한 첫걸음, 2021.
48) 관계부처합동 보도자료, 제26차 유엔기후변화협약 당사국총회(COP26) 폐막, 2021.
49) 산티아고네트워크는 기후 취약국의 손실과 피해를 방지, 최소화, 해결하기 위해 조직, 기관, 네트워크와 전문가들의 기술 지원 목적으로 COP25(마드리드)에서 설립되었다.
50) ACE는 교육, 훈련, 공공 참여, 정보공개 및 국제협력을 통해 기후 행동에 모든 사회구성원의 참여 강화를 목적으로 유엔기후변화협약 6조 및 12조 이행을 위해 도입된 개념이다.
51) 김호홍, 김경숙, 영국 COP26 회의 결산: 더 나은 녹색 미래를 위한 첫걸음, 2021.
52) 산림청, 2030년까지 산림손실방지 합의 및 국가간 연대강화, 2021.
53) 김호홍, 김경숙, 영국 COP26 회의 결산: 더 나은 녹색 미래를 위한 첫걸음, 2021.
54) 한겨레, 석탄, 퇴출 아닌 감축, 2021.
55) OECD, Forward-looking Scenarios of Climate Finance Provided and Mobilised by Developed Countries in 2021-2025, 2021.
56) 관계부처합동 보도자료, 제26차 유엔기후변화협약 당사국총회(COP26) 폐막, 2021.
57) 조선일보, COP26, 글래스고 기후조약 채택, 2021.
58) Levin et al., Overcoming the Tragedy of Super Wicked Problems, 2012.
59) Grundig, Patterns of International Cooperation and the Explanatory Power of Relative Gains, 2006.
60) Barrett and Stavins, Increasing Participation and Compliance in Internalization Climate Change Agreements, 2003.
61) Bueno de Mesquita, The Predictioneer's Game, 2009.
62) Bernauer, Kalbhenn, Koubi, and Spilker, A Comparison of International and Domestic Sources of Global Governance Dynamics, 2010; Ward, International Linkages and Environmental Sustainability, 2006.

63) Sprinz, Bang, Brückner, and Kameyama, Major Countries." In Global Climate Policy, 2018.

64) Bang, Urderdal, and Andresen, eds. The Domestic Politics of Global Climate Change, 2015; Harrison and Sundstrom, eds. Global Commons, Domestic Decisions, 2010.

65) 윤순진, 2050 탄소중립 사회로의 전환: 의미와 과제, 2021, p. 54.

66) Sprinz et al., Major Countries, 2018, pp. 185-187.

67) 주벨기에 유럽연합 대한민국 대사관 환경정책, EU집행위, 유럽기후법(European Climate Law) 제안(3.4), 2020.

68) 정명규, EU의 신성장 전략, 2020.

69) Mckinsey & Company, How the European Union could Achieve Net Zero Emissions at Net-Zero Cost, 2020.

70) European Commission, European Climate Law, n.a.

71) EC COM, Fit for 55, 2021.

72) 장영욱, 오태현, EU 탄소감축 입법안, 2021.

73) 한희진, 세계 주요 지역 탈(脫)석탄 전환의 동향, 2020.

74) 한희진, 세계 주요 지역 탈(脫)석탄 전환의 동향, 2020.

75) EARTO, EC launched Horizon 2020-funded European Green Deal Call, 2020.

76) Banks, EU "putting its money where its mouth is" with Green Deal financing, 2020; Petequin, EU lays out 1 trillion-euro plan to support Green Deal, 2020.

77) 에너지데일리, 현실로 다가오는 탄소국경세, 2020.

78) 임팩트온, EU, 2023년까지 탄소국경세 도입한다, 2020.

79) European Commission, Towards a WTO-compatible EU carbon border adjustment mechanism, 2021.

80) 김성진, 탄소국경조정의 현황과 미래영향에 관한 소고, 2021.

81) European Commission, Towards a WTO-compatible EU carbon border adjustment mechanism, 2021.

82) 기후변화정책을 시행하는 국가들 때문에 기후변화정책을 시행하지 않는 국가들로 온실가스 배출원이 이동하는 현상

83) Clean Energy Wire, What's new in Germany's Renewable Energy Act 2021, 2021.

84) 머니투데이, 돈이 안되는 친환경은 쓸모없다, 2022.

85) 연합뉴스, 기후위기 대응한다더니…가스에서 석탄으로 돌아간 유럽, 2022.

86) 영국 파이낸셜타임즈는 이와 같은 조치로 EU가 약 1400억 유로를 조달할 수 있다고 분석했다. http://www.munhwa.com/news/view.html?no=2022100701071321302001

87) 연합뉴스, 기후위기 대응한다더니…가스에서 석탄으로 돌아간 유럽, 2022.

88) 정하윤, 미국 기후변화 정책과 거버넌스, 2018.

89) 최현정, 바이든 시대, 미국의 기후변화 정책과 쟁점, 2021.

90) Johnson, Trump makes American coal great again—overseas, 2018.

91) 한스경제, 美 해양대기청, 2022.

92) Deutsche Welle, Biden pledges to restore US global cooperation and leadership, 2020.

93) H. RES., Recognizing the duty of Federal Government to create a Green New Deal.

94) 대외경제정책연구원(KIEP), 국제사회의 탄소중립 정책 방향과 시사점, 2020.

95) 김성진, 탄소국경조정의 현황과 미래영향에 관한 소고, 2021.

96) 경향신문, 바이든, 첫 원주민 내무장관 내정, 2020.

97) White House, Fact Sheet, 2021.

98) 중앙일보, "기후재앙 마지노선" 0.3℃ 남았다…40개국 정상들의 선택은, 2021.

99) 경향신문, 바이든·시진핑 유엔총회서 상호 견제, 2021.

100) White House, Fact Sheet, 2021.

101) White House, Fact Sheet, 2021.

102) Nexus Media News, 2021.

103) 한스경제, 美 해양대기청, 2022.

104) 오마이뉴스, 미 대법원, 이번엔 "온실가스 배출량 규제 권한 없다", 2022.

105) The Guardian, Joe Manchin leads opposition to Biden's climate bill, 2021.

106) Murray and Cisz, Biden Administration: Aggressive Reduction of US

Coal Production; Commitment to Job Retraining, 2021.

107) KOTRA, 美 탄소국경세 도입 추진 동향, 2021.

108) 조선일보, 기후대응 역행?… 美 바이든 정부, 올 상반기만 석유시추 2100건 승인, 2021.

109) The New York Times, Over 40 countries pledge at UN climate summit to end use of coal power, 2021.

110) Tyson, Funk and Kennedy, Americans Largely Favor U.S. Taking Steps to Become Carbon Neutral by 2050, 2022.

111) Bang and Schreurs, The United States: The Challenge of Global Climate Leadership in a Politically Divided State, 2017; Sprinz, Bang, Brückner, and Kameyama, Major Countries, 2018.

112) 정하윤, 미국 주 차원의 기후변화정책 실험—규범 기업가의 기후변화 프레이밍을 통한 확산과정을 중심으로, 2015.

113) 신범식, 기후변화의 도전과 그 대응에 관한 주요 논점, 2022, p. 171.

114) 오경택, 캘리포니아의 기후변화 정책과 정치: 환경과 경제의 통합, 2021.

115) Shapiro, Establishing 'Green Regionalism': Environmental Technology Generation across East Asia and Beyond, 2014.

116) Larsen, Pitt, Grant, and Houser, China's Greenhouse Gas Emissions Exceeded the Developed World for the First Time in 2019, 2021.

117) Larsen, Pitt, Grant, and Houser, China's Greenhouse Gas Emissions Exceeded the Developed World for the First Time in 2019, 2021.

118) 신상범, 지구환경정치: 형성, 변화, 도전, 명인문화사, 2022, p. 217.

119) 주간경향, 중국 "탄소 제로" 실현 가능할까, 2020.

120) KOTRA 해외시장뉴스, 중국 탄소중립 목표 제시: 탄소시장 전망과 특징, 2021.

121) 中华人民共和国国家发展和改革委员会, 中华人民共和国国民经济和社会发展第十四个五年规划和2035年远景目标纲要, 2021.

122) 이재영, 중국의 탄소중립 정치와 미중 기후변화 협력, 2022.

123) 아주경제, 習 탄소배출 제로 선언, 2020.

124) 데일리이코노미, 국산차 정신차려야...중국 친환경차 올인 로드맵 나왔다, 2020.

125) 에너지경제연구원, 중국 탄소배출권 거래시장, 발전부문부터 정식

출범, 2021.

126) 연합뉴스, 중국 첫 국가 주도 탄소배출권 거래시장 운영 돌입, 2021.

127) 대외경제정책연구원(KIEP), 국제사회의 탄소중립 정책 방향과 시사점, 2021.

128) The Guardian, What China's plan for net-zero emissions by 2060 means for the climate, 2020.

129) 대외경제정책연구원 중국전문가포럼, 中 시진핑 주석, G20 정상회담서 '탄소중립' 실현 강조, 2020.

130) 대외경제정책연구원 중국전문가포럼, 中 시진핑 주석, G20 정상회담서 '탄소중립' 실현 강조, 2020.

131) 한겨레, 푸틴의 전쟁 덕분에 "온실가스 감축"?, 2022.

132) 내일신문, 중 "해외 석탄발전 중단" 게임체인저 될까, 2021.

133) 헤럴드경제, "문제는 탄소국경세"...P4G에서 재확인된 국제사회 쟁점, 2021.

134) 이재영, 중국의 탄소중립 정치와 미중 기후변화 협력, 2022.

135) Gilley, Authoritarian Environmentalism and China's Response to Climate Change, 2012.

136) U.S. Energy Information Administration, Country Analysis: China, 2020.

137) 신범식, 기후변화의 도전과 그 대응에 관한 주요 논점, 2022, pp. 149-150.

138) Financial Times, China ramps up coal power to boost post-lockdown growth, 2022.

139) 환경부, 보도설명, 2020.

140) Pew Research Center, Climate change remains top global threat across 19-country survey, 2022.

141) 한겨레, 한국 세계 기후변화 4대 악당국가로 등극, 2016.

142) CCPI는 온실가스 배출(가중치 40%), 신재생에너지(가중치 20%), 에너지 사용(가중치 20%), 기후관련 정책(가중치 20%)에 있어서 14가지의 지표를 제시하여 각 지표에 따른 성과를 상대적으로 평가하여 순위를 매긴다.

143) Climate Change Performance Index 2021. https://ccpi.org/countries/

144) 윤순진, 2050 탄소중립 사회로의 전환: 의미와 과제, 2021, p. 59.

145) 신범식, 기후변화의 도전과 그 대응에 관한 주요 논점, 2022, pp. 153-154.

146) 오경택, 한국의 기후변화 외교, 2010.

147) Han, Korea's Pursuit of Low Carbon Green Growth, 2015.

148) 산업통상자원부, 제3차 에너지기본계획 최종 확정, 2019.

149) 그린뉴딜은 문재인 대통령이 2020년 4월 22일 5차 비상경제회의에서 포스트 코로나 시대의 혁신성장을 위한 대규모 국가 프로젝트로서 처음 언급하고 이후 정부가 추진한 "한국판 뉴딜"의 일환이다. 한국판 뉴딜은 선도국가로 도약하는 '대한민국 대전환' 선언" 으로 "추격형 경제에서 선도형 경제로, 탄소의존 경제에서 저탄소 경제로, 불평등 사회에서 포용 사회로" 대한민국을 근본적으로 바꿔 "대한민국 새로운 100년을 설계"하고자 한다. 이러한 목표의 이행을 위해 디지털 뉴딜, 그린뉴딜, 안전망 강화 부문에서 2025년까지 총160조 원(국비 114.1조 원)이 투입되어 총 190.1만 개 일자리를 창출한다. 대한민국 정책브리핑. 한국판 뉴딜. 9월 30일. https://www.korea.kr/special/policyCurationView.do?newsId=148874860 (검색일: 2021. 1.23).

150) 국민일보, 文 "2050탄소중립위원회" 설치, 2020.

151) 신재생에너지 기본계획은 <신에너지 및 재생에너지 개발·이용·보급 촉진법> 제 5조에 의거하여 10년 이상의 기간으로 5년마다 수립하며 그 과정에서 민간 워킹그룹 운영, 관계부처 협의, 공청회 등의 의견 수렴 과정을 거친다.

152) 에너지신문, 2034년 신재생 비중 25.8%...주력 에너지원 도약, 2020.

153) 한국에너지기술연구원, 기후변화대응 기술개발 촉진법의 주요내용 및 시사점, 2021.

154) 기후위기 대응을 위한 탄소중립ㆍ녹색성장 기본법(법률 제18469호), 2021.

155) 윤순진, 2050 탄소중립 사회로의 전환: 의미와 과제, 2021.

156) 윤순진, 2050 탄소중립 사회로의 전환: 의미와 과제, 2021.

157) 관계부처 합동, 2030 국가 온실가스 감축목표(NDC) 상향안, 2021.

158) 관계부처 합동, 2030 국가 온실가스 감축목표(NDC) 상향안, 2021.

159) 청와대, 2021 P4G 서울 녹색미래 정상회의 서울선언문, 2021.
160) 동아일보, 파키스탄 대홍수, 국토 3분의 1 잠겨, 2022.
161) 경향신문, 기후위기가 국제분쟁 키운다, 2021.
162) Kelley et al., Climate Change in the Fertile Crescent and Implications of the Recent Syrian Drought, 2015.
163) 연합뉴스, 유럽 난민사태 뿌리는 기후변화…환경난민 시대 열렸다, 2015.
164) 중앙일보, 10대의 낙서 하나로 시작된 전쟁···시리아 내전 10년의 비극, 2021.
165) 더데일리포스트, 기후변화의 역습…시리아 난민을 발생시켰다고?, 2019.
166) Gleick, Water, Drought, Climate Change, and Conflict in Syria, 2014.
167) 이투데이, 기후 위기에 세계대전 걱정해야 할 이유, 2022.
168) 연합뉴스, 수단 관리들 다르푸르 종족 충돌로 45명 사망, 2022.
169) Mach et al.,Climate as a Risk Factor for Armed Conflict, 2019.
170) Selby, Dahi, Fröhlich, and Hulme, Climate Change and the Syrian Civil War Revisited, 2017.
171) Solomon et al., Environmental Impacts and Causes of Conflict in the Horn of Africa: A Review, 2018.
172) 경향신문, 수단정부, 다르푸르 반군과 평화협정, 2021.
173) Berchin et al.,Climate Change and Forced Migrations, 2017.
174) Thiery et al.,Intergenerational Inequities in Exposure to Climate Extremes, 2021.
175) 조천호, 가난하거나 어리거나…기후위기와 불평등은 얽혀 있다, 2022.
176) Ritchie, A New Year's Resolution on the US' Climate Hypocrisy, 2022.
177) Diffenbaugh and Burke, Global Warming has Increased Global Economic Inequality, 2019.
178) Hossain, Climate disasters drive Bangladesh children from classrooms to work, 2022.
179) Kalaidjian and Robinson, Reviewing the Nature and Pitfalls of Multilateral

Adaptation Finance for Small Island Developing States, 2022.

180) 경향신문, 기후위기가 국제분쟁 키운다, 2021.

181) 경향신문, 기후위기가 국제분쟁 키운다, 2021.

182) Callahan and Mankin, National Attribution of Historical Climate Damages, 2022; Tol, A Meta-analysis of the Total Economic Impact of Climate Change, 2022; Matthews, Quantifying historical carbon and climate debts among nations, 2016.

183) Burger, Wentz and Horton, 2020; Stuart-Smith et al., Filling the Evidentiary Gap in Climate Litigation, 2021.

184) OECD, Statement by the OECD Secretary-General on climate finance trends to 2020, 2022.

185) 경향신문, 기후위기가 국제분쟁 키운다, 2021.

186) 김성진, 유럽연합 탄소국경조정 도입 추진에 따른 쟁점 분석, 2021.

187) UNEP, Adaptation Gap Report 2020, 2021.

188) Thomson Reuters Foundation, African leaders aim to put climate finance top of COP27 agenda, 2022.

189) Patrick, The International Order isn't Ready for the Climate Crisis, 2021.

190) 주콜롬비아 대사관, Petro 대통령 취임사 요지, 2022.

191) 한국농정신문, 그들이 말하는 기후스마트농업, 실상은 기업스마트농업, 2021.

192) 연합뉴스, 온실가스 배출도 G2..미·중, 기후변화에 누구 잘못 더 클까, 2021.

193) 노동운, 고혜진, 미국과 중국의 기후변화정상회담 주요 내용과 시사점, 2015.

194) 노동운, 고혜진,미국과 중국의 기후변화정상회담 주요 내용과 시사점, 2015.

195) Rudd, Short of War, 2021.

196) 송선우, 미중 기후변화대응 협력 움직임, 2021.

197) 헤럴드경제, 미중 대화 복원 모색, 2022.

198) 송선우, 미중 기후변화대응 협력 움직임, 2021.

199) Myllyvirta, Why Xi's Coal Pledge Is a Big Deal, 2021.

200) 김성진, 유럽연합 탄소국경조정 도입 추진에 따른 쟁점 분석, 2021.

201) Luterbacher, Norrlof, and Vinuales, Environmental protection, differentiated responsibility, and world trade: making room for climate action, 2018.

202) Böhringer, Rosendahl, and Storrøsten, Robust Policies to Mitigate Carbon Leakage, 2017.

203) Devarajan, Go, Robinson, and Thierfelder, How Carbon Tariffs and Climate Clubs can Slow Global Warming, 2022.

204) Condon and Ignaciuk, Border Carbon Adjustment and International Trade, 2013.

205) Nordhaus, Climate Clubs: Overcoming Free-riding in International Climate Policy, 2015; Nordhaus, The Climate Club: How to Fix a Failing Global Effort, 2020.

206) Devarajan, Go, Robinson, and Thierfelder, How Carbon Tariffs and Climate Clubs can Slow Global Warming, 2022.

207) Mbengue and Cima, Clubbing in the Club: Could Climate-Related Trade Arrangements Set the Pace for Future Climate Cooperation?, 2022.

208) Chen and Zeckhauser, Collective Action in an Asymmetric World, 2018; Zefferman, Cultural Multilevel Selection Suggests Neither Large or Small Cooperative Agreements are Likely to Solve Climate Change without Changing the Game, 2018.

209) Szulecki, Øverland and Smith, The European Union's CBAM as a de facto Climate Club, 2022.

210) 김성진, 유럽연합 탄소국경조정 도입 추진에 따른 쟁점 분석, 2021, pp. 267-307.

211) 박혜리, 박지현, 탄소국경조정제도(CBAM)에 대한 중소기업 대응 방안 연구, 2021.

212) 박혜리, 박지현, 탄소국경조정제도(CBAM)에 대한 중소기업 대응 방안 연구, 2021.

213) KOTRA 해외시장뉴스, EU 탄소국경조정제도(CBAM) 주요내용 및 영향, 2021.

214) Overland and Huda, Climate Clubs and Carbon Border Adjustments, 2022.

215) Maat, Leading by Example, Ideas or Coercion?, 2022.

216) Ghanekar, Explained: why India is Protesting EU's 'Discriminatory, 2021; Global Times, EU carbon border tax will hurt trade, jeopardize efforts to fight climate change: Chinese ministry, 2021.

217) 김성진, 유럽연합 탄소국경조정 도입 추진에 따른 쟁점 분석, 2021, p. 300.

218) 박혜리, 박지현, 탄소국경조정제도(CBAM)에 대한 중소기업 대응 방안 연구, 2021, p. 30.

219) 김성진, 탄소국경조정의 현황과 미래영향에 관한 소고, 2021.

220) Lim et al., Pitfalls of the EU's Carbon Border Adjustment Mechanism, 2021; Venzke and Vidigal, Are Unilateral Trade Measures in the Climate Crisis the End of Differentiated Responsibilities?, 2022.

221) Kulovesi, Climate Change in EU External Relations: Please Follow My Example (or I Might Force You To), 2012, p. 115.

222) Luterbacher, Norrlof, and Vinuales, Environmental protection, differentiated responsibility, and world trade, 2018.

223) 전기신문, 탄소국경조정제도(CBAM), 전세계 산업 패러다임 바꾼다, 2021.

224) Ansah and Sorooshian, Green Economy: Private Sectors'Response to Climate Change, 2019; Amendolagine, Lema and Rabellotti, Green Foreign Direct Investments and the Deepening of Capabilities for Sustainable Innovation in Multinationals, 2021.

225) Paterson, Business, 2018.

226) Levi and Newell, The Business of global Environmental Governance, 2005.

227) Colgan, Green and Hale, sset Revaluation and the Existential Politics of Climate Change, 2021.

228) Paterson, Business, 2018.

229) Pinkse and Kolk, International Business and Global Climate Change, 2009.

230) Dahlmann, Branicki, and Brammer, Managing Carbon Aspirations, 2019.

231) Cadez, Czerny, and Letmathe, Stakeholder Pressures and Corporate Climate Change Mitigation Strategies, 2019.

232) Littlewood, Decelis, Hillenbrand, and Holt, Examining the Drivers and Outcomes of Corporate Commitment to Climate Change Action in European High Emitting Industry, 2018.

233) Kuo and Chang, Ambitious corporate climate action: Impacts of science-based target and internal carbon pricing on carbon management reputation-Evidence from Japan, 2021.

234) 안치용, 이유진, ESG 배려의 정치경제학, 2022.

235) Knoepfel, Who Cares Wins: Connecting Financial Markets to a Changing World, 2004.

236) 이종오, 2021.

237) Pattberg, How Climate Change Became a Business Risk, 2012; Friede, Busch and Bassen, ESG and Financial Performance: Aggregated Evidence from More than 2000 Empirical Studies, 2015; Gillan, Koch, and Starks, Firms and Social Responsibility, 2021.

238) 이종오, ESG로 대거 이동하고 있는 자본, 왜?, 2021.

239) 민세주, 애플이 ESG에 적극적인 이유, 2022.

240) 민세주, 애플이 ESG에 적극적인 이유, 2022.

241) https://www.there100.org/re100-members

242) 박혜윤, 탄소중립과 기업, 2021.

243) 박혜윤, 탄소중립과 기업, 2021.

244) Climate Group & CDP, Stepping up: RE100 gathers speed in challenging markets, 2022.

245) 연합인포맥스, 시사금융용어 네거티브 스크리닝, 2018.

246) 사회적가치연구원, ESG Handbook, 2021, pp. 66-67.

247) Ayling and Gunningham, Non-state Governance and Climate Policy, 2017; Healy and Debski, Fossil Fuel Divestment, 2017.

248) Influence Map, Thermal Coal in Asia, 2019.

249) 연합뉴스, 해외 석탄발전에 공적금융 지원 없다…탈석탄 기조 강화, 2021.

250) Yu, Van Luu, and Chen, 2020; In, and Schumacher, Carbonwashing: A New Type of Carbon Data-Related ESG

Greenwashing, 2021.

251) InfluenceMap, Corporate Climate Policy Footprint, 2022.

252) Kolbert, Climate Change from A to Z, 2022.

253) Skodvin, Nonstate Actors in International Policy Making, 2018.

254) Hoffann, Climate Governance at the Crossroads, 2011.

255) Bäckstrand, Kuyper, Linnér and Lövbrand, Non-state Actors in Global Climate Governance: From Copenhagen to Paris and Beyond. 2017; Hermwille, Making initiatives resonate, 2018.

256) Lövbrand, Hjerpe, and Linnér, Making Climate Governance Global: How UN Climate Summitry Comes to Matter in a Complex Climate Regime, 2017.

257) Skodvin, Nonstate Actors in International Policy Making, 2018, p. 217.

258) Jordan et al., Cultivating Youth's Capacity to Address Climate Change in Uganda, 2015.

259) UNFCCC, Paris Agreement, 2015.

260) Betsill et al.,Building Productive Links between the UNFCCC and the Broader Climate Governance Landscape, 2015; Chan, Brandi, and Bauer, Aligning Transnational Climate Action with International Climate Governance, 2016; Green, Rethinking Private Authority, 2014.

261) Murdie and Urpelainen, Why Pick on Us? Environmental INGOs and State Shaming as a Strategic Substitute, 2015.

262) Skodvin, Nonstate Actors in International Policy Making: The Kyoto Protocol and Beyond, 2018.

263) Bäckstrand, Kuyper, Linnér and Lövbrand, Non-state Actors in Global Climate Governance, 2017.

264) Hoffmann, Climate Governance at the Crossroads, 2011.

265) Bäckstrand, Kuyper, Linnér and Lövbrand, Non-state Actors in Global Climate Governance, 2017.

266) BBC News, Who Is Greta Thunberg, the Teenage Climate Change Activist?, 2020.

267) Han and Ahn, Youth Mobilization to Stop Global Climate Change, 2020, p. 6.

268) UN. Climate Action: Youth Summit.

269) Friday for Future, Actions on Climate Emergency. Legitimation within FFF, n. a.

270) Graham and Gill, Youth street protesters turn sights on climate 'villains', 2022.

271) Graham and Gill, Youth street protesters turn sights on climate 'villains', 2022.

272) Thunberg, Speech to the French National Assembly, 2019.

273) Sutter and Davidson,Tell Climate Negotiators They Aren't Mature Enough, 2018; Thunberg, Speech to the UN Climate Action Summit, 2019; Thunberg, A Speech to the World Economic Forum, 2020.

274) UN News, At UN, Youth Activists Press for Bold Action on Climate Emergency, 2019.

275) Laframboise, We Will Not Be Bystanders: Greta Thunberg Tells Hundreds of Thousands at Montreal Climate March, 2019.

276) Bosi and Uba, Introduction: The Outcomes of Social Movements, 2009; Giugni, Bosi and Uba, Outcomes of Social Movements and Protest Activities, 2013.

277) Munawar, Social Media Reactions, 2019.

278) The Guardian, Climate Strike Named 2019 Word of the Year by Collins Dictionary, 2019.

279) Education International, Teachers Support Students in Their Fight against Climate Change, 2019.

280) Alter, Haynes, and Worland, Person of the Year: Greta Thunberg, 2019.

281) Milman, Greta Thunberg Condemns World Leaders in Emotional Speech at UN, 2019.

282) Declaration on Children, 2019.

283) Twenge, Campbell, and Freeman, Generational Differences in Young Adults'Life Goals, Concern for Others, and Civic Orientation, 1966–2009, 2012.

284) American Academy of Pediatrician, Climate Change and Children's Health, n.a.; Majeed and Lee, The Impact of Climate Change on Youth Depression and Mental Health, 2017.

285) Sanson, Van Hoorn, and Burke, Responding to the Impacts of the

Climate Crisis on Children and Youth, 2019; Ensor,Youth, Climate Change, and Peace in South Sudan, 2013.

286) Johnson et al., Cultivating Youth's Capacity to Address Climate Change in Uganda, 2013; Thomas, Cretney, and Hayward, 2019.

287) Dolsak and Prakash, Climate Strikes: What They Accomplish and How They Could Have More Impact, 2019.

288) Thew, Middlemiss and Paavola, Does Youth Participation Increase the Democratic Legitimacy of UNFCCC-orchestrated Global Climate Change Governance?, 2021.

289) Haugestad, Skauge, Kunst and Power, Why do Youth Participate in Climate Activism?, 2021.

290) 중앙일보, 독일 기후변화법 위헌결정과 한국 청소년 기후소송의 의미, 2021.

291) Berny, Nathalie and Rootes, Environmental NGOs at a crossroads?, Environmental Politics, 2018.

292) Kagan and Dodge, The Third Sector and Climate Change, 2022.

293) Allan, and Hadden, Exploring the Framing Power of NGOs in Global Climate Politics, 2017.

294) Carter and Childs, Friends of the Earth as a Policy Entrepreneur, 2018.

295) Aviram, Cohen, and Beeri, Wind(ow) of Change, 2020; Najam, Citizen Organizations as Policy Entrepreneurs, 2013.

296) Hrabanski, Bidaud, Le Coq, and Méral, Environmental NGOs, Policy Entrepreneurs of Market-based Instruments for Ecosystem Services?, 2013.

297) Aryal et al., Major Climate Risks and Adaptation Strategies of Smallholder Farmers in Coastal Bangladesh, 2020; Castellano, Dolšak, and Prakash,Willingness to Help Climate Migrants, 2021.

298) Allan and Hadden, Exploring the Framing Power of NGOs in Global Climate Politics, 2017.

299) Pattberg, Kaiser, Widerberg and Stripple, 20 Years of Global Climate Change Governance Research, 2022.

300) https://350.org/10-years/

301) NBCNews, Biden Reversed Trump on the Keystone XL Pipeline, 2021.

302) 이투데이, 미국-캐나다 키스톤 송유관 프로젝트 완전 중단, 2021.

303) https://www.cdp.net/en/info/about-us

304) 매경헬스, 필립모리스, CDP 평가서 2년 연속 트리플 A 획득, 2022.

305) 김평, 한명성, 기업은 왜 자발적으로 환경정보를 공개하는가, 2021.

306) https://climateactiontracker.org/about/

307) https://climateactiontracker.org/countries/south-korea/

308) Bäckstrand, Kuyper, Linnér and Lövbrand, Non-state Actors in Global Climate Governance: From Copenhagen to Paris and Beyond, 2017.

309) Schmidt, Democracy and Legitimacy in the European Union Revisited: Input, Output and 'Throughput', 2013.

310) Berny and Rootes, Environmental NGOs at a Crossroads?, 2018.

311) Doherty and Doyle, Friends of the Earth International, 2018; de Moor, The 'Efficacy Dilemma'of Transnational Climate Activism, 2018; Pickerill, Black and Green: The Future of Indigenous–Environmentalist Relations in Australia, 2018.

312) Berny and Rootes, Environmental NGOs at a Crossroads?, 2018, p. 962,

313) Pattberg, Kaiser, Widerberg, and Stripple, 20 Years of Global Climate Change Governance Research, 2022.

314) Pattberg, Kaiser, Widerberg, and Stripple, 20 Years of Global Climate Change Governance Research, 2022.

315) Chan and Amling, Does orchestration in the global climate action agenda effectively prioritize and mobilize transnational climate adaptation action? 2019; Pattberg and Widerberg, Global sustainability governance: Fragmented, orchestrated or polycentric?, 2020.

316) Okereke, Equity and justice in polycentric climate governance, 2018.

317) Tollefson, Top climate scientists are sceptical that nations will rein in global warming, 2021.

318) United Nations Environment Programme, Emissions Gap Report 2021, 2021.

319) Ou et al., Can Updated Climate Pledges Limit Warming Well Below 2° C?, 2021.

320) UN Environment, Climate Initiatives Platform, 2022.

321) Sabel and Victor, Fixing the Climate: Strategies for an Uncertain World, 2022.

322) NASA Earth Observatory, World of Change: Global Temperatures, n. a..

323) Polanyi,The Great Transformation, 2001.

324) Hajer and Versteeg, Imagining the Post-fossil City, 2019; Oomen, Hoffman and Hajer, Techniques of Futuring, 2021; Pelzer and Versteeg, Imagination for Change, 2019.

참고문헌

경향신문, 2010년 2월 21일. '수단정부, 다르푸르 반군과 평화협정,' 검색일: 2022년 7월 3일.

경향신문, 2020년 12월 18일. '바이든, 첫 원주민 내무장관 내정…245년 관행 깬 파격 인사,' 검색일: 2021년 1월 19일.

경향신문, 2021년 9월 22일. '바이든·시진핑 유엔총회서 상호 견제…코로나·기후변화 대응에는 경쟁적 약속,' 검색일: 2022년 2월 11일.

경향신문, 2021년 11월 28일. '기후위기가 국제분쟁 키운다,' 검색일: 2022년 7월 13일.

관계부처 합동, 2021. "2030 국가 온실가스 감축목표(NDC) 상향안." 검색일: 2022년 2월 27일. https://www.opm.go.kr/flexer/view.do?ftype=hwp&attachNo=110540

관계부처 합동, 2021. "제3차 국제개발협력 종합기본계획(2021~2025)." 1월 20일 발표.

관계부처 합동 보도자료. "제26차 유엔기후변화협약 당사국총회(COP26) 폐막." 2021년 11월 13일 발표.

국민일보, 2020년 11월 27일. '文 "2050탄소중립위원회 설치…탄소중립, 우리는 할 수 있다"' 검색일: 2021년 1월 13일. http://news.kmib.co.kr/article/view.asp?arcid=0015262760&code=61111211

기상청, 2020. "기후변화과학 용어 설명집." 검색일: 2021년 3월 18일.

기후위기 대응을 위한 탄소중립·녹색성장 기본법(법률 제18469호). 2021. 검색일: 2022년 3월 10일. https://www.law.go.kr/LSW/lsInfoP.do?lsiSeq=235581#0000

김성진, 2021. "탄소국경조정의 현황과 미래영향에 관한 소고." 국회미래연구원 미래칼럼. 1월 28일. 검색일: 2021년 1월 30일.

김성진, 2021. "유럽연합 탄소국경조정 도입 추진에 따른 쟁점 분석." 환경정치연구회 엮음. 『탄소중립과 그린뉴딜: 정치와 정책』. 한울 아카데미, pp.267-307.
김영철, 2020. "코로나19 시대, 인수공통감염병 종간 전파 현황 및 대응." 한국과학기술정보연구원. 검색일: 2021년 1월 20일.
김지성, 남욱혁, 임현수. 2016. "인류세(Anthropocene)의 시점과 의미." 『지질학회지』 52(2), 163-171.
김평, 한명성. 2021. "기업은 왜 자발적으로 환경정보를 공개하는가: 탄소정보공개프로젝트(CDP) 참여의 영향요인 분석." 한국행정학회 하계 학술발표논문집. 6월 30일.
김호홍, 김경숙. 2021. "영국 COP26 회의 결산: 더 나은 녹색 미래를 위한 첫걸음." 국가안보전략연구원 이슈브리프 314호. 11월 19일.
내일신문, 2021년 10월 1일.'중 "해외 석탄발전 중단" 게임체인저 될까,' 검색일: 2021년 10월 2일.
노동운, 고혜진. 2015. "미국과 중국의 기후변화정상회담 주요 내용과 시사점." 세계 에너지 시장 인사이트. 제15-38호. 검색일: 2022년 1월 30일.
대외경제정책연구원(KIEP), 2020. "그린뉴딜 관련 국제사회의 대응과 시사점." 오늘의세계경제. Vol. 22. No. 22.
대외경제정책연구원, 중국전문가포럼. 2020. "中 시진핑 주석, G20 정상회담서 '탄소중립' 실현 강조."12월 3일. 검색일: 2021년 1월 28일. https://csf.kiep.go.kr/issueInfoView.es?article_id=40391&mid=a20200000000&board_id=2.
대외경제정책연구원, 2021."국제사회의 탄소중립 정책 방향과 시사점." 오늘의세계경제. Vol 1. No. 1.
대한민국 정책브리핑, 2021. "한국판 뉴딜." 9월 30일. 검색일: 2021년 1월 23일. https://www.korea.kr/special/policyCurationView.do?newsId=148874860.
더데일리포스트, 2019년 3월 31일. '기후변화의 역습…시리아 난민을 발생시켰다고? 빈곤층 위협 고조,'검색일: 2022년 8월 30일. https://www.thedailypost.kr/news/articleView.html?idxno=70067
데일리이코노미, 2020년 11월 4일. '국산차 정신차려야...중국 친환경차 올인 로드맵 나왔다,'검색일: 2021년 1월 20일. https://www.enewstoday.kr/news/newsview.php?ncode=1065569681645927
동아사이언스, 2020년 6월 5일. '인간의 토지 사용 변화가 코로나 확산 불렀다,' 검색일: 2021년 1월 20일. https://dongascience.com/news.php?idx=37172
동아일보, 2022년 8월 31일. '파키스탄 대홍수, 국토 3분의 1 잠겨… "구조헬기 내릴 땅도 없다",'검색일: 2022년 9월 5일. https://www.donga.com/news/article/all/20220830/115224745/1
매경헬스, 2022년 6월 7일. '필립모리스, CDP 평가서 2년 연속 트리플 A 획득,'검색일: 2022년 10월 1일. https://www.mkhealth.co.kr/news/articleView.html?idxno=58124.
머니투데이, 2022년 2월 3일. '돈이 안되는 친환경은 쓸모없다...英·獨 탄소중립 전문가의 조언,'검색일: 2022년 2월 14일. https://news.mt.co.kr/mtview.php?no=2022012814423186604
민세주, 2022. "애플이 ESG에 적극적인 이유." 포스코경영연구원 이슈리포트. 7, p.7.
박혜리, 박지현. 2021. "탄소국경조정제도(CBAM)에 대한 중소기업 대응 방안 연구." 대외경제정책연구원. 연구자료 21-06. pp.28-29.
박혜윤, 2021. "탄소중립과 기업," 환경정치연구회 엮음. 『탄소중립과 그린뉴딜: 정치와 정책』한울 아카데미, 213-237.
브뤼노 라투르 지음, 박범순 옮김. 2021. 『지구와 충돌하지 않고 착륙하는 방법: 신기후체제의 정치』. 이음.
사회적가치연구원, 2021. 『ESG Handbook』
산림청, 2021. "2030년까지 산림손실방지 합의 및 국가간 연대강화."보도자료. 11월 17일.
산업통상자원부, 2019. "제3차 에너지기본계획 최종 확정."6월 4일자 보도자료. https://www.motie.go.kr/motie/ne/presse/press2/bbs/bbsView.do?bbs_seq_n=161753&bbs_cd_n=81
송선우, 2021. "미중 기후변화대응 협력 움직임... '청정에너지 전쟁' 막 내릴까."임팩트온. 11월 25일. 검색일: 2022년 9월 14일. http://www.impacton.net/news/articleView.html?idxno=2910.
신범식, 2022. "기후변화의 도전과 그 대응에 관한 주요 논점." 신범식, 김대현, 박정재, 주병기. 『기후변화와 사회변동』. ㈜사회평론아카데미, pp.14-27.
신상범, 2022. 『지구환경정치: 형성, 변화, 도전』. 명인문화사.
아주경제, 2020년 9월 4일. '習 탄소배출 제로 선언…中신에너지 산업

발전 속도 2배로,'검색일: 2021년 1월 20일. https://www.ajunews.com/view/20200924101457692
안치용, 이유진. (2022). 『ESG 배려의 정치경제학』. 마인드큐브.
에너지경제연구원. 2021. "중국 탄소배출권 거래시장, 발전부문부터 정식 출범."검색일: 2021년 1월 30일.
에너지데일리, 2020년 4월 27일. '현실로 다가오는 "탄소국경세,"'검색일: 2021년 1월 30일. https://www.energydaily.co.kr/news/articleView.html?idxno=107918
에너지신문. 2020년 12월 29일. '2034년 신재생 비중 25.8%...주력 에너지원 도약,'검색일: 2021년 1월 18일. https://energy-news.co.kr/news/articleView.html?idxno=74637
여인규. 2020. "에너지·건축 '녹색 패러다임' 그린뉴딜로 새판 짠다." KHARN. 8월 9일. 검색일: 2022년 1월 8일. http://www.kharn.kr/news/article.html?no=13401
연합뉴스, 2015년 9월 21일. '유럽 난민사태 뿌리는 기후변화…환경난민 시대 열렸다,'검색일: 2022년 9월 10일. https://www.yna.co.kr/view/AKR20150918039300009
연합뉴스, 2016년 2월 12일. '시리아 난민' 이웃국가 분포 현황,' 검색일: 2022년 3월 2일. https://n.news.naver.com/mnews/article/001/0008182900
연합뉴스, 2021년 1월 8일. '중국 첫 국가 주도 탄소배출권 거래시장 운영돌입,'검색일: 2022년 2월 23일. https://www.yna.co.kr/view/AKR20210108062000083?input=1195m
연합뉴스, 2021년 10월 29일. '온실가스 배출도 G2..미·중, 기후변화에 누구 잘못 더 클까,'검색일: 2022년 9월 13일. https://www.yna.co.kr/view/AKR20211029138400009
연합뉴스, 2021년 4월 22일. '해외 석탄발전에 공적금융 지원 없다…탈석탄 기조 강화,'검색일: 2022년 9월 26일. https://www.yna.co.kr/view/AKR20210422159000003.
연합뉴스, 2022년 2월 13일. '기후위기 대응한다더니…가스에서 석탄으로 돌아간 유럽,' 검색일: 2022년 2월 14일. https://www.yna.co.kr/view/AKR20220211081300501?input=1195m
연합뉴스, 2022년 4월 1일. '수단 관리들 다르푸르 종족 충돌로 45명

사망,' 검색일: 2022년 9월 17일. https://www.yna.co.kr/view/AKR20220401152400099

연합인포맥스, 2018년 4월 10일. '시사금융용어 네거티브 스크리닝,' 검색일: 2022년 9월 1일. https://news.einfomax.co.kr/news/articleView.html?idxno=3443009.

오경택. 2010. "한국의 기후변화 외교." 『21세기정치학회보』20(1), 197-214.

오경택. 2021. "캘리포니아의 기후변화 정책과 정치: 환경과 경제의 통합." 『동서연구』33(2), 63-93.

오마이뉴스, 2022년 7월 1일. '미 대법원, 이번엔 "온실가스 배출량 규제 권한 없다"' 검색일: 2022년 7월 6일.

위키피디아 n. a. 검색일: 2022년 4월 1일. https://en.wikipedia.org/wiki/World_economy#/media/File:World_GDP_per_capita_1500_to_2003.svg.

윤순진. 2021. "2050 탄소중립 사회로의 전환: 의미와 과제." 『환경논총』 68, 48-75.

윤순진. 2021. 한국의 2050 탄소중립 시나리오: 내용과 과제.

이성규. 2019. "기후변화를 최초로 예언한 과학자." The Science Times. 2월 27일. 검색일: 2022년 1월 4일. https://www.sciencetimes.co.kr/news/%EA%B8%B0%ED%9B%84%EB%B3%80%ED%99%94%EB%A5%BC-%EC%B5%9C%EC%B4%88%EB%A1%9C-%EC%98%88%EC%96%B8%ED%95%9C-%EA%B3%BC%ED%95%99%EC%9E%90/

이유진 역. 2017. 『글로벌 환경정치와 정책』. 명인문화사

이재영. 2022. "중국의 탄소중립 정치와 미중 기후변화 협력." 환경정치연구회 엮음. 『탄소중립과 그린뉴딜』. 한울아카데미, 507-539.

이종오. 2021. "ESG로 대거 이동하고 있는 자본, 왜?" 오마이뉴스, 11월 10일. 검색일: 2022년 9월 20일. http://www.ohmynews.com/NWS_Web/View/at_pg.aspx?CNTN_CD=A0002786244.

이투데이, 2022년 8월 29일. '기후 위기에 세계대전 걱정해야 할 이유,' 검색일: 2022년 9월 10일. https://www.etoday.co.kr/news/view/2167546

이투데이, 2021년 6월 10일. '미국-캐나다 키스톤 송유관 프로젝트 완전

중단,' 검색일: 2022년 9월 1일. https://www.etoday.co.kr/news/view/2034575
임팩트온, 2020년 9월 29일. 'EU, "2023년까지 탄소국경세 도입한다"... 국내기업 이중부담 우려,' 검색일: 2021년 1월 20일. http://www.impacton.net/news/articleView.html?idxno=569
임팩트온, 2021년 11월 25일. '미중 기후변화대응 협력 움직임... 청정에너지 전쟁 막 내릴까,' 검색일: 2022년 9월 1일.
장영욱, 오태현. 2021. "EU 탄소감축 입법안('Fit for 55')의 주요 내용과 시사점." KIEP 세계경제포커스. Vol. 4. No. 44.
전기신문, 2021년 7월 28일. '탄소국경조정제도(CBAM), 전세계 산업 패러다임 바꾼다,' 검색일: 2022년 9월 12일. https://www.electimes.com/news/articleView.html?idxno=220867
정명규. 2020. "EU의 신성장 전략, '유럽 그린딜'" <나라경제 세계는 지금> 10월호. 검색일: 2022년 1월 14일. https://eiec.kdi.re.kr/publish/naraView.do?fcode=00002000040000100010&cidx=13050&sel_year=2020&sel_month=10&pp=20&pg=1
정서용. 2018. "파리 기후변화 협정 상 국제시장메커니즘에 대한 검토." 『서울국제법연구』25(2), 121-140.
정진영. 2019. "서론: 기후변화와 인류의 미래." 정진영 편. 『기후변화의 과학과 정치』. 서울: 경희대학교 출판문화원, 11-27.
정하윤. 2015. "미국 주 차원의 기후변화정책 실험-규범 기업가의 기후변화 프레이밍을 통한 확산과정을 중심으로." 『담론 201』18(3), 137-168.
정하윤. 2018. "미국 기후변화 정책과 거버넌스." 김연규 엮음. 『글로벌 기후변화 거버넌스와 한국의 전략』. 한울 아카데미, 41-74.
조선일보, 2021년 7월 14일. '기후대응 역행?… 美 바이든 정부, 올 상반기만 석유시추 2100건 승인,' 검색일: 2022년 2월 17일.https://futurechosun.com/archives/57429
조선일보, 2021년 11월 14일. 'COP26, 글래스고 기후조약 채택…석탄 사용 종식 합의는 실패,' 검색일: 2022년 2월 27일. https://biz.chosun.com/international/international_general/2021/11/14/XEDUPIJNLBGVNHJARFI4GMXAY4/
조천호. 2019. 『파란하늘, 빨간지구: 기후변화와 인류세, 지구시스템에 관한 통합적 논의』. 서울: 도서출판 동아시아

조천호, 2022. “가난하거나 어리거나…기후위기와 불평등은 얽혀 있다.” 한겨레. 2월 20일. 검색일: 2022년 8월 30일. https://www.hani.co.kr/arti/society/environment/1031762.html

주간경향, 2020년 10월 26일. ‘중국 “탄소 제로” 실현 가능할까,’검색일: 2021년 1월 20일. https://weekly.khan.co.kr/khnm.html?mode=view&artid=202010161549051#csidxb471ff085cd42e380e65dac67d56378

주벨기에 유럽연합 대한민국 대사관 환경정책, 2020. “EU집행위, 유럽기후법(European Climate Law) 제안(3.4).” 3월 9일. 검색일: 2021년 1월 22일. https://overseas.mofa.go.kr/be-ko/brd/m_7565/view.do?seq=1300293

주콜롬비아 대사관, 2022. “Petro 대통령 취임사 요지.” 8월 10일. 검색일: 2022년 8월 30일. https://overseas.mofa.go.kr/co-ko/brd/m_6661/view.do?seq=1345635.

중앙일보, 2021년 3월 1일. ‘10대의 낙서 하나로 시작된 전쟁···시리아 내전 10년의 비극,’검색일: 2022년 9월 1일. https://www.joongang.co.kr/article/24002125.

중앙일보, 2021년 4월 22일. ‘“기후재앙 마지노선” 0.3℃ 남았다…40개국 정상들의 선택은,’검색일: 2022년 2월 20일. https://www.joongang.co.kr/article/24041530

중앙일보, 2021년 9월 16일. ‘독일 기후변화법 위헌결정과 한국 청소년 기후소송의 의미,’검색일: 2022년 9월 1일. https://www.joongang.co.kr/article/25007820

청와대, 2021. “2021 P4G 서울 녹색미래 정상회의 서울선언문.”대한민국 정책브리핑. 6월 1일. 검색일: 2022년 2월 28일. https://www.korea.kr/news/policyNewsView.do?newsId=148888142

최인호, 2021. “파리기후변화협약체제와 온실가스 감축목표의 이행.” 『서울법학』29(1), pp.267-314.

최현정, 2021. “바이든 시대, 미국의 기후변화 정책과 쟁점.” 아산연구원 이슈브리프. 5월 11일. 검색일: 2022년 1월 30일.

KDB 이슈브리프, 2021. “국제탄소시장 지침 타결과 시사점.” 12월 20일.

KDI, 경제정보센터 경제정책 시계열 서비스.

KOTRA, 2021. “중국 탄소중립 목표 제시: 탄소시장 전망과 특징.”4월 29

일. 검색일: 2021년 9월 3일. https://news.kotra.or.kr/user/globalBbs/kotranews/782/globalBbsDataView.do?setIdx=243&dataIdx=188085

KOTRA, 2021. "美 탄소국경세 도입 추진 동향." 해외시장뉴스. 7월 26일. 검색일: 2022년 2월 10일. https://news.kotra.or.kr/user/globalBbs/kotranews/5/globalBbsDataView.do?setIdx=244&dataIdx=189959

KOTRA, 2021. "EU 탄소국경조정제도(CBAM) 주요내용 및 영향." Carbon Market Report. 21-027. 검색일: 2022년 9월 3일.

KOTRA, 2021. "2021년 미국 석유 및 정유 산업 정보." 12월 30일. 검색일: 2022년 2월 10일. https://dream.kotra.or.kr/kotranews/cms/news/actionKotraBoardDetail.do?SITE_NO=3&MENU_ID=200&CONTENTS_NO=1&bbsSn=403&pNttSn=192819

한겨레, 2016년 11월 6일. '한국 세계 기후변화 4대 악당국가로 등극,' 검색일: 2022년 8월 3일. http://www.hani.co.kr/arti/society/environment/768994.html#csidx3dcdd3c8858729c9c554f0bc04f89e9

한겨레, 2021년 11월 14일. '"석탄, 퇴출 아닌 감축" COP26 폐막…의장은 사과하고, 기후단체는 장례식,' 검색일: 2022년 2월 23일. https://www.hani.co.kr/arti/society/environment/1019183.html

한겨레, 2022년 7월 26일. '푸틴의 전쟁 덕분에 "온실가스 감축"?', 검색일: 2022년 9월 1일. https://news.v.daum.net/v/20220726094309435.

한국농정신문, 2021년 11월 14일. '그들이 말하는 기후스마트농업, 실상은 기업스마트농업,' 검색일: 2022년 2월 26일. http://www.ikpnews.net/news/articleView.html?idxno=45844 (검색일: 2022.2.26.).

한국무역신문, 2021년 1월 26일. '다보스가 뽑은 2021 세계 경제 리스크는?' 검색일: 2021년 9월 1일. https://www.weeklytrade.co.kr/news/view.html?section=1&category=136&item=&no=71105

한국에너지기술연구원, 2021. "기후변화대응 기술개발 촉진법의 주요내용 및 시사점." 기술정책 Focus. Vol. 10. No. 2.

한스경제, 2022년 1월 12일. '美 해양대기청 "2021년 미국 기후재난으로 688명 사망, 1450억달러 피해,' 검색일: 2022년 2월 10일. http://www.sporbiz.co.kr/news/articleView.html?idxno=607568

한희진, 2020. "세계 주요 지역 탈(脫)석탄 전환의 동향." KEI 해외환경정책동향. 2020-02호.

환경부, 2016. "교토의정서 이후 신 기후체제 파리협정 길라잡이." 5월 발간.

환경부, 2020. "한국 기후변화 평가보고서 2020: 기후변화 영향 및 적응."

환경부, 2020. 보도설명. 12. 15. 검색일: 2022년 3월 17일. http://me.go.kr/home/web/board/read.do?pagerOffset=0&maxPageItems=10&maxIndexPages=10&searchKey=title&searchValue=%ED%83%84%EC%86%8C&menuId=286&orgCd=&boardId=1418350&boardMasterId=1&boardCategoryId=&decorator=

환경부 보도자료, 2022. 2020년 온실가스 배출량 전년 대비 6.4% 감소, 6억 5,622만 톤. 10월 25일. 검색일: 2022년 11월 10일. https://www.korea.kr/news/pressReleaseView.do?newsId=156532460

헤럴드경제, 2021년 6월 1일. '"문제는 탄소국경세"...P4G에서 재확인된 국제사회 쟁점,'검색일: 2021년 9월 2일. http://news.heraldcorp.com/military/view.php?ud=20210601000292

헤럴드경제, 2022년 10월 26일. '미중 대화 복원 모색…케리 中 기후특사와 메시지 교환,' 검색일: 2022년 11월 3일. http://news.heraldcorp.com/view.php?ud=20221026000080

Allan, Jen Iris & Jennifer Hadden. 2017. "Exploring the Framing Power of NGOs in Global Climate Politics." Environmental Politics 26(4), pp.600-620.

Alter, C., Haynes, S., Worland, J. 2019. "Person of the Year: Greta Thunberg." Time Magazine. 194, 27–28. 검색일: 2021년 1월 20일. https://time.com/person-of-the-year-2019-greta-thunberg/

American Academy of Pediatrician. 2021. "Climate Change and Children's Health."검색일: 2021년 11월 30일. https://www.aap.org/en-us/advocacy-and-policy/aap-health-initiatives/climate-change/Pages/Climate-Change-and-Childrens-Health.aspx

Amendolagine, V., Lema, R., & Rabellotti, R. 2021. "Green Foreign Direct Investments and the Deepening of Capabilities for Sustainable Innovation in Multinationals: Insights from Renewable Energy."Journal of Cleaner Production, 310, 127381.

Ansah, R. H., & Sorooshian, S. 2019. "Green Economy: Private Sectors'Response to Climate Change." Environmental Quality Management 28(3), pp.63-69.

Aryal, J. P., Sapkota, T. B., Rahut, D. B., Krupnik, T. J., Shahrin, S., Jat, M. L., & Stirling, C. M. 2020. "Major Climate Risks and Adaptation Strategies of Smallholder Farmers in Coastal Bangladesh."Environmental Management 66(1), pp.105–120.

Aviram, Frisch, Cohen, N., & Beeri, I. 2020. "Wind(ow) of Change: A Systematic Review of Policy Entrepreneurship Characteristics and Strategies." Policy Studies Journal 48(3), pp.612-644.

Ayling, J., & Gunningham, N. 2017. "Non-state Governance and Climate Policy: The Fossil Fuel Divestment Movement."Climate Policy 17(2), pp.131-149.

Bäckstrand, Karin, Jonathan W. Kuyper, Björn-Ola Linnér and Eva Lövbrand. 2017. "Non-state Actors in Global Climate Governance: From Copenhagen to Paris and Beyond."Environmental Politics 26(4), pp.561-579.

Bang, Guri, Arild Urderdal and Steiner Andresen eds. 2015. The Domestic Politics of Global Climate Change: Key Actors in International Climate Cooperation. Cheltenham: Edwards Elgar.

Bang, Guri, Jon Hovi and Tora Skodvin. 2016. "The Paris Agreement: Short-term and Long-term Effectiveness."Politics and Governance 4(3), pp.209-218.

Bang, Guri. and Miranda Schreurs. 2017. "The United States: The Challenge of Global Climate Leadership in a Politically Divided State."In The European Union in International Climate Change Politics: Still Taking a Lead?, Rudiger K. W. Wurzel, James Connelly and Duncan Liefferink. eds. Routledge, pp.239-254.

Banks, Martin. 2020. "EU 'putting its money where its mouth is'with Green Deal financing." Parliament Magazine, 20 January.

Barrett, Scott and Robert Stavins. 2003. "Increasing Participation and Compliance in Internalization Climate Change Agreements."International Environment Agreements 3(4), pp.349-376.

BBC News. 2020년 1월 28일. "Who Is Greta Thunberg, the Teenage Climate Change Activist?" 검색일: 2021년 3월 15일. https://www.bbc.com/news/world-europe-49918719

Berchin, I. I., Valduga, I. B., Garcia, J., & de Andrade, J. B. S. O. 2017. "Climate Change and Forced Migrations: An Effort Towards Recognizing Climate Refugees."Geoforum 84, pp.147-150.

Bernauer, Thomas, Anna Kalbhenn, Vally Koubi, and Gabriele Spilker. 2010. "A Comparison of International and Domestic Sources of Global Governance Dynamics."British Journal of Political Science 40(3), pp.509-538.

Berny, Nathalie and Christopher Rootes. 2018. "Environmental NGOs at a Crossroads?" Environmental Politics 27(6), pp.947-972.

Betsill, M., et al., 2015. "Building Productive Links between the UNFCCC and the Broader Climate Governance Landscape."Global Environmental Politics 15(2), pp.1-10.

Bodansky, Daniel and Lavanya Rajamani. 2018. The Evolution and Governance Architecture of the United Nations Climate Change Regime. In Global Climate Policy: Actors, Concepts, and Enduring Challenges, Urs Luterbacher and Detlef F. Sprinz eds. The MIT Press, pp.13-65.

Bosi, L. and Uba, K. 2009. "Introduction: The Outcomes of Social Movements."Mobilization 14, pp.409–415.

Böhringer, C., Rosendahl, K. E., & Storrøsten, H. B. 2017. "Robust Policies to Mitigate Carbon Leakage."Journal of Public Economics 149, pp.35-46.

Bueno de Mesquita, Bruce. 2009. The Predictioneer's Game: Using the Logic of Brazen Self-interest to See and Shape the Future. New York: Random House.

Burger M, Wentz J, Horton R. 2020. "The Law and Science of Climate Change Attribution. Colum. J. Envtl. L 45, p.57.

Cadez, S., Czerny, A., & Letmathe, P. 2019. "Stakeholder Pressures and Corporate Climate Change Mitigation Strategies."Business Strategy and the Environment 28(1), pp.1-14.

Callahan, C. W., & Mankin, J. S. 2022. "National Attribution of Historical Climate Damages."Climatic Change 172(3), pp.1-19.

CarbonBrief. 2018. "Q&A: How do climate models work?" January 15. 검색일: 2022년 3월 2일. https://www.carbonbrief.org/qa-how-do-climate-models-work

Carter, N., & Childs, M. 2018. "Friends of the Earth as a Policy Entrepreneur: "The Big Ask" Campaign for a UK Climate Change Act. Environmental Politics 27(6), pp.994–1013.

Castellano, R., Dolšak, N., & Prakash, A. 2021. "Willingness to Help Climate Migrants: A Survey Experiment in the Korail Slum of Dhaka, Bangladesh."PLOS ONE 16(4), e0249315.

Chan, S., & Amling, W. 2019. Does orchestration in the global climate action agenda effectively prioritize and mobilize transnational climate adaptation action? International Environmental Agreements: Politics, Law and Economics, 19, pp.429–446.

Chan, S., Brandi, C., and Bauer, S., 2016. "Aligning Transnational Climate Action with International Climate Governance: the Road from Paris."Review of European, Comparative & International Environmental Law 25(2), pp.238–247.

Chen, C., and Zeckhauser, R. 2018. "Collective Action in an Asymmetric World."Journal of Public Economics 158, pp.103-112.

Chen, G.C., Lees, C. 2022. "Greening the Chinese Leviathan: China's Renewable Energy Governance as a Source of Soft Power. Journal of International Relations and Development 25, pp.79–106.

Clean Energy Wire. 2021년 4월 23일. "What's new in Germany's Renewable Energy Act 2021", 검색일: 2022년 2월 5일. https://www.cleanenergywire.org/factsheets/whats-new-germanys-renewable-energy-act-2021

Climate Change Performance Index 2021. 검색일: 2021년 1월 20일. https://ccpi.org/countries/

Climate Group & CDP. 2022. "Stepping up: RE100 gathers speed in challenging markets." https://www.there100.org/sites/re100/files/2022-01/RE100%202021%20Annual%20Disclosure%20Report.pdf.

Colgan, J. D., Green, J. F., and Hale, T. N. 2021. "Asset Revaluation and the Existential Politics of Climate Change."International Organization 75(2), pp.586-610.

Condon, M. and A. Ignaciuk. 2013. "Border Carbon Adjustment and International Trade: A Literature Review."OECD Trade and Environment Working Papers. No. 2013/06, OECD Publishing. 검색

일: 2022년 10월 1일. https://doi.org/10.1787/5k3xn25b386c-en.

Crutzen, Paul J. and Christian Schwägerl. 2011. "Living with the Anthropocene: Toward a New Global Ethos." Yale Environment 360. January 24. 검색일: 2022년 3월 1일. https://e360.yale.edu/features/living_in_the_anthropocene_toward_a_new_global_ethos.

Dahlmann, F., Branicki, L., and Brammer, S. 2019. "Managing Carbon Aspirations: The Influence of Corporate Climate Change Targets on Environmental Performance."Journal of Business Ethics 158(1), 1-24.

Declaration on Children, Youth, and Climate Action. 2019. 검색일: 2022년 9월 30일. https://www.voicesofyouth.org/campaign/cop25-join-declaration-children-youth-and-climate-action

de Moor, J., 2018. "The 'Efficacy Dilemma'of Transnational Climate Activism: the Case of COP21."Environmental Politics 27(6), 1079-1100.

Deutsche Welle. 2020년 11월 8일. "Biden pledges to restore US global cooperation and leadership — but can he?"검색일: 2021년 1월 20일. https://www.dw.com/en/biden-pledges-to-restore-us-global-cooperation-and-leadership-but-can-he/a-55537506

Devarajan, S., Go, D. S., Robinson, S., & Thierfelder, K. 2022. "How Carbon Tariffs and Climate Clubs can Slow Global Warming."Peterson Institute for International Economics Working Paper, 22-14. 검색일: 2022년 10월 30일.

Diffenbaugh, N. S., & Burke, M. 2019. "Global Warming has Increased Global Economic Inequality."Proceedings of the National Academy of Sciences 116(20), pp.9808-9813.

Doherty, B. and Doyle, T., 2018. "Friends of the Earth International: Agonistic Politics, Modus Vivendi and Political Change."Environmental Politics 27(6), pp.1057-1078.

Dolsak, N.; Prakash, A. 2019. "Climate Strikes: What They Accomplish and How They Could Have More Impact."Forbes. 9월 14일. 검색일: 2019년 9월 15일. https://www.forbes.com/sites/prakashdolsak/2019/09/14/climate-strikes-what-they-accomplish-and-how-they-could-have-more-impact/#6bd351285eed

Douglas, Elliot. 2021. "Joe Biden's Climate Pledges: Are They Realistic?"

Deutsche Welle. January 13. 검색일: 2022년 1월 3일. https://www.dw.com/en/joe-bidens-climate-pledges-are-they-realistic/a-56173821

Duit, Andreas, Feindt, Peter H. & Meadowcroft, James. 2016 "Greening Leviathan: The Rise of the Environmental State?"Environmental Politics 25(1), pp.1-23.

EARTO. 2020. "EC launched Horizon 2020-funded European Green Deal Call."9월 17일. 검색일: 2021년 1월 22일. https://www.earto.eu/ec-launched-horizon-2020-funded-european-green-deal-call/

EC COM. 2021. "'Fit for 55': delivering the EU's 2030 Climate Target on the way to climate neutrality."

Education International. 2019. "Teachers Support Students in Their Fight against Climate Change."1월 22일. 검색일: 2020년 10월 30일. https://www.ei-ie.org/en/detail/16165/teachers-support-students-in-their-fight-againstclimate-change?fbclid=IwAR21EST9dVjEHia4SR8ljfw8DqhrVlTPV-c9gDTHWjDHmAyGRCzdoNBepe4

Ensor, M.O. 2013. "Youth, Climate Change, and Peace in South Sudan."Peace Rev 25, pp.526–533.

European Commission. 2021. "Proposal for a Regulation of the European Parliament and of the Council Establishing a Carbon Border Adjustment Mechanism." Brussels. 7, p.14.

European Commission. 2021. "Towards a WTO-compatible EU carbon border adjustment mechanism."

European Commission. "European Climate Law."검색일: 2022년 2월 21일. https://ec.europa.eu/clima/eu-action/european-green-deal/european-climate-law_en

Financial Times. 2022년 6월 13일. "China ramps up coal power to boost post-lockdown growth". 검색일: 2022년 7월 10일. https://www.ft.com/content/68bc7f20-e5f9-4532-bb0f-4820783de2c2

Friday for Future. "Actions on Climate Emergency. Legitimation within FFF."검색일: 2019년 12월 10일. https://eci.fridaysforfuture.org/en/legitimation/

Friede, G., Busch, T., and Bassen, A. 2015. "ESG and Financial Performance: Aggregated Evidence from More than 2000 Empirical Studies."Journal of Sustainable Finance & Investment 5(4), pp.210-233.

Ghanekar, N. 2021. "Explained: why India is Protesting EU's 'Discriminatory' Carbon Border Tax." Business Standard. 검색일: 2022년 9월 27일. www.business-standard.com/article/economypolicy/explained-why-india-is-protesting-eu-s-carbonborder-tax-121070800216_1.html

Gillan, S. L., Koch, A., & Starks, L. T. 2021. "Firms and Social Responsibility: A Review of ESG and CSR Research in Corporate Finance."Journal of Corporate Finance 66, 101889.

Gilley, B., 2012. "Authoritarian Environmentalism and China's Response to Climate Change."Environmental Politics 21(2), pp.287–307.

Gilpin, Robert. 1988. "The Origin and Prevention of Major Wars."Journal of Interdisciplinary History 18(4), pp.591-613.

Giugni, M. 1998. "Was It Worth the Effort? The Outcomes and Consequences of Social Movements."Annu. Rev. Sociol 98, pp.371–393.

Giugni, M.; Bosi, L.; Uba, K. 2013. Outcomes of Social Movements and Protest Activities. In Oxford Bibliographies in Political Science; Oxford University Press: Oxford, UK.

Gleick, Peter H. 2014. "Water, Drought, Climate Change, and Conflict in Syria." Weather, Climate, and Society 6(3), pp.331-340.

Global Times. 2021월 7월 26일. "EU carbon border tax will hurt trade, jeopardize efforts to fight climate change: Chinese ministry." 검색일: 2022년 9월 1일. www.globaltimes.cn/page/202107/1229651.

Graham, Jack and Gill, Joanna. 2022. "Youth street protesters turn sights on climate 'villains'." Thomson Reuters Foundation. July 1. https://www.eco-business.com/news/youth-street-protesters-turn-sights-on-climate-villains/

Green, J. F., 2014. Rethinking Private Authority: Agents and Entrepreneurs in Global Environmental Governance. Princeton: Princeton University Press.

Grundig, Frank. 2006. "Patterns of International Cooperation and the Explanatory Power of Relative Gains: An Analysis of Cooperation on Global Climate Change, Ozone Depletion, and International Trade."International Studies Quarterly 50(4), pp.781-801.

Guardian. 2019년 11월 7일. "Climate Strike Named 2019 Word of the Year by Collins Dictionary". 검색일: 2020년 10월 15일. https://www.theguardian.com/books/2019/nov/07/climate-strike-named-2019-word-of-the-year-bycollins-dictionary (accessed on 8 November 2019).

Guardian. 2020년 10월 5일. "What China's plan for net-zero emissions by 2060 means for the climate". 검색일: 2021년 1월 20일. https://www.theguardian.com/commentisfree/2020/oct/05/china-plan-net-zero-emissions-2060-clean-technology

Guardian. 2021년 10월 20일. "Joe Manchin leads opposition to Biden's climate bill, backed by support from oil, gas and coal". 검색일: 2022년 9월 30일. https://www.theguardian.com/us-news/2021/oct/20/joe-manchin-oil-and-gas-fossil-fuels-senator

H. RES. 109. "Recognizing the duty of Federal Government to create a Green New Deal." 검색일: 2021년 1월 20일. https://www.congress.gov/116/bills/hres109/BILLS-116hres109ih.pdf

Haas, P. M. 1992. I"ntroduction: Epistemic Communities and International Policy Coordination." International Organization 46(1), pp.1-35.

Hajer, M., and Versteeg, W. 2019. "Imagining the Post-fossil City: Why is it So Difficult to Think of New Possible Worlds?"Territory, Politics, Governance 7(2), pp.122–134.

Han, H. 2015. "Korea's Pursuit of Low Carbon Green Growth: A Middle Power State's Dream of Becoming a Green Pioneer."The Pacific Review 28(5), pp.731-754.

Han, H., and Ahn, S. W. 2020. "Youth Mobilization to Stop Global Climate Change: Narratives and Impact."Sustainability 12(10), 4127.

Haugestad, C. A., Skauge, A. D., Kunst, J. R., & Power, S. A. 2021. "Why do Youth Participate in Climate Activism? A Mixed-methods Investigation of the# FridaysForFuture Climate Protests."Journal of Environmental Psychology 76, p.101647

Harrison, Kathryn and Lisa MacIntosh Sundstrom, eds. 2010. Global Commons, Domestic Decisions: The Comparative Politics of Climate Change. Cambridge, MA: MIT Press.

Healy, N., and Debski, J. 2017. "Fossil Fuel Divestment: Implications for the Future of Sustainability Discourse and Action within Higher Education."Local Environment 22(6), pp.699-724.

Hermwille, L. (2018). Making initiatives resonate: How can non-state initiatives advance national contributions under the UNFCCC? International Environmental Agreements: Politics, Law and Economics, 18, 447–466. https:// doi. org/ 10. 1007/ s10784- 018- 9398-9

Hoffmann, M.J., 2011. Climate Governance at the Crossroads: Experimenting with a Global Response after Kyoto. Oxford: Oxford University Press.

Hossain, Mosabber. 2022. "Climate disasters drive Bangladesh children from classrooms to work." Thomson Reuters Foundation. May 9. 검색일: 2022년 8월 13일. https://news.trust.org/item/20220507212405-85gbq/?utm_source=twitter&utm_medium=social&utm_campaign=trf-climate

Hrabanski, M., Bidaud, C., Le Coq, J. F., and Méral, P. 2013. "Environmental NGOs, Policy Entrepreneurs of Market-based Instruments for Ecosystem Services? A Comparison of Costa Rica, Madagascar and France."Forest Policy and Economics 37, pp.124-132.

Huffpost. 2010. 10/10/10 Global Wo가 Party: People Across the Planet Work with 350.org on Solutions to Tackle Climate Change. October 11. 검색일: 2022년 11월 20일. https://www.huffpost.com/entry/101010-global-work-party_n_757531

In, Soh Young and Schumacher, Kim. 2021. "Carbonwashing: A New Type of Carbon Data-Related ESG Greenwashing."SSRN. Available at https://ssrn.com/abstract=3901278.

Influence Map. 2019. Thermal Coal in Asia: The Real Risks for Investors. September. Available at https://influencemap.org/report/Thermal-Coal-in-Asia-The-Real-Risks-for-Investors-21486611c30f6e0f92cef72770194ba1.

InfluenceMap. 2022."Corporate Climate Policy Footprint, 2022". November. 검색일: 2022년 9월 27일. https://influencemap.org/EN/report/Corporate-Climate-Policy-Footprint-2022-20196

IPCC. 2021. "Summary for Policymakers. In: Climate Change 2021: The Physical Science Basis. Contribution of Working Group I to the Sixth Assessment Report of the Intergovernmental Panel on Climate Change." [MassonDelmotte, V., P. Zhai, A. Pirani, S.L. Connors, C. Péan, S. Berger, N. Caud, Y. Chen, L. Goldfarb, M.I. Gomis, M. Huang, K.

Leitzell, E. Lonnoy, J.B.R. Matthews, T.K. Maycock, T. Waterfield, O. Yelekçi, R. Yu, and B. Zhou (eds.)]. Cambridge University Press.

Johnson, Keith. 2018. "Trump makes American coal great again—overseas." Foreign Policy. Apr 4. 검색일: 2022년 1월 3일. https://foreignpolicy.com/2018/04/04/trump-makes-american-coal-great-again-overseas/

Johnson, L.R.; Johnson-Pynn, J.S.; Lugumya, D.L.; Kityo, R.; Drescher, C.F. 2013. "Cultivating Youth's Capacity to Address Climate Change in Uganda."Int. Perspect. Psychol. Res. Pract. Consult 2, pp.29–44.

Jordan, A., et al., 2015. "Emergence of Polycentric Climate Governance and its Future Prospects."Nature Climate Change 5, pp.977–982.

Kagan, J. A., and Dodge, J. 2022. "The Third Sector and Climate Change: A Literature Review and Agenda for Future Research and Action."Nonprofit and Voluntary Sector Quarterly, 08997640221123587.

Kalaidjian, Ellis and Robinson, Stacy-ann. 2022. "Reviewing the Nature and Pitfalls of Multilateral Adaptation Finance for Small Island Developing States." Climate Risk Management 36, 100432, pp.1-16.

Kelley, Colin P. et al. 2015. "Climate Change in the Fertile Crescent and Implications of the Recent Syrian Drought."PNAS 112(11), 3241-3246.

Kindleberger, Charles. 1973. The World in Depression, 1929-1939. Berkeley: University of California Press.

Knoepfel, I. 2004. "Who Cares Wins: Connecting Financial Markets to a Changing World."The Global Impact.

Kolbert, Elizabeth. 2022. "Climate Change from A to Z."New Yorker. Nov. 22. 검색일: 2022년 11월 27일. https://www.newyorker.com/magazine/2022/11/28/climate-change-from-a-to-z?utm_source=nl&utm_brand=tny&utm_mailing=TNY_Magazine_Daily_112122&utm_campaign=aud-dev&utm_medium=email&bxid=5fd806277280c55b23091b61&cndid=63172467&hasha=04ac712cf568dda9f4a8356e883e06bc&hashb=f2b935b5444fe168a52839f8962744c3d897e3de&hashc=0e7af096f704633cd31a3c3179f81c50ffc381037d634f68ffaa3d2a59b3c799&esrc=Auto_Subs&utm_term=TNY_Daily

Kopp, Robert. 2021. "IPCC climate report: Profound changes are underway in Earth's oceans and ice – a lead author explains what the warnings mean."The Conversation. August 9. 검색일: 2022년 7월 14일. https://theconversation.com/ipcc-climate-report-profound-changes-are-underway-in-earths-oceans-and-ice-a-lead-author-explains-what-the-warnings-mean-165588

Kulovesi, K. 2012. "Climate Change in EU External Relations: Please Follow My Example (or I Might Force You To)." In The External Environmental Policy of the European Union: EU and International Law Perspectives, E. Morgera ed. Cambridge University Press, pp.115-148.

Kuo, L., and Chang, B. G. 2021. "Ambitious corporate climate action: Impacts of science-based target and internal carbon pricing on carbon management reputation-Evidence from Japan. Sustainable Production and Consumption."27, pp.1830-1840.

Laframboise, K. 2019. "We Will Not Be Bystanders: Greta Thunberg Tells Hundreds of Thousands at Montreal Climate March."Global News, 27 September. 검색일: 2022년 1월 6일. https://globalnews.ca/news/5957337/montreal-climate-change-march-sept-27/

Larsen, Kate, Hannah Pitt, Mikhail Grant, and Trevor Houser. 2021. "China's Greenhouse Gas Emissions Exceeded the Developed World for the First Time in 2019." Rhodium Group. May 6. 검색일: 2022년 7월 13일. https://rhg.com/research/chinas-emissions-surpass-developed-countries/

Lasswell, Harold. 2007. Politics: Who Gets What, When and How. Peter Smith Pub Inc.

Levi, David L. and Peter J. Newell. 2005. The Business of global Environmental Governance. Cambridge, MA: MIP Press.

Levin, Kelly et al. 2012. "Overcoming the Tragedy of Super Wicked Problems: Constraining Our Future Selves to Ameliorate Global Climate Change". Policy Science 45, pp.123-152.

Lim, B., Hong, K., Yoon, J., Chang, J. I., and Cheong, I. 2021. "Pitfalls of the EU's Carbon Border Adjustment Mechanism."Energies 14(21), p.7303.

Littlewood, D., Decelis, R., Hillenbrand, C., & Holt, D. 2018. "Examining the Drivers and Outcomes of Corporate Commitment to Climate Change Action in European High Emitting Industry."Business Strategy and the

Environment 27(8), pp.1437-1449.

Lövbrand, E., Hjerpe, M., and Linnér, B.-J., 2017. "Making Climate Governance Global: How UN Climate Summitry Comes to Matter in a Complex Climate Regime."Environmental Politics, 26(4), pp.580-599.

Luterbacher, Urs, Carla Norrlof, and Jorge E. Vinuales. 2018. "Environmental protection, differentiated responsibility, and world trade: making room for climate action." In Global Climate Policy: Actors, Concepts, and Enduring Challenges, Urs Luterbacher and Detlef F. Sprinz eds. MA, Cambridge: The MIT Press, pp.149-170.

Maat, E. P. 2022. "Leading by Example, Ideas or Coercion? The Carbon Border Adjustment Mechanism as a Case of Hybrid EU Climate Leadership."European Papers-A Journal on Law and Integration 2022(1), pp.55-67.

Mach, K. J., Kraan, C. M., Adger, W. N., Buhaug, H., Burke, M., Fearon, J. D., ... and von Uexkull, N. 2019. "Climate as a Risk Factor for Armed Conflict."Nature 571(7764), pp.193-197.

Majeed, H., and Lee, J. 2017. "The Impact of Climate Change on Youth Depression and Mental Health."The Lancet Planetary Health 1(3), e94-e95.

Mbengue, M. M., and Cima, E. 2022. "Clubbing in the Club': Could Climate-Related Trade Arrangements Set the Pace for Future Climate Cooperation?"American Journal of International Law 116, 219-224.

Amuel Petequin. "EU lays out 1 trillion-euro plan to support Green Deal." AP News, 15 January 2020. 검색일: 2022년 1월 4일.

Maslin, Mark. 2022. "Three reasons why climate change models are our best hope for understanding the future". The Conversation. Jan. 28. 검색일: 2022년 1월 4일. https://theconversation.com/three-reasons-why-climate-change-models-are-our-best-hope-for-understanding-the-future-175936

Matthews, H. D. 2016. Quantifying historical carbon and climate debts among nations. Nature Climate Change, 6(1), pp.60-64.

Mckinsey & Company. 2020. "How the European Union could Achieve Net Zero Emissions at Net-Zero Cost."검색일: 2021년 1월 21일. https://

www.mckinsey.com/business-functions/sustainability/our-insights/how-the-european-union-could-achieve-net-zero-emissions-at-net-zero-cost#

Milman, O. 2019. "Greta Thunberg Condemns World Leaders in Emotional Speech at UN."Guardian, 23 September 2019. 검색일: 2020년 10월 1일. https://www.theguardian.com/environment/2019/sep/23/greta-thunberg-speech-un-2019-address

Munawar, A. 2019. "Social Media Reactions: Greta Thunberg, UN Climate Action Summit 2019."Meltwater, 1 October. 검색일: 2020년 10월 1일. https://www.meltwater.com/ap/blog/social-media-reactions-gretathunberg-un-climate-action-summit-2019/

Murdie, A., and Urpelainen, J. 2015. "Why Pick on Us? Environmental INGOs and State Shaming as a Strategic Substitute."Political Studies 63(2), pp.353-372.

Murray, John E. and Cisz, Louis J. 2021. "Biden Administration: Aggressive Reduction of US Coal Production; Commitment to Job Retraining". June 07. 검색일: 2022년 3월 2일. https://www.nixonpeabody.com/en/ideas/articles/2021/06/07/biden-administration-policy-goals-and-impact-on-coal-industry

Myllyvirta, L. 2021. "Why Xi's Coal Pledge Is a Big Deal." Foreign Policy. 9. 28. 검색일: 2022년 2월 8일. https://foreignpolicy.com/2021/09/28/china-xi-jinping-coal-pledge-unga-clean-energy-developing-countries/

Najam, A. 2013. "Citizen Organizations as Policy Entrepreneurs."In International Perspectives on Voluntary Action: Reshaping the Third Sector. Lewis D. ed. Routledge, pp.142-181.

NASA Earth Observatory. World of Change: Global Temperatures. n. a. https://earthobservatory.nasa.gov/world-of-change/global-temperatures

NBCNews. 2021년 4월 29일. "Biden Reversed Trump on the Keystone XL Pipeline. Native American Groups Want More".검색일: 2022년 9월 1일.https://www.nbcnews.com/politics/joe-biden/biden-reversed-trump-keystone-xl-pipeline-native-american-groups-want-n1265025

New York Times. 2021년 11월 5일. "Over 40 countries pledge at UN climate summit to end use of coal power". 검색일: 2022년 1월 5일. https://bdnews24.com/environment/2021/11/05/over-40-countriespledge-at-un-climate-summit-to-end-use-of-coal-power.

New Yorker. 2022. 접속일: 2022년 11월 20일. https://www.newyorker.com/magazine/2022/11/28/climate-change-from-a-to-z?utm_source=nl&utm_brand=tny&utm_mailing=TNY_Magazine_Daily_112122&utm_campaign=aud-dev&utm_medium=email&bxid=5fd806277280c55b23091b61&cndid=63172467&hasha=04ac712cf568dda9f4a8356e883e06bc&hashb=f2b935b5444fe168a52839f8962744c3d897e3de&hashc=0e7af096f704633cd31a3c3179f81c50ffc381037d634f68ffaa3d2a59b3c799&esrc=Auto_Subs&utm_term=TNY_Daily

Nexus Media News. 2021년 11월 16일. "Infrastructure Bill Signed Into Law". 검색일: 2022년 1월 6일. https://nexusmedianews.com/top_story/infrastructure-bill-signed-into-law/?utm_campaign=Hot%20News&utm_medium=email&_hsmi=205542282&_hsenc=p2ANqtz-_RjxsZ7F-8qCOHG59RnnlzZ-qzXMRitsxpIF8VGll3Gcs0FbjzAb-lx2cq_2cW5X1D4T7o-rfcZNSrO_QwwjMgeXwFuQ&utm_content=205542282&utm_source=hs_email

NOAA. 2021. "It's official: July was Earth's hottest month on record." 8. 31. 검색일: 2022년 9월 30일. https://www.noaa.gov/news/its-official-july-2021-was-earths-hottest-month-on-record

Nordhaus, W. 2015. "Climate Clubs: Overcoming Free-riding in International Climate Policy."American Economic Review 105(4), pp.1339-1370.

Nordhaus, W. 2020. "The Climate Club: How to Fix a Failing Global Effort."Foreign Affairs 99, 10.

OECD. 2021. "Forward-looking Scenarios of Climate Finance Provided and Mobilised by Developed Countries in 2021-2025: Technical Note, Climate Finance and the USD 100 Billion Goal." OECD Publishing, Paris. 검색일: 2022년 2월 27일. https://doi.org/10.1787/a53aac3b-en

OECD. 2022. "Statement by the OECD Secretary-General on climate finance trends to 2020." July 29. 검색일: 2022년 9월 1일. https://www.oecd.org/environment/statement-by-the-oecd-secretary-general-on-climate-finance-trends-to-2020.htm

Okereke, C. (2018). Equity and justice in polycentric climate governance. In

A. Jordan, D. Huitema, H. Van Asselt, and J. Forster (Eds.), Governing climate change: polycentricity in action? (pp. 320–337). Cambridge University Press.

Oomen, J., Hoffman, J., and Hajer, M. A. 2021. "Techniques of Futuring: On How Imagined Futures Become Socially Performative." European Journal of Social Theory, 25(2), 252-270.

Overland, I., and Huda, M. S. 2022. "Climate Clubs and Carbon Border Adjustments: A Review."Environmental Research Letters 17(9), 093005.

Paterson, Matthew. 2018. "Business."In Global Climate Policy: Actors, Concepts, and Enduring Challenges. Urs Luterbacher and Detlef F. Sprinz eds. MA, Cambridge: The MIT Press, pp.235-262.

Pattberg, P. 2012. "How Climate Change Became a Business Risk: Analyzing Nonstate Agency in Global Climate Politics."Environment and Planning C: Government and Policy 30(4), pp.613-626.

Pattberg, P. H., and Widerberg, O. E. (2020). Global sustainability governance: Fragmented, orchestrated or polycentric? Civitas Europa, 452(2), 373. https:// doi. org/ 10. 3917/ civit. 045. 0373.

Pattberg, P., Kaiser, C., Widerberg, O., and Stripple, J. 2022. "20 Years of Global Climate Change Governance Research: Taking Stock and Moving Forward."International Environmental Agreements: Politics, Law and Economics 22(2), pp.295-315.

Pelzer, P., and Versteeg, W. 2019. "Imagination for Change: The Post-Fossil City Contest."Futures 108, pp.12–26.

Petequin, Amuel. 2020. "EU lays out 1 trillion-euro plan to support Green Deal", AP News, 15 January.

Pew Research Center. 2022. "Climate change remains top global threat across 19-country survey." August 31. 검색일: 2022년 9월 3일. https://www.pewresearch.org/global/2022/08/31/climate-change-remains-top-global-threat-across-19-country-survey/

Pickerill, J., 2018. "Black and Green: The Future of Indigenous–Environmentalist Relations in Australia."Environmental Politics 27(6), pp.1122-1145.

Pinkse, Jonathan and Ans Kolk. 2009. International Business and Global

Climate Change. London: Routledge.

Polanyi, Karl. 2001. The Great Transformation: The Political Economic Origins of Our Time. Boston, MA: Beacon Press.

Ou, Y., Iyer, G., Clarke, L., Edmonds, J., Fawcett, A. A., Hultman, N., ... and McJeon, H. 2021. "Can Updated Climate Pledges Limit Warming Well Below 2° C?."Science 374(6568), pp.693-695.

Our World in Data n. a. Global Direct Primary Energy Consumption. 검색일: 2022년 4월 2일. https://ourworldindata.org/grapher/global-primary-energy?country=~OWID_WRL

Rayner, Steve. 2010. "How to eat an elephant: a bottom-up approach to climate policy." Climate Policy 10(6), pp.615-621.

RE100. https://www.there100.org/re100-members

Ritchie, Euan. 2022. "A New Year's Resolution on the US' Climate Hypocrisy." January 7. Center For Global Development Blog. 검색일: 2022년 10월 1일. https://www.cgdev.org/blog/new-years-resolution-us-climate-hypocrisy

Rudd, Kevin. 2021. "Short of War: How to Keep U.S.-Chinese Confrontation From Ending in Calamity." Foreign Affairs 100(2), pp.57-72.

Sabel, C. F., and Victor, D. G. 2022. Fixing the Climate: Strategies for an Uncertain World. Princeton University Press.

Sanson, A.V.; Van Hoorn, J.; Burke, S.E. 2019. "Responding to the Impacts of the Climate Crisis on Children and Youth."Child Dev. Perspect 13, pp.201–207.

Schlaffer, Wolfgang, Tommaso Cavalli and Manuel Hobisch. 2020. ESG investing: the rise of a new standard. March 18. 검색일: 2022년 11월 22일. https://www.bankinghub.eu/research-markets/esg-investments-current-trends

Schmidt, Vivien 2013. "Democracy and Legitimacy in the European Union Revisited: Input, Output and 'Throughput'."Political Studies 61(1): 2-22.

Schonhardt, Sara. 2022. "A pledge inked in Glasgow is already in doubt". E&E News. Feb 1. 검색일: 2022년 2월 16일. https://www.eenews.net/articles/a-pledge-inked-in-glasgow-is-already-in-doubt/.

Scripps Institution of Oceanography. n.a. 검색일: 2022년 3월 1일. https://

scrippsco2.ucsd.edu/history_legacy/keeling_curve_lessons.html

Selby, J., Dahi, O. S., Fröhlich, C., and Hulme, M. 2017. "Climate Change and the Syrian Civil War Revisited."Political Geography 60, pp.232-244.

Shapiro, Matthew A. 2014. "Establishing 'Green Regionalism': Environmental Technology Generation across East Asia and Beyond." Journal of Contemporary Eastern Asia 13(2), pp.41-56.

Skodvin, Tora. 2018. "Nonstate Actors in International Policy Making: The Kyoto Protocol and Beyond." In Global Climate Policy: Actors, Concepts, and Enduring Challenges. Urs Luterbacker and Detlef E. Sprinz eds. Cambridge, MA: The MIT Press, pp.217-234.

Solomon, N., Birhane, E., Gordon, C., Haile, M., Taheri, F., Azadi, H., and Scheffran, J. 2018. "Environmental Impacts and Causes of Conflict in the Horn of Africa: A Review."Earth-science Reviews 177, pp.284-290.

Sprinz, Detlef F., Guri Bang, Lars Brückner, and Yasuko Kameyama. 2018. "Major Countries." In Global Climate Policy: Actors, Concepts, and Enduring Challenges, Urs Luterbacher and Detlef F. Srpinz. eds. Cambridge, MA: The MIT Press, pp.171-217.

Steve Rayner. 2010. "How to Eat an Elephant: A Bottom-up Approach to Climate Policy." Climate Policy 10(6), pp.615-621.

Stewart M. Patrick. 2021. "The International Order isn't Ready for the Climate Crisis."Foreign Affairs 100(6), pp.166-176.

Stuart-Smith RF, Otto FEL, Saad AI, Lisi G, Minnerop P, Lauta KC, van Zwieten K, Wetzer T. 2021 "Filling the Evidentiary Gap in Climate Litigation." Nat Climate Change 11(8), pp.651–655.

Sutter, J.; Davidson, L. Teens. 2018. "Tell Climate Negotiators They Aren't Mature Enough."CNN, 17 December. 검색일: 2021년 12월 20일. https://edition.cnn.com/2018/12/16/world/greta-thunberg-cop24/index.html

Szulecki, K., Øverland, I., and Smith, I. D. 2022. The European Union's CBAM as a de facto Climate Club: The Governance Challenges.

Thew, Harriet, Lucie Middlemiss and Jouni Paavola. 2021. "Does Youth Participation Increase the Democratic Legitimacy of UNFCCC-orchestrated Global Climate Change Governance?"Environmental

Politics 30(6), pp.873-894.

Thiery, W., Lange, S., Rogelj, J., Schleussner, C. F., Gudmundsson, L., Seneviratne, S. I., ... and Wada, Y. 2021. "Intergenerational Inequities in Exposure to Climate Extremes."Science 374(6564), pp.158-160.

Thomas, A.; Cretney, R.; Hayward, B. 2019. "Student Strike 4 Climate: Justice, Emergency, and Citizenship."N. Z. Geogr. 75, pp.96–100

Thomson Reuters Foundation. 2022. "African leaders aim to put climate finance top of COP27 agenda." September 7. 검색일: 2022년 10월 2일. https://www.eco-business.com/news/african-leaders-aim-to-put-climate-finance-top-of-cop27-agenda/

Thunberg, G. A. 2019. "Speech to the French National Assembly."23 July. 검색일: 2020년 11월 10일. https://www.fridaysforfuture.org/greta-speeches#greta_speech_july23_2019

Thunberg, G. A. 2019. "Speech to the UN Climate Action Summit."23 September. 검색일: 2022년 11월 1일. https://www.usatoday.com/story/news/2019/09/23/greta-thunberg-tells-un-summit-youth-notforgive-climate-inaction/2421335001/

Thunberg, G. 2020. "A Speech to the World Economic Forum."21 January 2020. 검색일: 2022년 11월 1일. https://www.weforum.org/agenda/2020/01/greta-thunberg-davos-message-climate-change/

Tilly, C. 2017. "Coercion, Capital, and European States, AD 990–1990."In Collective Violence, Contentious Politics, and Social Change. Ernesto Castañeda and Cathy Schneider eds. Routledge, pp.140-154.

Tol, R. S. 2022. "A Meta-analysis of the Total Economic Impact of Climate Change."arXiv preprint arXiv:2207.12199.

Tollefson, J. 2021. "Top climate scientists are sceptical that nations will rein in global warming."Nature. Nov 1. 검색일: 2022년 10월 1일. https://www.nature.com/articles/d41586-021-02990-w.

Twenge, J.M., Campbell, W.K., Freeman, E.C. 2012. "Generational Differences in Young Adults'Life Goals, Concern for Others, and Civic Orientation, 1966–2009."Journal of Personal and Social Psychology 102(5), p.1045.

Tyson, Alec, Cary Funk, and Brian Kennedy. 2022. "Americans Largely Favor

U.S. Taking Steps to Become Carbon Neutral by 2050." Pew Research Center. March 1. 검색일: 2022년 4월 3일. https://www.pewresearch.org/science/2022/03/01/americans-largely-favor-u-s-taking-steps-to-become-carbon-neutral-by-2050/.

UN Climate Change. n. a.https://unfccc.int/process/bodies/supreme-bodies/conference-of-the-parties-cop

UN. Climate Action: Youth Summit. Available online: https://www.un.org/en/climatechange/youth-summit.shtml (accessed on 30 August 2019).

UN Environment. 2022. Climate Initiatives Platform. https://climateinitiativesplatform.org/index.php/Welcome.

UNEP, "Adaptation Gap Report 2020," 2021. 1. 14. https://www.unep.org/resources/adaptation-gap-report-2020 (검색일: 2022.2.20).

United Nations Environment Programme (2021). Emissions Gap Report 2021: The Heat Is On – A World of Climate Promises Not Yet Delivered. Nairobi. https://www.unep.org/resources/emissions-gap-report-2021

UNFCCC, 2015. Paris Agreement. FCCCC/CP/2015/L.9/Rev.1.

Union of Concerned Scientists. 2022. 1월 14일. 검색일: 2022년 3월 2일. https://www.ucsusa.org/resources/each-countrys-share-co2-emissions

Underdal, Arild. 1980. The Politics of International Fisheries Management. The Case of the Northeast Atlantic. New York: Columbia University Press.

Underdal, A. 2017. "Climate Change and International Relations (After Kyoto)."Annual Review of Political Science 20, pp.169-188.

UN News. At UN, Youth Activists Press for Bold Action on Climate Emergency, Vow to Hold Leaders Accountable at the Ballot Box. 21 September 2019. Available online: https://news.un.org/en/story/2019/09/1046962 (accessed on 30 September 2019); Ibrahim, F. Finally, the Climate Change Movement is Embracing Diversity. I-D Newsletter, 12 April 2019. Available online: https://i-d.vice.com/en_us/article/xwnqpk/youth-strike-4-climate-diversityintersectionality (accessed on 13 August 2019).

U.S. Energy Information Administration. 2020. "Country Analysis: China." September 30. 검색일: 2022년 1월 5일. https://www.eia.gov/international/analysis/country/CHN.

Venzke, I., and Vidigal, G. 2022. "Are Unilateral Trade Measures in the Climate Crisis the End of Differentiated Responsibilities? The Case of the EU Carbon Border Adjustment Mechanism (CBAM)."In Netherlands Yearbook of International Law 2020. Maarten den Heijer and Harmen van der Wilt eds. The Hague: TMC Asser Press, pp.187-225.

Ward, Hugh. 2006. "International Linkages and Environmental Sustainability: The Effectiveness of the Regime Network."Journal of Peace Research 43(2), 149-166.

White House. 2021. "Fact Sheet: President Biden Sets 2030 Greenhouse Gas Pollution Reduction Target Aimed at Creating Good-Paying Union Jobs and Securing U.S. Leadership on Clean Energy Technologies." April 22. 검색일: 2022년 3월 1일. https://www.whitehouse.gov/briefing-room/statements-releases/2021/04/22/fact-sheet-president-biden-sets-2030-greenhouse-gas-pollution-reduction-target-aimed-at-creating-good-paying-union-jobs-and-securing-u-s-leadership-on-clean-energy-technologies/

White House. 2021. "Fact Sheet: President Biden Announces Steps to Drive American Leadership Forward on Clean Cars and Trucks." Aug 5. 검색일: 2022년 2월 25일. https://www.whitehouse.gov/briefing-room/statements-releases/2021/08/05/fact-sheet-president-biden-announces-steps-to-drive-american-leadership-forward-on-clean-cars-and-trucks/

White House. 2021. "Fact Sheet: President Biden Signs Executive Order Catalyzing America's Clean Energy Economy Through Federal Sustainability". Dec 8. 검색일: 2022년 1월 16일. https://www.whitehouse.gov/briefing-room/statements-releases/2021/12/08/fact-sheet-president-biden-signs-executive-order-catalyzing-americas-clean-energy-economy-through-federal-sustainability/

WMO. 2020. "United in Science 2020: A multi-organization high-level compilation of the latest climate science information." 검색일: 2021년 1월 14일. https://www.unenvironment.org/resources/report/united-science-report-climate-change-has-not-stopped-covid-19

World Trade Organization. n. a. "Evolution of trade under the WTO: handy statistics."검색일: 2022년 9월 3일. ttps://www.wto.org/english/res_e/

statis_e/trade_evolution_e/evolution_trade_wto_e.htm

Young, O. R. 1982. Regime dynamics: the rise and fall of international regimes. International Organization 36(2), pp.277-297.

Yu, E. P. Y., Van Luu, B., and Chen, C. H. 2020. "Greenwashing in environmental, social and governance disclosures". Research in International Business and Finance 52, pp.101192.

Zahar, Alexander. 2017. "A Bottom-up Compliance Mechanism for the Paris Agreement." Chinese Journal of International Law 1(1), 69-98.

Zefferman, M. R. 2018. "Cultural Multilevel Selection Suggests Neither Large or Small Cooperative Agreements are Likely to Solve Climate Change without Changing the Game."Sustainability Science 13(1), pp.109-118.

中华人民共和国国家发展和改革委员会. 2021. 中华人民共和国国民经济和社会发展第十四个五年规划和2035年远景目标纲要. 검색일: 2022년 2월 25일. https://www.ndrc.gov.cn/xxgk/zcfb/ghwb/202103/t20210323_1270124.html?code=&state=123

찾아보기

ㅅ

ㅇ

우리시대 질문총서 17

기후변화의 국제정치

초판 인쇄 2023년 2월 6일
초판 발행 2023년 2월 13일

저자 한희진
기획 우리시대 질문총서 제작위원회
간사 장윤서 · 한주연
교정·교열 윤정화
디자인·편집 배영미
발행인 차정인
펴낸곳 부산대학교출판문화원

출판등록 제1983-000001호 1983.11.10.
부산광역시 금정구 부산대학로 63번길 2 (우편번호46241)
대표전화 051-510-1932 팩시밀리 051-512-7812
www.press.pusan.ac.kr

ISBN 978 - 89 - 7316 - 768 - 5 (04800)
978 - 89 - 7316 - 650 - 3 (세트)

※ 이 총서는 부산대학교 국립대학육성사업(REN)의 지원으로 제작되었습니다.